楚簡儒家性情說研究

丁原植 /著

目錄

附錄

序

楚簡儒家佚籍的“性情說”，主要資料的內容是指《郭店楚墓竹書》中的〈性自命出〉篇，與《上海博物館藏戰國楚竹書（一）》中的《性情論》。這兩篇內容幾乎完全相同，但由於竹簡原無篇名，二書的編輯者分別補上了不同的名稱。爲了探討解析的方便，我們使用“楚簡性情說”來加以指稱。

“楚簡性情說”是儒家哲學的重要佚籍，現就各方面的研究來看，它流傳抄寫的年代應早於紀元前 300 年。而其中論述的思想內容，哲學問題分析的方式，文字資料編輯的形式，均顯示出屬於儒家早期哲學探討的一些記錄。這些記錄的原始思想，甚至可以溯自孔子與其門生、再傳弟子的時代。

在這些資料中，我們發現甚爲嚴謹的思想論述，並且顯現出清晰的觀念結構。全篇以“凡例”的形式，涉及以下哲學重要事項的說明：

第一，強調以“性”爲人所本有之自然本質，以“情”作爲這種本質顯發的情狀，並由之構成“性情”的論述，以作爲人道建構的始源。

第二，明確地辨析“人道始於情”、“禮制作於情”。人文的價值是對“情”的處置，而非直接接續“性”的本然。

第三，在人的本質中，提出以“心”爲操持的人義探討。人之所以不同於萬物之“性”者，即在於人之有“心”及其所具定向的“志”。

第四，提出“性”、“物”的關係結構，以說明人之存身的處境。哲學之人義的探索，即產生於對此內外交互影響的回應。

第五，確立以“心術”與“用心”爲人文建構的根基。人文的教化是透過這種根基的運作，在對“人道”意義的深入認知中，逐步展現開來。

這兩篇“性情說”的資料，確實提供研究儒家思想嶄新的思考線索。本書嘗試從哲學思辨的角度，提出一些觀念與內容的解析。不成熟的意見，祈請方家指正。

本書的寫作分爲三個部份，首先對這兩篇資料文字的異同，加以比較辨析；然後，再就各段文字的內容提出解義；最後，對相關的一些哲學問題提出申論。附錄的兩篇小文，是對楚簡資料編排的說明，與楚簡中重要哲學觀念意義的分析。另附“楚簡性情說”資料的分章與所公佈兩種釋文的對照表，以方便讀者比較。

在寫作與研究的過程中，得到海峽兩岸許多前輩與師友的幫助，謹爲致謝！書中引用時賢與專家的研究成果，由衷表示敬佩與感激。

丁原植

序於台灣輔仁大學哲學研究所

郭店楚簡《性自命出》原釋文

凡人雖又眚，心亡奠志，走勿而句复，走兌而句行，走習而句（簡1）

奠。憙惹依悲之㷅，眚也。及其見於外，則勿取之也。眚自命出，命（簡2）

自天降。衍司於青，青生於眚。司者近青，終者近義。智□□□（簡3）

出之，智宜者能內之。好亞，眚也。所好所亞，勿也。善不□□□，（簡4）

所善所不善，埶也。凡眚爲宔，勿取之也。金石之又聖，□□□（簡5）

□□□唯又眚心弗取不出。凡心又志也，亡与不□□□□□（簡6）

蜀行，猷口之不可蜀言也。牛生而倀，雁生而戟，其眚……（簡7）

而學或叓之也。凡勿亡不異也者。剛之梪也，剛取之也。柔之（簡8）

約，柔取之也。四海之內其眚弌也。其甬心各異，叠叓肰也。凡眚（簡9）

或皶之，或逆之，或交之，或萬之，或出之，或羕之，或長之。凡皶眚（簡10）

者，勿也；逆眚者，兌也；交眚者，古也；萬眚者，宜也；出眚者，埶也；羕眚（簡11）

者，習也；長眚者，衍也。凡見者之胃勿，快於吕者之胃兑，勿（簡12）

之埶者之胃埶，又爲也者之胃古。義也者，群善之蕝也。習也（簡13）

者，又以習其眚也。衍者，群勿之衍。凡衍，心述爲宔。衍四述，唯（簡14）

人衍爲可衍也。其參述者，衍之而已。時、箸、豊樂，其司出皆生（簡15）

於人。時，又爲爲之也。箸，又爲言之也。豊、樂，又爲豈之也。聖人比其（簡16）

頪而侖會之，雚其之遂而逆訓之，體其宜而即度之，里（簡17）

其青而出內之，肰句復以斅。斅，所以生悳於宙者也。豊复於青（簡18），

或之也，堂事因方而折之。其先後之舍則宜道也。或舍爲（簡19）

之即則度也。至頌亩，所以度即也。君子娧其青，□□□（簡20），

善其即，好其頌，樂其衍，兑其斅，是以敬安。拜，所以□□□（簡21）

其度也。幣帛，所以爲信與謚也，其訂宜道也。芺，懽之澲＝也（簡22）。

樂，懽之深澤也。凡聖，其出於情也信，肰句其內拔人之心也敂（簡23）。

䎽芺聖，則羴女也斯憙。昏訶誎，則舀女也斯奮。聖銮幵之聖（簡24），

則諍女也斯甏。奮埜武，則齊女也斯复。奮卲頣，則免女也（簡25）

斯僉。羕思而勯心，曹女也。其居即也舊，其反善復訂也新（簡26），

其出內也訓，司其悳也。賔衜之樂，則非其聖而從之也（簡27）。

凡古樂龍心，益樂龍指，皆𦣞其人者也。埜武樂取，佋頣樂情（簡28）。

凡至樂必悲，哭亦悲，皆至其情也。依、樂，其眚相近也，是古其心（簡29）

不遠。哭之皷心也，瀸殺，其剌縊縊女也，慼肰以終。樂之皷心也（簡30，

濬深臧舀，其剌則流女也以悲，條肰以思。凡悳思而句悲（簡31），

凡樂思而句忻。凡思之甬心爲甚。甏，思之方也。其聖貞則□□□（簡32），

其心貞則其聖亦肰。譣遊依也，喿遊樂也，詠遊聖也，𡎺遊心也（簡33）。

憙斯慆，慆斯奮，奮斯羕，羕斯猷，猷斯迮。迮，憙之終也。恩斯𢟊，𢟊斯戁，戁（簡34）

斯甏，甏斯𡧍，𡧍斯通。通，恩之終也∟（簡35）。

凡學者隶其心爲難，從其所爲，疋得之壴，不女以樂之速也（簡36）。

唯能其事，不能其心，不貴。求其心又爲也，弗得之壴。人之不能以爲也（簡37），

可智也。□怭十昰，其心必才安，戕其見者，青安遊才？訢，宜之方也（簡 38）。

宜，敬之方也。敬，勿之即也。篙，悬之方也。悬，眚之方也。悬，眚或生之。忠，信（簡 39）

之方也。信，青之方也。青出於眚。恶頪七，唯眚恶爲近悬。智頪五，唯（簡 40）

宜衍爲忻忠。亞頪參，唯亞不悬爲忻宜。所爲衍者四，唯人衍爲可（簡 41）

衍也。凡甬心之喿者，思爲甚。甬智之疾者，患爲甚。甬青之（簡 42）

至者，依樂爲甚。甬身之宪者，兊爲甚。甬力之聿者，利爲甚。目之好（簡 43）

色，耳之樂聖，膩舀之熨也，人不難爲之死。又其爲人之迦迦女也（簡 44），

不又夫柬柬之心則采。又其爲人之柬柬女也，不又夫亙怡之志則縵。人之攷（簡 45）

言利訂者，不又夫詘詘之心則流。人之逸肰可與和安者，不又夫慉（簡 46）

犿之青則悉。又其爲人之快女也，弗牧不可。又其爲人之菓女也，（簡 47）

弗杈不足。凡人憍爲可亞也。憍斯叟壴，叟斯慮壴，慮斯莫與之（簡 48）

結壴。訢，悬之方也，肰而其怭不亞。速，侮之方也，又怭則咎。人不訢斯又怭，信壴（簡 49）。

凡人青爲可兌也。句以其青，唯怂不亞；不以其青，唯難不貴（簡50）。

句又其青，唯未之爲，斯人信之壴。未言而信，又娧青者也。未夆（簡51）

而民亙，㤅善者也。未賞而民懽，含福者也。未型而民愄，又（簡52）

心愄者也。戔而民貴之，又悳者也。貧而民聚安，又衍者也（簡53）。

蜀処而樂，又內䜣者也。亞之而不可非者，達於義者也。非之（簡54）

而不可亞者，篙於息者也。行之不怂，智道者也。昏道反上，上交者也（簡55）。

昏衍反下，下交者也。昏道反弖，攸身者也。上交近事君，下交得（簡56）

眾近從正，攸身近至息。同方而交，以道者也。不同方而□□□□（簡57）。

同兌而交，以悳者也。不同兌而交，以猷者也。門內之紿，谷其（簡58）

𦟝也。門外之紿，谷其折也。凡兌人勿㥶也，身必從之，言及則（簡59）

明舉之而毋僞。凡交毋剌，必㞷又末。凡於䢋毋愄，毋蜀言。蜀（簡60）

処則習父兄之所樂。句毋大害，少枉內之可也，已則勿復言也（簡61）。

凡悥患之事谷妊，樂事谷後。身谷靑而毋訞，慮谷囦而毋愾（簡62），

行谷恿而必至，雷谷壯而毋杲，谷柔齊而泊，憙谷智而亡末（簡63），

樂谷睪而又有志，悥谷僉而毋惛，惹谷浧而毋，進谷孫而毋攷（簡64），

退谷而毋巠，谷皆度而毋愾。君子執志必又夫坒坒之心，出言必又（簡65）

夫柬柬之信。賓客之豊必又夫齊齊之頌，祭祀之豊必又夫齊齊之敬（簡66），

居喪必又夫纞纞之依。君子身以爲宔心乚（簡67）。

上海博物館藏
楚簡《性情論》原釋文

凡人唯又生，心亡正志■，寺勿而句乍，寺兌而句行■，寺習而句奠■。意惹哀悲之氣，眚也■。及丌見於外，則勿取之（簡1）

〔也。眚〕自命出，命自天降■。道司於情=生於眚■。司者近青，畜者近義■。智情者能出之，智義者能內〔之。好〕（簡2）

〔亞，眚也。所〕好、亞，勿也。善不善，眚也。所善所不善，埶也。凡眚爲宔，勿取之也■。金石之又聖，弗鉤不鳴（簡3）

〔之〕內丌眚一也。丌甬心各異■，孥㚔肰也。凡眚，或𢾊之■，或逆之■，或𢘓之，或𢡱之，或出〔之，或羕〕（簡4）

之，或長之■。凡𢾊眚者，勿也■；逆眚者，兌也；𢘓眚者，古也；𢡱眚者，義也；出眚者，埶也；（簡5）

羕眚者，習也■；長眚者，道也■。凡見者之謂勿■，怣於其者之謂兌■，勿之埶者之謂埶■，有爲也（簡6）

〔者〕之謂古■。宜也者，群善之蕝也。習也者，又𠳵習丌眚也■。道也〔者，群勿之道。凡道，心述〕（簡7）

爲宔■。道四述也，唯人道爲可道也。丌三述者，道之而已■。

眚、箸、豊、樂，亓司出也，並生於（簡8）

〔人。眚〕，又爲＝之也。箸，又爲言之也。豊、樂，又爲舉之也■。聖人比亓頪而侖會之，雚亓先後而（簡9）

逆訓之，體亓宜而即度之，里亓青而出內之，肰句復逡㠯叐＝所㠯生悳於审者也。豊（簡10）

〔复於〕青，或興之也■，堂事因方而裚之■。亓先後之舍則宜道也■。或舍爲之即則度也。（簡11）

〔至頌〕畜，所㠯度節也。孝＝㞙亓情，貴亓宜，善亓節，好亓頌，樂亓道，兌亓叐，是㠯敬安■。拜，（簡12）

〔所㠯□□□〕，亓譻度也。帀帛，所㠯爲信與登也，亓訂宜道也。芺，悳之滐睾也。樂，悳之（簡13）

〔深睾也〕。〔凡〕聖，亓出於情也信，肰句亓內㬰人之心也敂■。䎽芺耶，則𡙈女也斯悳。昏訶要，（簡14）

〔則㑀女也斯奮。〕聖𨩰怨之聖，則悸女也斯難。雚垄武，則懣女也斯复。雚〔卲顕，則免女也〕（簡15）

〔斯僉〕。羕思而斁心，莫女也。亓居節也舊，亓反善逡司也訢■，亓出內也訓，紳亓悳〔也。奠衜之〕（簡16）

〔樂，則非亓〕聖而㞭之也■。凡古樂龍心，益樂龍〔指，皆叐亓〕人者也。奮武樂取，卲顕樂情■。凡（簡17）

〔至樂〕必悲，哭亦悲，皆至丌情也▪。哀、樂，丌眚相近也▪，是古丌心不遠▪。哭之maximum心也，▪浸㷳▪，丌（簡18）

〔杲〕䜌=女也，戚肰㠯冬。樂之䡔心也，濬深㪔慆，丌杲灂女也㠯悲，攸肰㠯思。凡恴思而句悲，〔凡〕（簡19）

樂思而句忻。凡思之甬心爲甚。難，思之方也。丌聖貞則心㘴之矣。丌心貞，則丌聖亦肰。（簡20）

〔譣，㞷哀也；〕喿，㞷樂也；詠，㞷聖也；䝭，㞷心也▌。凡人青爲可兑也。句㠯丌情，唯怭不亞；不㠯（簡21）

〔丌〕情，唯難不貴。未言而信，又㠸青者也。未孝而民恆，眚善者也。〔未賞而民懽，含福者也。〕（簡22）

〔未型〕而民愄，又心愄者也。戔而民貴之，又悳者也。貧而民聚安，又道者也▪。䢇居而樂，又內䡔（簡23）

者也。亞之而不可非者，㝎於宜者也。非之而不可亞者，篙於息者也▪。行之而不怭，智道者（簡24）

〔也。昏道反下，下交〕者也。昏道反己，攸身者也▪。上交近事君，下交㝵眾近㘴正▪，攸身近至息。同方而（簡25）

交，㠯道者也。不同方而交，㠯古者也。〔同悅〕而交，㠯悳者也。不同悅而交，㠯猷者也。門內之紿，谷丌𩅷也。（簡26）

〔門外〕之紿，谷丌折也。凡身谷㝐而毋遳，甬心谷悳而毋苟，

慮谷困而毋異■，退谷緊而毋翌（簡27）

□谷□而又豊，言谷植而毋澅，居処谷牄𦺈而毋曼■

孶₌褺志必有夫柱₌之心■，出言必有夫柬₌（簡28）

〔之信〕，賓客之豊必又夫齊₌之頌■。祭祀之豊必又夫臍₌之敬■。居喪必又夫縊₌之哀。凡悅人毋曌（簡29）

〔也〕，身必坐之，言及則明，舉之而毋惥。凡交毋剌，必㝵又末■。凡於道逄毋愄，毋蜀言■。蜀居則習（簡30）

〔父〕兄之所樂。句毋害，少枉內之可也，已，則勿㣈言也。凡悳惓之事谷任，樂事谷㣈▌。凡孥者求丌（簡31）

心又爲也，弗得之矣。人之不能㠯惥也，可智也■。不怭直𨀣，〔其心必才安，戕丌見者，青安遊才〕？（簡32）

詘，宜之方也■。宜，敬之方也■。敬，勿之即也。篤，悬之方也。悬，眚之方也。眚或生之。〔忠，信之方也。信，青之方〕（簡33）

〔也〕。青出於眚■。㤅頪七，唯眚㤅爲近悬■。智頪五，唯宜道爲近忠。亞頪參，唯亞不悬爲〔近宜。所〕（簡34）

〔爲道者四，唯人〕道爲可道也▌。凡甬心之趮者，思爲甚■。甬智之疾者，惓爲甚。甬青之至（簡35）

〔者，哀〕樂爲甚■。甬身之㝵者，悅爲甚■。甬力之聿者，利

爲甚。目之好色，耳之樂聖，伳之㝯也，不（簡36）

〔難〕爲之死。又亓爲人之㑑＝女也，不又夫柬＝之心則悉。又亓爲人之柬＝女也，不又夫恆怣之志則曼■。人之（簡37）

〔攷〕言利訂者，不又夫詘＝之心則澅。人之肰可與和安者，不又夫亶犮之青則悉■。又亓爲人之慧女也，弗牧不可■。又亓爲人之（簡38）

〔㝵女〕也，弗校不足▌。凡人悳＝可亞也。悳斯𦉪矣，𦉪斯慮矣，慮斯莫與之結▌。𢘓，慮之方也，肰而亓怭不亞。速，㥯之方也，又怭則咎■。人不𢘓（簡39）

〔斯〕又怭，信矣。乚（簡40）

郭店簡《校讀記》校訂本釋文

上

1. 凡人雖有性，心無定志，待物而後作，待悅而後行，待習而後 1 定。喜怒哀悲之氣，性也。及其見於外，則物取之也。性自命出，命 2 自天降。道始於情，情生於性。始者近情，終者近義。知情〔者能〕3 出之，知義者能入之。好惡，性也。所好所惡，物也。善不〔善，性也〕。4 所善所不善，勢也。

2. 凡性爲主，物取之也。金石之有聲，〔弗扣不〕5〔鳴。人之〕雖有性心，弗取不出。

3. 凡心有志也，無與不〔可。人之不可〕6 獨行，猶口之不可獨言也。牛生而長，雁生而伸，其性〔使然，人〕7 而學或使之也。

4. 凡物無不異也者，剛之樹也，剛取之也；柔之 8 約，柔取之也。四海之內，其性一也，其用心各異，教使然也。

5. 凡性，9 或動之，或逆之，或交之，或厲之，或絀之，或養之，或長之。

6. 凡動性 10 者，物也；逆性者，悅也；交性者，故也；厲性者，義也；絀性者，勢也；養性 11 者，習也；長性者，道也。

7. 凡見者之謂物，快於己者之謂悅，物 12 之設者之謂勢，有爲也者之謂故。義也者，群善之蕝也。習也 13 者，有以習其性也。道者，群物之道。

8. 凡道，心術爲主。道四術，唯 14 人道爲可道也。其三術者，道之而已。詩書禮樂，其始出皆生 15 於人。詩，有爲爲之也。書，有爲言之也。禮樂，有爲舉之也。聖人比其 16 類而論會之，觀其先後而逆順之，體其義而節文之，理 17 其情而出入之，然後複以教。教所以生德於中者也。禮作於情，18 或興之也。當事因方而制之，其先後之序則宜道也。又序爲 19 之節，則文也。致容貌所以文，節也。君子美其情，貴〔其義〕，20 善其節，好其容，樂其道，悅其教，是以敬焉。拜，所以〔□□□〕21 其敏也。幣帛，所以爲信與征也，其辭宜道也。笑，禮之淺澤也。22 樂，禮之深澤也。

9. 凡聲其出於情也信，然後其入撥人之心也夠。23 聞笑聲，則鮮如也斯喜。聞歌謠，則陶如也斯奮。聽琴瑟之聲，24 則悸如也斯歎。觀《賚》、《武》，則齊如也斯作。觀《韶》、《夏》，則勉如也 25 斯斂。詠思而動心，胃如也，其居次也久，其反善複始也 26 慎，其出入也順，始其德也。鄭衛之樂，則非其聲而從之也。27

10. 凡古樂龍心，益樂龍指，皆教其人者也。《賚》、《武》樂取，《韶》、《夏》樂情。28

11. 凡至樂必悲，哭亦悲，皆至其情也。哀、樂，其性相近也，是故其心 29 不遠。哭之動心也，浸殺，其烈戀戀如也，戚然以終。

樂之動心也，30浚深鬱陶，其烈則流如也以悲，悠然以思。

12. 凡憂思而後悲，31凡樂思而後忻，凡思之用心為甚。歎，思之方也。其聲變，則〔心從之〕。32其心變，則其聲亦然。吟，遊哀也。噪，遊樂也。啾，遊聲【也】，嘔，遊心也。33喜斯陶，陶斯奮，奮斯詠，詠斯猶，猶斯舞。舞，喜之終也。慍斯憂，憂斯戚，戚 34 斯歎，歎斯辟，辟斯踊。踊，慍之終也。_－－－－－－－－－－－－
35

下

13. 凡學者求其心為難，從其所為，近得之矣，不如以樂之速也。36雖能其事，不能其心，不貴。求其心有偽也，弗得之矣。人之不能以偽也，37可知也。〔不〕過十舉，其心必在焉。察其見者，情焉失哉？，義之方也。38義，敬之方也。敬，物之節也。篤，仁之方也。仁，性之方也，性或生之。忠，信 39 之方也。信，情之方也，情出於性。愛類七，唯性愛為近仁。智類五，唯 40 義道為近忠。惡類三，唯惡不仁為近義。所為道者四，唯人道 41 為可道也。

14. 凡用心之躁者，思為甚。用智之疾者，患為甚。用情之 42 至者，哀樂為甚。用身之忭者，悅為甚。用力之盡者，利為甚。目之好 43 色，耳之樂聲，鬱陶之氣也，人不難為之死。有其為人之節節如也，44 不有夫柬柬之心則采。有其爲人之柬柬如也，不有夫恒始之志則縵。人之巧 45 言利辭者，不有夫詘詘之心則流。人之悅然可與和安者，不有夫奮 46 作之情則侮。有其爲人之快如也，弗牧不可。有其爲人之　如也，47 弗輔不足。

15. 凡人僞爲可惡也。僞斯吝矣，吝斯慮矣，慮斯莫與之 48 結矣。慎，仁之方也，然而其過不惡。速，謀之方也，有過則咎。人不慎，斯有過，信矣。49

16. 凡人情爲可悅也。苟以其情，雖過不惡。不以其情，雖難不貴。50 苟有其情，雖未之爲，斯人信之矣。未言而信，有美情者也。未教 51 而民恒，性善者也。未賞而民勸，貪富者也。未刑而民畏，有 52 心畏者也。賤而民貴之，有德者也。貧而民聚焉，有道者也。53 獨處而樂，有內䖒者也。惡之而不可非者，達於義者也。非之 54 而不可惡者，篤於仁者也。行之不過，知道者也。聞道反上，上交者也。55 聞道反下，下交者也。聞道反己，修身者也。上交近事君，下交得 56 近從政，修身近至仁。同方而交，以道者也。不同方而 57〔交，以故者也〕。同悅而交，以德者也。不同悅而交，以猷者也。門內之治，欲其 58 逸也。門外之治，欲其制也。

17. 凡悅人勿吝也，身必從之，言及則 59 明舉之而毋僞。

18. 凡交勿烈，必使有末。

19. 凡于路毋畏，毋獨言獨 60 處，則習父兄之所樂。苟無大害，少枉入之可也，已則勿複言也。61

20. 凡憂患之事欲任，樂事欲後。身欲靜而勿羨，慮欲淵而毋僞，62 行欲勇而必至，貌欲莊而毋伐，【心】欲柔齊而泊，喜欲智而無末，63 樂欲懌而有志，憂欲斂而毋昏，怒欲盈而毋希，進欲遜而毋巧，64 退欲肅而毋輕，欲皆敏而毋僞。君子執志必有夫廣廣之心，出言必有 65 夫柬柬之信。賓客之禮必有夫齊齊之容，祭祀之禮必有夫齊齊之敬，66 居喪必有夫戀戀之哀。君子身以爲主心。乚——————————67

上博簡《校讀記》校訂本釋文

1

凡人雖有性，心亡定志，待物而後作，待悅而後行，待習而後定。喜怒哀悲之氣，性也。及其見於外，則物取之。1〔性〕自命出，命自天降。道始於情，情生於性。始者近情，終者近義。知情者能出之，知義者能入〔之。好惡〕2〔者，性也；所〕好惡，物也。善不善，性也；所善所不善，勢也。

2

凡性爲主，物取之也。金石之有聲也，弗扣不鳴。3【人之雖有性心，弗取不出。

3

凡心有志也，亡舉不可。人之不可獨行，猶口之不可獨言也。牛生而長，鴈生而伸，其性使然，人而學或使之也。

4

凡物亡不異也者，剛之樹也，剛取之也；柔之約也，柔取之也。四】〔海之〕內，其性一也，其用心各異，教使然也。

5

凡性，或動之，或逆之，或交之，或厲之，或絀〔之〕，4〔或養之〕，或長之。

6

凡動性者，物也；逆性者，悅也；交性者，故也；厲性者，義也；絀性者，勢也；5養性者，習也；長性者，道也。

7

凡見者之謂物，快於己者之謂悅，物之設者之謂勢，有爲也6〔者〕之謂故。義也者，群善之蕝也。習也者，有以習其性也。道也者，群物之道也。

8

凡道，心7爲主。道四術也，唯人道爲可道也。其三術者，道之而已。詩書禮樂，其始出也，皆生於8人。詩，有爲爲之也。書，有爲言之也。禮樂，有爲舉之也。聖人比其類而論會之，觀其先後而9逆順之，體其義而節文之，理其情而出入之，然後復以教。教所以生德於中者也。禮10〔作於〕情，或興之也。當事因方而制之，其先後之序則宜道也。又序爲之節，則文也。11〔致〕容貌所以文，節也。君子美其情，貴其義，善其節，好其容，樂其道，悅其教，是以敬焉。拜，12〔所以□□〕□其敏也。幣帛，所以爲信與徵也，其辭宜道也。笑，喜之淺澤也。樂，喜之13〔深澤也。

9

凡〕聲，其出於情也信，然後其入撥人之心也夠。聞笑聲，則鮮如也斯喜。聞歌謠，14〔則陶如也斯〕奮。聽琴瑟之聲，則悸如也斯歎。觀《賚》、《武》，則懠如也斯作。觀〔《韶》、《夏》，則勉〕15〔如也斯斂〕。永思而動心，喟如也。其居次也久，其反善復始也慎，其出入也順，始其德〔也。鄭衛〕16〔之樂，非其聲而從之也。

10

凡古樂龍心，樂龍〔指，皆教其〕人者也，《賚》、《武》樂取，《韶》、《夏》樂情。

11

凡 17〔至樂〕必悲，哭亦悲，皆至其情也。哀、樂，其性相近也，是故其心不遠。哭之動心也，浸焊，其 18〔烈〕戀戀如也，戚然以終。樂之動心也，浚深鬱陶，其烈流如也以悲，悠然以思。

12

凡憂思而後悲，19〔凡〕樂思而後忻，凡思之用心爲甚。歎，思之方也。其聲變，則心從之矣。其心變，則其聲亦然。20〔凡吟，遊哀也〕；噪，遊樂也；啾，遊聲也；嘔，遊心也。■

13

凡人情爲可悅也。苟以其情，雖過不惡。不以 21〔其〕情，雖難不貴。未言而信，有美情者也。未教而民恒，性善者也。未賞〔而民勸，貪福者也〕。22〔未刑〕而民畏，有心畏者也。賤而民貴之，有德者也。貧而民聚焉，有道者也。獨居而樂，有內動 23 者也。惡之而不可非者，達於義者也。非之而不可惡者，篤於仁者也。行之而不過，知道者 24〔也〕。不知己者不怨人，苟有其情，雖未之爲，斯人信之矣，■ 未言〔而信也。聞道反上，上交者也〕。〔聞道反下，下交〕者也。聞道反己，修身者也。上交近事君，下交得眾近從政，修身近至仁。同方而 25 交，以道者也。不同方而交，以故者也。〔同悅〕而交，以德者也。不同悅而交，以猷者也。門內之治，欲其逸也。26〔門〕外之治，欲其制也。

14

凡身欲靜而勿羨，用心欲德而毋僞，慮欲淵而毋 [illegible]，退欲肅而毋輕，27〔進〕欲隨而有禮，言欲直而毋流，居處欲逸易而毋慢。君子執志必有夫柱柱之心，出言必有夫柬柬 28〔之信〕，賓客之禮必有夫齊齊之容，祭祀之禮必有夫臍臍之敬，居喪必有夫戀戀之哀。

15

凡悅人勿吝 29〔也〕，身必從之，言及則明舉之而勿僞。

16

凡交毋烈，必使有末。

17

凡於道路毋思，毋獨言獨居，則習 30〔父〕兄之所樂，苟毋害少枉，入之可也。已則勿復言也。

18

凡憂患之事欲任，樂事欲後。■

19

凡教者求其 31 心有僞也，弗得之矣。人之不能以僞也，可知也。不過十〔舉，其心必在焉。察其見者，情焉失哉〕？32□，義之方也。義，敬之方也。敬，物之節也。篤，仁之方也。仁，性之方也，性或生之。〔忠、信者，情之方也〕，33 情出於性，愛類七，唯性愛爲近仁。智類五，唯義道爲近忠。惡類三，唯惡不仁爲〔近義〕。34〔爲

道者四，唯人〕道爲可道也。■

20

凡用心之忭者，思爲甚。用智之疾者，患爲甚。用情之至35〔者，哀〕樂爲甚。用身之忭者，悅爲甚。用力之盡者，利爲甚。目之好色，耳之樂聲，鬱陶之氣也，不36〔難〕爲之死。有其爲人之伭伭如也，不有夫柬柬之心則采。有其爲人之柬柬如也，不有夫恒忻之志則慢。人之37〔巧〕言利辭者，不有夫詘詘之心則流。人之萦然可與和安者，不有夫奮作之情則侮。有其爲人之快如也，弗牧不可。有其爲人之38〔菉〕如也，弗輔不足。■

21

凡人僞爲可惡也，僞斯吝矣，吝斯慮矣，慮斯莫與之結。■ 慎，慮之方也，然而其過不惡。速，謀之方也，有過則咎。人不慎，39〔斯〕有過，信矣。乚40

資料辨析與解義

（按李零上博簡《校讀記》分爲二十一“凡例”）

一

【郭店簡】[1]

凡人唯（雖）又（有）眚（性），心亡奠志，走（待）勿（物）而句（後）复（作），走（待）兑（悅）而句（後）行，走（待）習而句（後）（簡一）奠。憙（喜）惹（怒）依（哀）悲之𣦵（氣），眚（性）也。及其見於外，則勿（物）取之也。眚（性）自命出，命（簡二）自天降。衍（道）司（始）於青（情），青（情）生於眚（性）。司（始）者近青（情），終者近義。智□□□（簡三）出之，智（知）宜（義）者能內（納）之。好亞（惡），眚（性）也。所好所亞（惡），勿（物）也。善不□□□，所善所不善，埶（勢）也。

【上博簡】[2]

凡人唯（雖）又（有）性（生），心亡正志▪，寺（待）勿（物）而句（後）作（乍），寺（待）兑（悅）而句（後）行▪，寺（待）習而句（後）奠▪。憙（喜）惹（怒）哀悲之氖（氣），眚（性）也▪。及丌（其）見於外，則勿（物）取之（簡 1）□。□自命出，命自天降▪。道司（始）於情＝生於眚（性）▪。司（始）

1 《郭店楚墓竹簡》，文物出版，1998 年，本書以下簡稱“郭店簡”。

2 《上海博物館藏戰國楚竹書（一）》，上海古籍出版社，2001 年，本書以下簡稱“上博簡”。

者近情，夅（終）者近義■。智（知）情者能出之，智（知）義者能內□。□（簡2）□，□□。□好、亞（惡），勿（物）也。善不善，眚（性）也。所善所不善，埶（勢）也。

凡人唯又眚，心亡奠志，走勿而句复，走兌而句行，走習（簡1）而句奠	凡人雖又生，心亡正志■，寺物而句作，寺兌而句行■，待習而句奠■

【辨析】

“唯”，假借爲“雖”，下同，上博簡作“雖”。

“又”，假借爲“有”，古通用，下同。

“眚”，假借爲“性”，下同，上博簡作“生”。簡文以“眚”或“性”表示“性”，此種情況或許提供我們哲學思索的特殊方向。

“亡”，讀爲“無”，指尚未取得。

“奠志”，上博簡作“正志”，“奠”假借爲“定”，“定”與“正”，意含相近。

“走”，上海簡作“寺”，讀爲“待”，下同。

“勿”，假借爲“物”，下同。

“句”，假借爲“後”，下同。

“兌”，假借爲“悅”，下同。

今讀爲“凡人雖有性，心無正志，待物而後作，待悅而後行，待習而後定”。

【解義】

此篇以"凡"字起首的段落共有二十一段，李零上博簡《校讀記》云[1]："在古書中，'凡'字還有發凡起例，表示通則、條例和章法的含義，經常用於'凡在什麼情況下則如何如何'這樣的條件結果句裏。……這種'凡例'既可用於法律文書或儀典、政典類的古書，也可用於專講技術守則的實用書籍……這些'凡例'，特點是條分縷析，自成片斷，隨時所作，即可筆之於劄，便於排列組合，重新彙編。這對瞭解古書的體例非常重要。"這種"凡例"可能是當時編輯此篇資料者的一種安排體例，精要記述關於"人道"思想的一些殊別事項[2]。

"眚"，《說文・目部》："從目生聲"，"眚"、"生"音同，故假爲"性"，郭店簡釋文讀爲"性"，上海簡作"生"。不論是寫作"眚"或"生"，均不從"心"旁，也就是與不以"心"來談"性"。《說文・心部》："人之陽氣，性善者也，从心生聲。"許慎的解釋似受到漢代獨尊儒學思想的影響，不是"性"字的本義。以"生"來表達後來"性"字的原始意含，對中國古典哲學探析有其極爲重要的釐清作用。

傅斯年云[3]："周代鐘鼎彝器款識中，生字屢見，性字不見。……金文中的生字，（一）人名（二）'生霸'（三）'生妣'：與後人用生字同。（四）'子性'（五）'百生'：後人以姓字書之。（六）彌厥生：後人以性字書之。"阮元[4]云："'姓'字本从心从生，先有'生'字，後造'性'字。商、周古人造此字時即已諧聲，聲亦意也。然則告子'生之謂性'一言本不爲誤。……蓋'生謂之性'一句爲古訓。"阮元已清楚辨明"生"爲"性"的古義，簡文或寫作"生"，或寫作"眚"，而全篇"性"的意含與"性善"、"性不善"等價值的取向無涉，保存古義，值得重視。

又，《莊子・達生》云："達生之情者"，《淮南子・詮言》作"達

---

[1] 李零：《上博楚簡三篇校讀記》，台灣萬卷樓出版公司，2002年3月。此書包含〈上博楚簡校讀記（之三）：《性情》〉與〈郭店楚簡校讀記：《性自命出》〉，本書引述時分別簡稱"上博簡《校讀記》"與"郭店簡《校讀記》"。

[2] 參閱：附錄一，〈楚簡性情說的資料問題〉。

[3] 傅斯年：《性命古訓辨證》，傅斯年全集第二冊頁175-180，聯經出版社，台北，1980年。

[4] 阮元：《性命古訓》，《揅經室集》上冊頁230。

性之情者"。"生"轉寫爲"性"，似後人所改動。〈達生〉篇似保留先秦"生"字書寫的慣例。

"心亡奠志"，郭店簡[1]裘案："'亡'，無也。'奠'，定也。"本篇"心"字，常與"性"、"情"並舉，"心"指人存之內在的操持因素。又"奠"字，上海簡作"正"。"正"字，《說文》："从止，一以止。""正"字的古義指"止於一"，即走向一個標的之處。此一指向也可說是"定"，即"奠"。上博簡讀作"心無正志"，更能彰顯"正"之指向的作用。

又，上博簡"心亡正志"下有墨釘，但似非斷句符號。首兩句應聯繫後"待物"等三句，文意與思想方才完備，上博簡釋文於"志"下斷句，恐誤。

"走勿而後作"，"走"（待）字的作用說明前後事項的區隔與轉折，強調"心無定志"的原始本然與"物"的外在影響。"物"，指"顯現於人者之外在事物"的通稱，即下文"凡見之謂物"，"見"讀爲"現"。"作"，指興作，受到引發而表現的回應。李天虹《〈性自命出〉集釋》[2]云："按：簡文'待物而後作'，語意與《史記 · 樂書》'人心之動，物使之然也'相當。張守節《正義》：'物者，外境也。""外境"即指有所影響於內的外在因素。

"兌"（悅），指通暢，快意。郭店楚簡中，"悅"的哲學意含與作用甚爲重要，似非單純指喜悅之義。此處，"悅"與"物"、"習"並提，"物"是影響"性"的外在因素，"習"是調節"性"的內在運作，均爲哲學論說的核心，因此，"悅"的意義，當從"物——性——習"的結構來了解。簡文"兌"字，可讀爲"悅"，《釋名 · 釋天》："兌，悅也。"但"兌"讀如本字，則與"隧"可通。《老子》第五十二章云："塞其兌，閉其門，終身不勤。"王弼注曰："兌，事欲之所由生。"同時，"兌"

[1] 裘錫圭先生在《郭店楚墓竹簡》一書注釋中所作按語，簡稱"郭店簡裘案"，下同。

[2] 李天虹：《〈性自命出〉集釋》，見《郭店簡〈性自命出〉研究》，湖北教育出版社，以下引李天虹說，除個別標示他書外，均簡稱《集釋》。

也有通達之義。《字彙·儿部》：“兌，直也。”就“兌（悅）”的這三種含意來看，它似指心中有所通暢而欣喜。《韓詩外傳》卷九云：“見色而逆謂之悅。”下文簡 11 云：“逆性者，悅也”，“逆”，《爾雅·釋文》：“逆，迎也。”“迎”即有所“受”。本篇簡 12 云：“快於己者之謂悅”。《廣韻·夬韻》：“快，稱心。”“稱”，應合。《荀子·禮論》云：“貴賤有等，長幼有差，貧富輕重皆有稱者也。”楊倞注曰：“稱，謂各當其宜。”由“物”的引發，能通達於心而有所迎合接受，如此才能有“習（調節）”。“兌（悅）”若只作“喜悅”解，則僅爲其表面的意含，“兌（悅）”之所以喜悅的原因，當指“心能有所通暢，可接物而應合”。下文簡 43 云：“甬（用）身之覍（弁）者，兌（悅）爲甚”，稱“身行動作之急切，唯有在欣悅時爲最”。“兌（悅）爲甚”也正是說明此種心中暢達、通悅時所顯出的狀態。

“習”，一般了解爲“學習”或“積習”，但此字也有調節之義，簡文的使用，具有特殊的哲學作用。《禮記·子張問入官》云：“既知其以生有習，然後民特從命也。”盧辨注：“生，謂性也；習，調節也。”下文簡 11-12 云：“養性者，習也”。所謂“養性”，即在於調節“性”之所出。《說文·習部》：“習，數飛也。”“數飛”，也就是自我經過調整而能適宜飛行。簡文“待習而後定”句，是在“待物而後作，待悅而後行”之後，“習”似隱含著在“作”、“悅”中的調節。一般“習”字之所以具有“學習”義，應首先具有“調節”的作用於其中。只有通過調節，才能有得到學習的效果。

郭店簡兩“奠”字，上博簡一作“正”，一作“奠”。“奠”，可訓爲“定”，與“正”義近。但上博簡“心無正志”與“待習而後奠”兩句之“正”與“奠”，似表現出“本然”與“所爲”之前後轉換的改變。“正”字僅說明“志”的指向性，而“奠（定）”字則表達“心”的確立標的。上博簡文字表述之義，似較郭店簡明晰。

簡文此數句，似謂：凡人雖具有〔自然的〕本性，而人心〔原本〕也無確定的指向，〔一切都〕需要等待外物〔的引發〕而後才能興作，等待心中通悅而後才能有所行動，等待內外的調節而後才能安定。

【申論】

此段文意，具有的觀念結構爲：

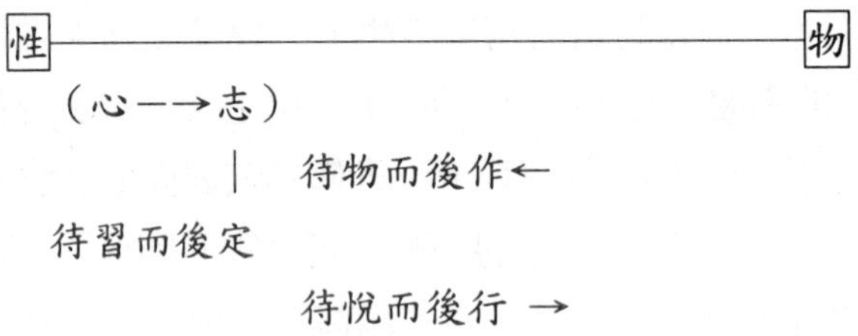

簡文在“性”與“物”的關連上，分別提出“性”與“心”兩個觀念。“性”指人的本性，是作爲萬物之一的“人”所具有的本然，而“心”則是在“人”的主體中得以操持“性”之展現的因素。“心”是針對“人義”的建構，“性”則屬於萬物自然的實情。

“心”的觀念包含著“志”的方向性，因爲“心”的運作必然呈現爲“志”，而“志”本爲“心之所之”，也就來自於“心”的傾向。作爲對“性”的操持，“心”表現爲“人”的特意指向，但對這種指向的定向來說，卻有“無正（定）志”與“正（定）志”之別。“無正（定）志”是指“心”所隱含之“志”，而“正（定）志”指“心”所所確立的“志”。這種“隱含”與“確立”的區別，在上博簡中顯示的更爲清楚。郭店簡“奠（定）志”，上博簡作“正志”，二者表達的作用有差別。郭店簡“奠（定）志”，強調“志”之必要確定標的，而上博簡“正志”，則強調“指向於一（或定）者”的方向性。因爲“志”具有指向性，所以下文才接著說明對指向加以定向的原因。

“心”之所以有“之”，簡文認爲是來自於“物”、“悅”與“習”的作用。“待物而後作”，指“心”的運作因與外在之“物”的接觸而發生。這種觸發的原因，是由“心”之“外”而入於“心”。“待悅而後行”，指“心”因通暢交達而產生的舉動。這種運作的方式，是在“心”之“中”進行，並以回應而表出。“待習而後定”，指“心”因特殊的操持而能安定。這種操持的方式，是人調節“內”、“外”間的溝通。“物”、“悅”與“習”，指涉三種不同方向的發生因素。因此它們的意含，也應從這三種作用的實際運作來考慮，而不應單純視作“外物”、“喜悅”與“學習”。

簡文分辨“性”、“心”與“物”的特性與作用，並強調“性”之爲始源本然，同時也顯示出“心”的作用，是因“物”的影響才產生出確定的指向。始源之“性”與本然之“心”，二者在人存的真實情態中，並無任何人爲價值的必然要求。簡文以三個“待”字，表達出引發人義規劃的可能指向。

憙惹怯悲之熈，眚也。及其見於外，則勿取之也	憙惹哀悲之氛，眚也■。及丌見於外，則勿取之□。（簡1）

【辨析】

“憙惹怯悲之熈”，郭店簡釋文讀爲“喜怒哀悲之氣”。上博簡作“憙惹哀悲之氛”，並注釋云：“憙，即‘喜’字……‘怒’字古文作‘忞’，《集韻》：‘怒’古作‘忞’。本簡‘惹’讀爲‘怒’……氛，《字彙補》：‘古文氣字。’”

“丌”，讀爲“其”。

“見”，假借爲“現”。

“則”，上博簡注釋云：“則字，應爲‘鼎’，讀爲‘則’。”

上博簡缺字，可據郭店簡補“也”。

今讀爲“喜怒哀悲之氣，性也。及其現於外，則物取之也”。

【解義】

"喜怒哀悲"是指人情的四種表現樣態。本篇簡29云:"凡至樂必悲,哭亦悲,皆至其情也。哀、樂,其性相近也,是故其心不遠。"簡 31-32 云:"凡憂思而後悲,凡樂思而後忻。"郭店楚墓《尊德義》簡9-19亦云:"由禮知樂,由樂知哀。"這些資料均提到"喜怒哀樂"的問題,顯見此向問題的處置是具有重要哲學的意義。簡文似以前文所說的"心"作爲人之志意行爲展現的根源,而將此四種樣態作爲人之本然情感的展現。簡文"性情"的思想,是從兩方面來論述人存的整體表現,一在行爲的舉止,即"心",一在情感的顯發,即"情"。

"氣",劉忻嵐認爲泛指人之精神力、生命力,陳偉認爲指精神或情感。但簡文此處是以哲學的思辨觀念來論述,應從觀念結構來思索其意含,"氣"當指"性"之內在的充實,或質素。《孟子·公孫丑上》云:"氣,體之充也。"趙岐注:"氣,所以充滿形體爲喜怒也。"《大戴禮記·文王官人》:"民有五性:喜、怒、欲、懼、憂也。喜氣內畜,雖欲隱之,陽喜必見。怒氣內畜,雖欲隱之,陽怒必見。欲氣內畜,雖欲隱之,陽欲必見。懼氣內畜,雖欲隱之,陽懼必見。憂悲之氣內畜,雖欲隱之,陽憂必見。五氣誠於中,發形於外,民情不隱也。"《大戴禮記》所說的五氣指"喜怒欲懼憂"五種情緒的質素,與簡文"氣"的意涵相近。"氣"字,本篇僅另見於簡 44,云"目之好色,耳之樂聲,鬱陶之氣也,人不難爲之死"。彼處以耳目感官喜好聲色,並稱之爲"鬱積之氣",此處"氣"字似指構成人情的本然質素。

"喜怒哀悲之氣"屬於"性",說明"喜、怒、哀、悲"四者的質素,均隱含在"性"中。它們之所以有所展發,是"物取之",指由"物"的引發,產生喜、怒、哀、悲不同的表現。簡文稱"及其現於外","及"字爲介詞,意指"等到"、"直到",這種轉折的作用就在於分辨"喜怒哀悲之氣"與"喜怒哀悲"之"見(現)"的不同,前者屬於"性"的本然,後者來自於"物"的引發。因此,人之"喜怒哀悲"的人情問題,就必須關照著此種分辨來處理。一切人文的措施,不是針對"喜怒哀悲之氣",而是就"物"引發所產生之"喜怒哀悲"的人情表現。簡文的說明,顯示著此種人道規劃的始源。

簡文此數句，似謂："喜"、"怒"、"哀"、"悲"〔四種情緒〕的質素，是〔來自於人的〕本性。〔這種情緒之所以會〕呈現於外，則是外物引發而產生的。

【申論】

相較於前文所提"性"與"心"的關連，簡文接著從"情"的方向提出"性"、"物"之間所產生的影響。"性"與"心"，說明人之本質性操作的結構，而"性"與"情"則表現爲人之現實的存在。"喜、怒、哀、悲"是人情的基本型態，也是"性"所展現的四種類別。但簡文稱"喜、怒、哀、悲"之"氣"爲"性"，也就是說這些人情的質素隱含在"性"中，人情之所以有不同的表現，是來自於"性"外之"物"的因素。

在楚簡《語叢二》，我們看到簡文進一步說明其中相互引生的關係，《語叢二》簡 29 云："喜生於性，樂生於喜，悲生於樂。"又同篇簡 31 云："慍生於性，憂生於慍，哀生於憂。""慍"，《說文·心部》："慍，怒也。"簡文此處與《語叢二》的說明，具有如下的一種形式結構：

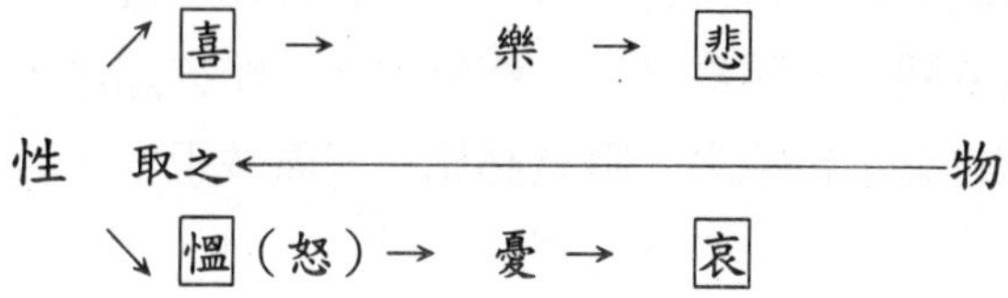

"悲"來自於"喜"，"哀"衍生於"慍（怒）"，與簡文"喜怒哀悲"四者的並列相合。從簡文四種人情型態的結構來看，似以"喜"、"怒"爲人情原初的兩種表現，而分別相繼呈現爲"悲"、"哀"。《語叢二》則將"樂"、"憂"視爲這兩層展現的過度。"喜"、"怒"在儒家哲學中，同時被視爲人之行爲的原初動機因素。《禮記·樂記》云："夫樂者，先王之所以飾喜也，軍旅鈇鉞者，先王之所以飾怒也。故先王之喜怒，皆得其儕焉。喜則天下和之，怒則暴亂者畏之。先王之道，禮樂可謂盛矣。"從這段話中，可看出"喜"、"怒"的展現，直接關係到"禮樂"的施行。

簡文下文簡 33-35，分別說明這兩重推衍的展現，云："憙（喜）斯慆，慆斯奮，奮斯羕(咏)，羕(咏)斯猷，猷斯迮)。迮，憙(喜)之終也。”又云：“恩(慍)斯悥(憂)，悥(憂)斯戁，戁(三十四斯難，難斯⻶，⻶斯通。通，恩(慍)之終也。”

《禮記·樂記》中也有相類似的觀點，云：“夫民有血氣心知之性，而無哀樂喜怒之常，應感起物而動，然後心術形焉。”“哀樂喜怒”連稱，則與簡文“喜怒哀悲”的哲學考慮不同。前者單純敘說性向展現的可能，而後者有其深層的意義。

對於人情的表現，在《禮記》中另有不同的述說，如：《禮運》云：“何謂人情？喜、怒、哀、懼、愛、惡、欲七者，弗學而能。”《樂記》云：“樂者，音之所由生也；其本在人心之感於物也。是故其哀心感者，其聲噍以殺。其樂心感者，其聲嘽以緩。其喜心感者，其聲發以散。其怒心感者，其聲粗以厲。其敬心感者，其聲直以廉。其愛心感者，其聲和以柔。六者，非性也，感於物而后動。”又云：“夫民有血氣心知之性，而無哀樂喜怒之常，應感起物而動，然後心術形焉。”《中庸》云：“喜怒哀樂之未發，謂之中；發而皆中節，謂之和。”

又，《逸周書·官人解》云：“民有五氣，喜、怒、欲、懼、憂。喜氣內蓄，雖欲隱之，陽喜必見，怒氣內蓄，雖欲隱之，陽怒必見，欲氣、懼氣、憂悲之氣，皆隱之，陽氣必見。五氣誠于中，發形于外，民情不可隱也。”[1]

又，《左傳·昭公二十五年》記載子大叔的話，說：“民有好惡、喜怒、哀樂，生于六氣，是故審則宜類，以制六志。哀有哭泣，樂有歌舞，喜有施舍，怒有戰鬥；喜生於好，怒生於惡。是故審行信令，禍福賞罰，以制死生。生，好物也；死，惡物也。好物，樂也；惡物，哀也。哀樂不失，乃能協于天地之性，是以長久。”子大叔所言“好惡、喜怒、哀樂，生于六氣”當是春秋以來的哲學新思維，可視爲簡文“喜怒哀悲之氣，性也”之結構性觀念闡述的先聲。

[1] 《逸周書》此處文字同見於《大戴禮·文王官人》，但後者稱：“民有五性”。

眚自命出，命（簡2）自天降。	□自命出，命自天降■

【辨析】

上博簡缺字，可據郭店簡補“性”字。

郭店簡裘案：“《中庸》‘天命之謂性’，意與此句相似。”

今讀爲：“性自命出，命自天降”。

【解義】

簡文兩句說明“性”的始源，並將其還原至“命”與“天”根源的因素上。“性”指人的本然，就此本然的性質，回溯到“命”，故簡文稱“自命出”。“命”有命令之義，尤其當“命”來自“天”時，不但強調“命”是“天”的命令，而且是指天所降賜統治天下的權力。此種意含多見於殷殷商與西周時代的用法，如《尚書》與《詩經》所見：

“有夏多罪，天命殛之。”（《尚書·湯誓》）“今不承于古，罔知天之斷命，矧曰其克從先王之烈？若顛木之有由蘖，天其永我命于茲新邑。”（《尚書·盤庚上》）“天休于寧王，興我小邦周；寧王惟卜用，克綏受茲命。”“爽邦由哲，亦惟十人，迪知上帝命，越天棐忱，爾時罔敢易法，矧今天降戾于周邦？惟大艱人，誕鄰胥伐于厥室；爾亦不知天命不易。”（《尚書·大誥》）“天乃大命文王，殪戎殷，誕受厥命。”“汝惟小子，乃服惟弘王，應保殷民；亦惟助王宅天命，作新民。”（《尚書·康誥》）“皇天上帝，改厥元子茲大國殷之命。惟王受命，無疆惟休，亦無疆惟恤。嗚呼！曷其奈何弗敬！天既遐終大邦殷之命。”“我不敢知曰，有夏服天命，惟有歷年；我不敢知曰，不其延，惟不敬厥德，乃早墜厥命。我不敢知曰，有殷受天命，惟有歷年；我不敢知曰，不其延，惟不敬厥德，乃早墜厥命。今王嗣受厥命，我亦惟茲二國命，嗣若功。……王其德之用，祈天永命。”（《尚書·召誥》）

“旻天大降喪于殷；我有周佑命，將天明威，致王罰，敕殷命終于帝。”“非我一人奉德不康寧，時惟天命。無違！”（《尚書·多士》）“君奭！弗弔，天降喪于殷，殷既墜厥命，我有周既受。……已曰時我，我亦不敢寧于上帝命，弗永遠念天威，……天不可信，我道惟寧王德延，天不庸釋于文王受命。”（《尚書·君奭》）“維天之命，於穆不已。於乎不顯！文王之德之純。”“昊天有成命，二后受之。成王不敢康，夙夜基命宥密。於緝熙，單厥心，肆其靖之。”（《詩經·周頌》）“有命自天，命此文王。”（《詩經·大雅》）

但“命”字，並非僅限於“命令”之義。《廣雅·釋詁三》：“命，名也。”王念孫《疏證》：“命即名也，名、命古同聲同義。”古書多有此種用法，如：

“名無固實，約之以命實，約定俗成，謂之實名。”《荀子·正名》“是以人惡有其美也，命之曰菑人。”《莊子·人間世》“此譬猶盲者之與人，同命白黑之名，而不能分其物也，則豈謂有別哉？”（《墨子·非攻下》）“命之馬，類也，若實也者必以是名也。命之臧，私也，是名也止於是實也。”《墨子·經說上》“以形貌命者，必智是之某也，焉智某也。不可以形貌命者，唯不智是之某也，智某可也。諸以居運命者，苟人於其中者，皆是也，去之，因非也。諸以居運命者，若鄉里齊、荊者，皆是。諸以形貌命者，若山丘室廟者，皆是也。”（《墨子·大取》）“聖之人，口無虛習也，手無虛指也。物至而命之耳。”《管子·白心》“王乃使玉人理其璞而得寶焉，遂命曰：「和氏之璧。」”《韓非子·和氏》“名有三科，法有四呈。一曰命物之名，方圓白黑是也。”《尹文子》

郭店楚簡《語叢二》云：“有天有命，有物有名。……有命有度有名……”。“名”，指顯名、顯明、顯發。“性”是從“名”的顯發而出現，“名”爲萬物之爲“名”的狀態，也就是萬物之爲萬物的“顯發”本身。《老子》第一章云：“無名天地之始，有名萬物之母”，“名”與“天地”、“萬物”，在哲學的表達上，是屬於同一位列的。故就萬物之“顯發”的思辨性質而言，可稱之爲“名”，就其承受的“本質”關連而言，可稱之爲“命”。《韓非子》書中也有相應的說法，如：“道者，萬物之始，是非之紀也。是以明君守始以知萬物之源，治紀以知善敗之端。故虛靜以待令，令名自命也，令事自定也。”《韓非子·主道》“用一之道，以名爲首。名正物定，名倚物徙。故聖人執一以靜，使名自命，令事自定。”“夫道者、弘大而無形，德者、覈理而普至。至於群生，斟酌用之，萬物皆盛，而不與其寧。道者、下周於事，因稽而命，與時生死。參名異事，通一同情。”《韓非子·揚權》

“性自命出”，是楚簡“性情說”重要的觀念結構，似指“性”是萬物運作中所顯發的本性，它是人之爲“人”的本質之“命”。

趙建偉云[1]：“《孔子家語·本命》：‘命者，性之始也’此相近。”李天虹《集釋》繼而解釋云：“簡文的命，可能具有雙重含意：就天而言，它是天的意旨，天的命令；就人而言，它卻是純粹的生命。簡文此句可參《大戴禮記·本命》：‘分於道謂之命，形於一謂之性，化於陰陽，象形而發謂之生，化窮數盡謂之死。故命者，性之終也，則必有終矣。’王聘珍《解詁》謂：‘分，制也。道者，天地自然之理’，‘命稟於有生之前，性形於受命之始：命制其性之始，即已定其終，有始必有終。”但就本篇整體思想來看，“命”指一種人之本質隸屬的關連，而“天”則爲萬物自然的運作。簡文“命自天降”的新義，正與周文天降大命的傳統觀點相對。“命”的意含應從其爲自然的顯發來思索。《尚書·康誥》云：“天乃大命文王，殪戎殷，誕受厥命”，《尚書·酒誥》云：“惟天降命肇我民”，其中具有深厚宗教與道德的意含。簡文似在思辨觀念的結構中，從更爲根基的質樸因素，來說明“性”、“命”與“天”的關連，在孑然獨存的人存境遇下，重新顯示出人文價值規劃的始源。

“降”，有誕生、賜予之義。《楚辭·離騷》云：“攝提貞於孟陬兮，惟庚寅吾以降。”“降”，也指降下。《爾雅·釋言》：“降，下也。”《爾雅·釋詁一》：“降，落也”。“天”，從哲學的思辨觀念來看，它指自然的運作本身，並以本然的方式，自在、自有、自爲地運作。“命自天降”的意含，似指萬物之“顯發（命、名）”是由自然的運作（天）所

[1] 趙建偉：《郭店竹簡〈忠信之道〉、〈性自命出〉校釋》，《中國哲學史》1999 年 1 月。本書下引均見於此篇，不另註出。

產生，這種產生也是一種本質的給出。因爲“天”具有神聖、崇高而莊嚴的性質，這種自然運作的“給出”也可被視爲是“賜與”，故可稱之爲“降”。

簡文此數句，似謂：〔人〕本性的根源始於〔萬物〕顯發的“命”，而“顯發（命）”產生於自然（天）〔的本然運作〕。

【申論】

簡文稱“性自命出，命自天降”，學者多稱同於《中庸》“天命之謂性”。但此兩句的思想，在其哲學發生與導源的考慮上，與《中庸》並不相同。若僅從此論點來理解“性情說”，可能就忽略了隱含在其中的這些特殊哲學意義，也忽略了楚簡“性情說”對“人道”始源所強調的重要辨析。

《中庸》篇首的這個哲學命題，全文是：“天命之謂性，率性之謂道，修道之謂教。”顯見，《中庸》所使用之“天”、“命”、“性”、“道”、“教”等觀念，具有內在的連貫性與展延性。而其命題表述的哲學作用，一方面是在說明這種由“天”所產生人文教化的內在貫通，另一方面也在強調此種溝通是人義規劃的必然價值。因此，“教”是一種必然，它爲“人道”規劃的約制，而“人道”是遵循“性”而來，“性”之本然即爲“人道”的始源。“性”則爲“天”之所“命”。這不但將“教”、“人道”、“性”嚴格限制在唯一且絕對的“天”的根基上，同時也反過來對“天”的意含規定爲“人義”價值的終極主導者。由“天”到“教”的序列，完全體現著“人道”或人文價值的性徵。《中庸》這個基本的命題，雖然是界定“人道”的根源，但卻是以“人道”的價值，涵蓋了整個始源追溯的過程。

《中庸》此種思想，實際上是承襲周文之治的原始規劃意義。《詩經·周頌》云：“維天之命，於穆不已。於乎不顯！文王之德之純。”“天命”是與“文王之德”聯繫在一起的。也就是說，“天”之所以有“命”於文王，是因爲文王有“德”。所以，《尚書·康誥》說：“天乃大命文王，殪戎殷，誕受厥命。”就周人來說，“天”之“大命文王”，其原因就在文王之“德”上，“德”成爲承接天命的根據，也是周人王業立基的根源，同時也是周文禮制觀念的基礎。因此，整個周人所推動的禮樂制度，就必需緊依著這個人文價值的核心。〈康誥〉又云：“汝惟小子，乃服惟弘王，應保殷民；亦惟助王宅天命，作新民。”“助王”，是在周人的宗法制度下，以周王爲天下之大宗，而起著捍衛護持的責任，“宅天命”是承續文王之德的典型，不失天之所以“命”的根源，而“作新民”就是施行重人倫、尊道德之禮樂制度，以教化萬民。

《中庸》的哲學命題，在結構上與上述周文之觀念基礎是相通的。《周庸》篇首三句之後，緊接著說：“道也者，不可須臾離也，可離非道也”。顯然，它著重在以“道”所展開的雙向論述，一方面將“道”回溯於“率性”，而認爲“性”的實質是由“天”所“命”，另一方面，就“道”根源的絕對性與依循的必然性，來確立人義價值的規劃與人之存身的約制。因此，我們可以將二者提出結構的圖示：

天命文王——文王之德——助王宅天命——作新民

天命——性—率性——道—修道——教

“助王宅天命”與“道——修道”的環節，是二者論說的中心。就周人來說，他們之所以能“殪戎殷，誕受厥命”是由於“文王之德”，而要保持這種天命（“宅天命”）就必須“助王”，助王並非僅是單純現實事物的處置，它要求維持著“德”的典範，以敬謹之心面對至上主宰的肅穆與莊嚴，以“忠”、“孝”等道德的內涵建立起人文的價值世界。若失去了“德”，周的天命即失去存在的根由。在周初時，周公即不斷殷殷告誡其臣民云：“已曰時我，我亦不敢寧于上帝命，弗永遠念天威，……天不可信，我道惟寧（當作“文”）王德延，天不庸釋于文王受命。”（《尚書·君奭》）因此，“天”、“命”與“文王”的回溯與聯繫，是“助王宅天命”的導源結構。相應於此，《中庸》所強調的是“修道”的人義規劃。《中庸》思想所涉及的哲學問題，已經不再是周人所說之得以治理天下權力的“天命”。透過哲學思索而深入其中者，是作爲人義探索之主體的“人”。周人是就“助王宅天命”來回溯其根源，所以提出“文王”與“天命”的關連，而《中庸》是從“人”的意義來追溯其發生的始源，故提出人之存在本質的“性”，與“性”、“天”間的關係。《中庸》稱“率性之謂道”，“率”字所表示的遵循之義，實際是也可說是反過來以“道”之價值約制了“性”的本質意含。而“性”由“天命”而生，“道”的價值約制性作用也就直接上達到“天”。如此來說，“天”已深深帶有著價值性的反射，而非與“人”之因素毫無干涉之自然的本然。

由“助王宅天命”到“作新民”，是周人禮制的推廣與建構，而由“率性之爲道”到“修道之謂教”，是《中庸》所提出人義教化的準則與推衍。前者，因爲著重在以“王”中心的現實政治，有時被稱之爲“王道”，如《尙書·洪範》即云：“無偏無陂，遵王之義；無有作好，遵王之道；無有作惡，遵王之路。無偏無黨，王道蕩蕩；無黨無偏，王道平平；無反無側，王道正直。會其有極，歸其有極。”而在《禮記·樂記》中對此種王道措施的內涵，也提出說明，云：“禮節民心，樂和民聲，政以行之，刑以防之，禮樂刑政，四達而不悖，則王道備矣。”《中庸》因其著重以“人”所面對人義的思索，故可稱之爲“人道”。《周易·繫辭下傳》就曾清楚分辨人道的位列，云：“《易》之爲書也，廣大悉備。有天道焉，有人道焉，有地道焉。”“道分爲三”，說明“人道”不但與“天道”有別，同時也可在思辨中獨立於“地道”之外。“人”是面對“天地”而重新思索“人”之存在意義與價值的中介者。

《中庸》提出哲學命題，有其“人道”價值特殊辯解的用意，因此，它與楚簡“性情說”內容的比較，就不能只是針對相應的文字或部份的內容來思考。《中庸》與楚簡“性情說”或許眞有共同的來源，或屬與相同的某個儒家傳承，但是哲學之所以賦之於各種形式的表達，不論是言說或是文字，均有其表現的用意與指向。甚至在稍後資料傳抄的編定上，也具有不同的哲學考慮。我們認爲在楚簡“性情說”中所顯示出哲學問題處理的指向，與《中庸》思想中結構性的規劃，並不相同。

對楚簡“性自命出，命自天降”的理解，我們當從簡文“道始於情，情生於性”來思索。簡文所說的是“道始於情”，而非“生於性”。這與

《中庸》所稱“率性之爲道”有著極具關鍵性的差別。

在中國古典哲學觀念中，“始”與“生”的作用是不同。“a 生於 b”，是說 a 直接由 b 產生，也就是在 a 的內涵中，就具有產生 b 的必然。而所謂“b 始於 a”，是說 b 以某種特定的要求而設定以 a 爲根源。“生”指直接而必然的產生，而“始”則爲一種設定的源起。“生”具有 a 與 b 間的確定關係，而“始”則是指 b 以 a 爲始源的非單一聯繫的關係。《老子》第一章云：“無名天地（帛馬王堆書《老子》作“萬物”）之始，有名萬物之母”，“有名”是確定性的，所以稱之爲“母”，“母”具有“生”子的必然。而“無名”是非確定性的設定，故爲“天地（萬物）”之“始”，“始”非“無名”與“天地（萬物）”的本質關係。楚簡云：“道始於情，情生於性”，也就顯示著“道”非由“情”必然產生，但作爲人存實情的“情”，卻是人“性”的直接展現，由“性”而生。

若是對“始”的這種思辨的分析存有非議，楚簡所說“禮作於情”也顯示出“道”與“情”間的關係不是一種本質的必然。[1]雖然“禮”的意含可有不同的使用情況，但就楚簡“性情說”的全部內容來看，“禮作於情”之“禮”是指“禮樂的教化”，也就是指“人道”。因此，簡文的意思是說“表現人道之普遍意含之‘禮’，是在‘情’中興作而產生的。”事實上，楚簡此句的下文，上博簡就說“或興之也”。“禮”或“道”都是在“情”中，因爲某種人文價值的要求而提出的設定，那麼它於“情生於性”之“性”的關係就更非本質性的隸屬。這與《中庸》所稱“率性之謂道”中“性”與“道”的關係，恐絕非是相同或相通。

---

[1] “禮”的意含相當廣泛，可指禮儀之“禮”、禮容之“禮”、禮俗之“禮”、禮制之“禮”等，這種意含使用於人文社會活動的層面，也可作爲“禮”之內容的說明來使用，如禮意之“禮”，“禮樂”之“禮”，可以作爲哲學思辨結構中的觀念來使用，如“失道而後德……失義而後禮”之“禮”。“禮”的最大意含也可指整個人文世界的一切規劃，如《論語·爲政》：“殷因於夏禮，所損益可知也；周因於殷禮，所損益，可知也；其或繼周者，雖百世可知也”，其中的“禮”就指人文措施的規劃。

衍司於青，青生於眚。	道司於情＝生於眚▪。

【辨析】

“衍”，郭店簡釋文讀爲“道”。

“司”，讀爲“始”。

“青”，讀爲“情”。上博簡作“情”，並於字下有重文符號。

今讀爲“道始於情，情生於性”。

【解義】

“道”，當指“人道”，包含一切人文的禮樂制度。“人道”與“天道”有別，雖然對二者的關連，古典哲學各有不同的論說，但作爲兩個思辨性觀念，是各具有極爲不同的意含。簡文前文所言，即隱含對“天道”與“人道”的分辨，“人之有性”、“心無正志”、“喜怒哀悲之氣”、“性自命出”等均指天道的本然。而“道”（人道）始於情”，則標誌出“人道”的根源在於對“人情”定向的安置。

“情”指人存之實情，是人性直接的展現，或可稱爲人性展現的實際情況，下文云：“凡至樂必悲，哭亦悲，皆至其情也”（簡 29），“用情之至者，哀樂爲甚”（簡 41-42），均指人性的直接展現，也是人的真實情狀。這種人的真實情況，下文云：“凡人情爲可悅也。茍以其情，雖過不惡；不以其情，雖難不貴。茍有其情，雖未之爲，斯人信之矣。未言而信，有美情者也。”（簡 49-50）

此處“情”字，在“性情說”的觀念結構中，具有轉折的作用。它一方面說明“道”的始源，同時也指向“性”的本然。因此，“情”字有雙重的作用，就其“生於性”而言，它是人的本然實情，而此種“人”之本然的實情必須順導著“人”義的準則，就此來說，它在人道規劃的前提下，成爲受人文價值制約的質素。

李天虹《集釋》云：“按：……始於人情之道，當即人道。簡文又云：‘豊（禮）复（作）於青（情）。’（簡一八）類同的說法也見於同出《語叢二》：‘豊（禮）生於情。’（簡一）是道、禮皆本人情而出。道、禮均始於人情，關係自然非常密切。《性自命出》後文謂人道可以用於教導民　：‘唯人衍（道）爲可衍（導）也。’（簡一三~一四）隨之又指出聖人用以教民的是詩、書、禮、樂，並著重對禮，尤其是樂的作用進行了闡發。由此來看，在作者的思想裏，禮與道是統一的，禮是道的具體反映，《性自命出》所謂的人道，實指儒家所推崇之禮樂制度，詩、書、禮、樂是人道的具體體現。同出《尊德義》謂：‘聖人之訂（治）民，民之道也。’（簡六）《孝經·廣要道章》記孔子云：‘移風易俗，莫善於樂；安上治民，莫善於禮。’聖人以民道，亦即人道治民，而治民之道莫善於禮。……《荀子·儒效》謂：‘聖人也者，道之管也。天下之道管是矣，百王之道一是矣，故詩、書、禮、樂之〈道〉歸是矣。’……可見道即禮，禮即道，此乃儒家一以貫之的理念。……又《樂記》之《樂言》謂：“先王本之情性，稽之度數，制之禮義。”語意與簡文相當。”

簡文此數句，似謂：“〔人〕道”〔的規劃與操持，〕是由“情”〔的呈現而〕開始的，而“情”源生自〔人的〕本性。

【申論】

簡文此數句，具有特殊的哲學思辨結構：

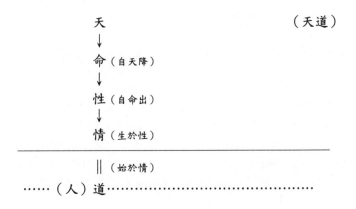

天　　　　　　　　　　（天道）
↓
命（自天降）
↓
性（自命出）
↓
情（生於性）

‖（始於情）
……（人）道……………………………………

“情”、“性”、“命”、“天”均與人義的規劃無關，屬於萬物的自然運作。“情生於性”、“性自命出”、“命自天降”，簡文以“生”、“出”與“降”來說明“情”、“性”、“命”、“天”間的本質性歸屬關係。“生”指直接的產生，“情”是“性”的展現；“出”指直接的導出，“性”體現在“命”（顯發）之中；“降”指直接的賜予，“命”來自於“天”（自然）的延展與衍生。在自然的運作下，“道”肇始於“情”。“道”與“情”之間是一種人義規劃的抉擇關係，簡文用“始”來指稱這種操持。“始”與“生”、“出”、“降”的哲學作用不同。“道始於情”，指“道”的作用是針對“情”而開始的，並非說“道”由“情”直接產生。下文簡 18 云“禮作於情”，“禮”是人道之始。《禮記·樂記》云：“先王本之情性，稽之度數，制之禮樂。”“稽之”、“制之”均指“道”之所始。

簡文的用意，實際上是分辨“道”、“情”與“性”三者在人道規劃中的作用。“性”指人的本然與本質，簡文所稱“性自命出”、“命自天降”是補充解釋“性”的本義。“性”可稱之爲人之爲物的“得（德）”，“性”與“德”均表現著中性的意含，並不涉人倫道德的價值義。而“情”是“性”的展現，它是人本然展現的各種實況[1]，具有多元的指向性。“道始於情”之“道”，簡文是指“人道”，它是對應著“情”而開啓人文規劃的運作準據。“道”與“情”之間，並非僅以“道”單向地對“情”、“性”加以克制。“道”隨著“情”的發作，基於“情”與“性”間三重意含的關連，同時也產生復歸、指引與導源的作用。也就是以“道始於情”之“始”，匹應天道運作的本然。

“道始於情，情生於性”的觀念，當屬戰國時代極爲重要的哲學命題。

[1] “性情說”資料的“情”字，基本上具有三種意含，它分別指“性所抒發之情”（情感）、“性所興作之情”（情態）與“性之實然之情”（情實），簡文此處似統含此三義而言。關於“情”字的使用，請參閱附錄：〈楚簡“性情說”哲學語詞釋析〉。又，東方朔先生〈《性自命出》篇的心性觀念初探〉一文，將本篇“情”字分析爲“情感”、“情態”與“情實”三義，可爲參考。〈初探〉一文，收入《郭店楚簡國際學術研討會論文集》，頁 321-329，湖北人民出版社，2000 年。

將“道”與“情”、“性”相關連，似承襲並發展了盛行於陳楚之地的“老子”思想。“情”、“性”爲人存的本質性問題。《老子》並未出現“情”、“性”二字，亦無“心性”的解析。但簡文以“道”表達源自於人之本性真情的運作，卻似直接上承《老子》所顯示之中國典哲學觀念的新思辨探索。

簡文思想與《莊子》多處資料相近，《莊子·天運》云：“聖也者，達於情而遂於命也。”“達”、“遂”二字，顯示著“道”的運作。

又，簡文的思想也見於《語叢二》，其簡1云：“情生於性，禮生於精”。“精”、“情”可通。將“情”指向於“禮”，即導向新人倫價值的確立。

司者近青，終者近義。智□□（簡3）□出之，智宜者能內之	司者近情，𡕒者近義■。智情者能出之，知義者能內□。

【辨析】

“司”，郭店簡釋文讀爲“始”。

“終”，上博簡作“𡕒”，讀爲“終”。

“智”，讀爲“知”。

郭店簡缺三字，可據上博簡補“知情者”。郭店簡裘案：“據上下文可補足爲‘智青者能出之’，‘青’字尙殘存頂端。‘內’似可讀爲‘入’，‘入之’意爲‘使之入’。”

“內”，疑讀爲“納”，指包容。

上博簡注釋：“義，本篇也寫作‘宜’……‘義’‘宜’相通用。”

上博簡缺文，原注釋補“也”字。

今讀爲“始者近情，終者近義。知情者能出之，知義者能納之”。

【解義】

“始”指“道始於情”之“始”，即人道的肇始。“終”指人道展現的終極。“近”指切近，《詩・周南・關雎序》：“故正得失，動天地，感鬼神，莫近於詩。”“始者近情，終者近義”，指人道的肇始必當切近於“情”，而人道的終極必當歸趨於“義”，“近”字的作用，不但強調這種必然性，也說明以“情”、“義”作爲人道的準則。《禮記・禮運》云：“何謂人情？喜怒哀懼愛惡欲七者，弗學而能。何謂人義？父慈、子孝、兄良、弟弟、夫義、婦聽、長惠、幼順、君仁、臣忠十者，謂之人義。”《禮記・樂記》亦云：“是故情見而義立”。人道肇始於人情，終極於義立，當是孔門思想發展的主導觀念之一。這也是儒家人文價值規劃的根基。簡文精要地以結構的形式，直接標示出來。

“知情者能出之”，似指知人存之“實情”本源者，可因人情的展現而規劃人道的建構。“知義者能納之”，似指知“人義”價值之實效者，可承受而包容一切人道的規制。簡文隱指“人道”之規劃者，必須能通曉並把握“人道”之“始”與“終”。《論語・子罕》云：“子曰：吾有知乎哉？無知也。有鄙夫問於我，空空如也；我叩其兩端而竭焉。”“兩端”之本源，即如“人道”之“始”、“終”。

“內”，可讀爲“入”，郭店簡與上博簡兩釋文均釋爲“入”，似以“出”“入”二字連稱來解讀。但“內”也可讀爲“納”。簡文稱“知情者能出之”，“出”爲人道的提出與規劃，則“知義者”能回溯人道之始源，統攝人文的一切禮制，作“納”（收納、統攝）解較合於此處的思想脈絡。“出”、“納”表現聖人規劃的積極性，似比“出”、“入”單純指涉對客觀對象的進出，要更具人文創造的哲學考量。

簡文此數句，似謂：〔“道”的規劃由“情”開始，因此〕一切〔人道運作的〕始源均近合於“情”（即人存初始之實情），一切〔人道規劃的〕終極均近合於“義”（即人文價值的準據）。只有能通曉人存之實情者，能發起〔人道的規劃〕，也只有能通曉人文價值之本義者，能包容〔一切人存事務的處置〕。

【申論】

簡文此處，具有如下的結構形式：

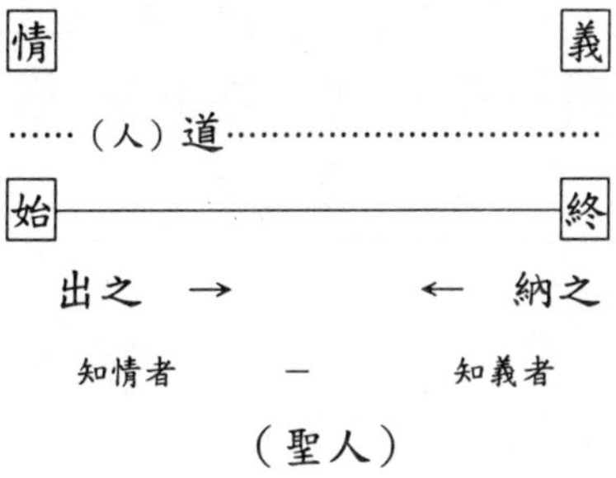

簡文提出人道建構之“始、終”的過程，也就是“（人）道”的發生與終結的整個結構。這在儒家早期思想探索的解說中，是極爲重要的哲學論述。人道之始源，是人文規劃之初始問題，也是人義探討的發生根基。這是古典哲學所從事新人文再造中的重要考慮。簡文稱“始者近情”，是說明人道之始，由“情”發生，必須契合人存之實情。“終者近義”，是說人道的完成，在於人文制度的確立，必須以人義的價值爲歸趨。因此，唯有“深知人存之實情者”，能開啓人道建構的肇始，唯有“深知人義之價值者”，能包容人道建制的完成。在儒家思想中，這種哲學的企劃者，是以“聖人”稱之。

“情”與“義”，一爲本源之始，一爲指向之終。“情”指實情，“義”爲價值，人義的價值始於人存的實情。雖然此種思想也見於儒家其它典籍，但簡文的結構則更爲突出而明晰。如《禮記》云：“故知禮樂之情者能作，識禮樂之文者能述。作者之謂聖，述者之謂明；明聖者，述作之謂也。”與簡文此處思想相近。《禮記》中有多處談到“禮”與“情”、“義”的關係，如：“子曰：有國者章義癉惡，以示民厚，則民情不貳。”（《禮記·緇衣》）“彰義”則“民情不貳”，此由“義”立而返源於“情”始。“是故情見而義立，樂終而德尊。”（《禮記·樂記》）“故聖人作則……禮義以爲器，人義以爲田，……禮義以爲器，故事行有考也；人義以爲田，故人以爲奧也”（《禮記·禮運》）“禮義以爲器”在於“考用”，而“人情以爲田”在於“主始”。鄭注：“奧，猶主也。”

好亞，眚也。所好所亞，勿也。善不□□□，（簡4）所善所不善，埶也	□□，（簡2）□□。□好、亞，勿也。善不善，眚也。所善所不善，埶也。

【辨析】

“亞”，郭店簡釋文讀爲“惡”。

郭店簡缺三字，可據上博簡補“善性也”。

上博簡釋文據郭店簡補“好惡性也所”，上博簡《校讀記》於簡 2 補“好惡”，簡 3 補“者性也所”。上博簡注釋云：“原《郭店楚墓竹簡·性自命出》‘所好所惡’句中在‘好、惡’間補了一個‘所’字，如‘所’字不補，則恰和本篇‘所好、惡’文句一致，且行款也與原來一樣，估計原始本子中，此‘所’字本無。”但，此處簡文的述說前後對稱，上博簡注釋恐不確，“惡”前似脫“所”字，“所好所惡”與“所善所不善”前後相應，且“所”字的使用有其特殊哲學解說的考慮。

“埶”，上博簡作“埶”，均讀爲“勢”。

今讀爲“好惡，性也；所好所惡，物也。善不善，性也；所善所不善，勢也”。

【解義】

“好”、“惡”是人態度的取向，“所好”、“所惡”是此種取向的所及。就“好”、“惡”之爲人的“態度”來言，它來自於“性”的展現，但就"好"、"惡"之得以有所"取向"而言，它關連著"所好"、"所惡"，而受"物"的影響。因此，"好惡，性也；所好所惡，物也"應作一句讀，方能表現完整的思想結構。"性"與"物"是"態度取向"與"取向所及"的兩極，"好"、"惡"的意義與作用，當呈現在此兩極的關連中。

"善"、"不善"是人所取擇的價值，"所善"、"所不善"是人取擇價值的判斷。就"善"、"不善"之爲人的"取擇"來言，它來自於"性"，但就"善"、"不善"之得以判斷"價值"而言，它關連著"所善"、"所不善"，而與"勢"有關。因此，"善不善，性也；所善所不善，勢也"也應作一句讀，方能表現完整的思想結構。"性"與"勢"是"價值取擇"與"價值判斷"的兩極，"善"、"不善"的意義也當呈現在此兩極的關連中。

"物"、"勢"均指外在的因素，但強調的層面不同。《老子》第五十一云："道生之，德畜之，物形之，勢成之。""物"、"勢"[1]即有分別。簡文此處，以"物"作爲外在對象之整體，而以"勢"作爲外在個別處勢的位列。因此，"物"引發"性"的指向，而"勢"具體確立此種指向所產生的價值判斷。

簡文此數句，似謂：〔產生〕"好"、"惡"〔的態度〕均源自於人的本性。"所好"、"所惡"〔的指向，卻〕由外物所引生。〔產生〕"善"、"不善"〔的取擇〕均源起於人的本性。"所善"、"所不善"〔的判斷，卻〕由個別殊異的情勢所影響。

【申論】

簡文將產生"好惡"、"善不善"的本源隸屬於"性"的傾向，"所好所惡"、"所善所不善"的表現則屬於"物"與"勢"的影響。同時提

[1] "勢"字，馬王堆帛書《老子》甲、乙本均作"器"。"器"表現個別物的殊異性，因此"勢"字似指個別殊異的處位。相對"勢"，"物"指形物構成的一般形式。

出“好”的指向與“善”的判斷兩個層面，來說明“性”與“物”、“勢”的關係，四者間的形式結構爲：

| 好、惡→　　　　　←所好、所惡 | 物
性————————————————|
| 善、不善→　　　　←所善、所不善 | 勢

“好、惡”是一種意向的態度，它受到“物”的影響而引發。“所好、所惡”是回應著作爲對象的“物”。因此，“好惡”的產生，是在“性”與“物”的交接之間，“好惡，性也，所好所惡，物也”兩句，應讀爲“好、惡：性也；所好、所惡：物也”。我們使用符號“：”來作爲區隔，就可以清楚看出“好、惡”，“所好、所惡”是介於“性”、“惡”之間所呈現的關連。因爲，“好、惡”之作爲對“物”影響的反應，不屬於“性”所本有，“好、惡”的意向是因“物”而產生，若就“性”的本身而言，則其本質與好惡無涉。“所好所惡”之“所”，來自於“物”，因“物”才發生“好”、‘惡”的意向，“所”表現出“好”、“惡”意向的所及。因此，下文簡 5 即云：“凡性爲主，物取之也”。“性”爲“主”，即說明“性”的本然，而“物取之”，則發生“好、惡”的意向。按此種分析，簡文是說：在“性”與“物”的關連下，“好”、“惡”態度的產生，是源自於人之本性的一端，而“所好”、“所惡”的指向，是因外物的引生而指向於“物”。這樣，在上列圖表中，“性－物”是一層，“好、惡→←所好、所惡”是一層，而“性→（好、惡）／物←（所好、所惡）又是一層。簡文的思想，需要從這三層的考慮來理解。

“善、不善”是就“物”的各種處勢環境所產生的判斷，也就是在現實位列中展現其爲“善”或“不善”的取擇。因此，“善不善，性也。所善所不善，勢也”，同樣也應讀爲“善、不善：性也；所善、所不善：勢也”。“善不善，性也”，並非指“善、不善”的價值，屬於“性”所本有，而是指“善、不善”價值判斷的指向，是因“勢”對“性”的影響而發生。“性”之本然狀態與“善”、“不善”無涉。“所善所不善”之“所”，指“善”、“不善”判斷的所及，也就是“物”與“性”關連中，

屬於在“物”影響下的事物。同樣，按此種分析，簡文是意思說：在“性”與“物”的關連下，“善”、“不善”取擇均產生於人之本性的一端，而“所善”、“所不善”的判斷，卻由個別殊異情勢影響而指向於“物”。這樣，簡文的內容也包括三個層次：“性－物”是一層，“善、不善→←所善、所不善”是一層，而“性→（善、不善）／物←（所善、所不善）”又是一層。與前段論說相同，簡文之所以具有此種層次的考慮，主要的目的仍是在對“人道”與“性”之爲本然的分辨。

同時，簡文將“好、惡”、“善、不善”分別列出。“好、惡”指由“性”發生的意向，而“善、不善”指由“性”產生的判斷。“意向”隱指“情”的表現，而“判斷”隱指“心”的取擇。“情”與“心”均統含在“性”的運作之中。

簡文這種強調“性”之本然，而將人之“意向”與“判斷”的展現限制在“、性”“物”關連中的考慮，與中國古典哲學後起之“性論”的解說，其哲學的探析的方向並不相同。《孟子・告子下》中記錄了關於“性論”的爭辨，云：

> 公都子曰：“告子曰：‘性無善無不善也。’或曰：‘性可以為善，可以為不善，是故文武興則民好善，幽厲興則民好暴。’或曰：‘有性善，有性不善，是故以堯為君而有象，以瞽瞍為父而有舜，以紂為兄之子且以為君，而有微子啟、王子比干。’今曰‘性善’，然則彼皆非歟？

公都子所列出者均指以“善、不善”對“性”的論說，其形式爲：

“性”$=^{def.}$ 無善 — “性”$=^{def.}$ 無不善

“性”$=^{def.}$ 可以為善 — “性”$=^{def.}$ 可以為不善

“性”$=^{def.}$ 善 ／ “性”$=^{def.}$ 不善

這都是對“性”本身提出價值性的界定，我們可用“$=^{def.}$”的定義格式來表示。公都子稱孟子所談論的是“今曰‘性善’”，也就是認爲孟子的說法是“性$=^{def.}$善”。這是直接用定義的方式加諸“性”以價值的內涵，而不考慮“性”之作爲萬物呈現的本然狀況。在哲學的探索中，定義的方式是將被定義者當作論斷的對象物來考慮，而非就其根源之發生情狀來思索其呈顯的作用。在公都子的陳述中，不論是以“善”、“不善”的肯定方式，或是以“無善”、“無不善”的否定方式，甚至以“可以爲善”、“可以爲不善”之表示可能性的方式，都是對“性”之本質與以對象化而提出論斷。“性”成爲價值判斷的對象物，也就是說，“性”字的作用已經由其表示根源的“生”，轉換成以“心”的作爲主導並隱含著浮現出從心旁“性”的意含。因此，“性論”的爭辯實際上可視爲在“心”的考量上，反向論斷“性（生）”的內涵。我們認爲，這是古典哲學發展中的一個遞衍的過程，透過始源的確立，必然會出現基於始源設定的衍生論題。由“性”之原始爲“生”的本源，轉換爲以“性”解釋“生”，並以之作爲“性論”的基礎，這與簡文著重“生”的本然意義，與其所具有之哲學探索的發生性作用，有著極大的差異。

同時，我們也發現，“性論”的觀點完全集中在“性”的價值判斷上，而未提及由“性”而展開的意向層面。它們所論述的是“善不善”而非“好惡”。簡文稱“善不善”，是從“勢”之“所善所不善”來說，因此“善”的判斷（同時也是“不善”的判斷），是針對“勢”，也就是考慮到“物取之”的因素來說的。它與公都子哲學考慮的著眼處並不相同。

在上引《孟子》段落中，孟子對公都子問題的回答內容，極具哲學的多向考慮。他說：“乃若其情，則可以爲善矣，乃所謂善也”，“乃若”二字，雖然有不同的釋義[1]，但此處言說的重點是“情”字。按孟子之意，若就人之“情”，則可以爲善，此種承續著“情”所表現的“善”，是孟子“性善說”的基礎。顯見，孟子強調“性善”，並不是就“性論”的論題而提出，而是將“情”導向“善”的一種人文價值的要求。“情”是指

[1] 《孟子》趙岐注：“若，順也。性與情相爲表裏，性善勝情，情則從之。《孝經》云：‘此哀戚之情’，情從性也。能順此情，使之善者，真所謂善也。若隨人而強作善者，非善者之善也。若爲不善者，非所受天才之罪，物動之故也。”趙氏以“順”，釋“若”。朱熹四書集注：“乃若，發語詞。情者，性之動也。人之情，本但可以爲善，而不可以爲惡，則性之本善可知矣。”朱熹雖將“乃若”視爲發語詞，但仍認爲“情”爲“性之動”。

人的本然展現，對此展現的本質來說，孟子又稱之爲“才”。因此，他接續說：“若夫爲不善，非才之罪也。”這樣，“性”、“情”、“才”是與“善”相區隔的。孟子“性善”的思想結構，可分爲三層：

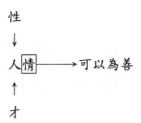

性
↓
人[情]——→可以為善
↑
才

由“情”之“可以”爲善的因素，孟子認爲是“心”的作用，他說：“惻隱之心，人皆有之；羞惡之心，人皆有之；恭敬之心，人皆有之；是非之心，人皆有之。惻隱之心，仁也；羞惡之心，義也；恭敬之心，禮也；是非之心，智也。仁義禮智，非由外鑠我也，我固有之也，弗思耳矣。”孟子謂“仁義禮智”爲人所固有，這種人義的價值源起於“羞惡”、“恭敬”、“是非”、“惻隱”之心。“心”隱含在“情”中亦屬人的本質構成，但使“心”能發生作用，是“求則得之，舍則失之”。這種“求”，就是窮盡人之爲“人”的本質，而人之所以有不同的表現，是因爲“不能盡其才者也”。孟子實際上是將“性”、“情”、“才”、“心”四者統合起來，而認爲“善”是從其中導出的“人義”要求，故爲人當稟持的本質之德。他接著引《詩》曰：“天生蒸民，有物有則。民之秉彝，好是懿德。”，並轉述孔子的解釋云：“爲此詩者，其知道乎！故有物必有則，民之秉彝也，故好是懿德。”孟子的說法，表面上似與“性論”爭辯的論述相近，但事實上“善”的作用，不是對“性”的界定，而是導引出“情”、“才”中“心”的價值。這一方面說明孟子同樣本於人文建構之始源考慮而與“性論”的爭辯不同，另一方面也顯示出“心”與“生”的結合在戰國時代是哲學發展的一種必然傾向。孟子之“乃若其情”，就是針對“論性”所產生的困執，而對“性”本然實情根源的提醒。就此而言，簡文思想似爲儒家後續“性”或“性論”問題發生的最初根源。

二

【郭店簡】

凡眚（性）爲宔（主），勿（物）取之也。金石之又（有）聖（聲），□□□（簡五）□。□□唯（雖）又（有）眚（性）心弗取不出。

【上博簡】

凡眚（性）爲宔（主），勿（物）取之也■。金石之又（有）聖（聲）也，弗鉤（扣）不鳴（簡3）。

凡眚爲宔，勿取之也。金石之又聖，□□□（簡5）□。	凡眚爲宔，勿取之也■。金石之又聖也，弗鉤不鳴。（簡3）

【辨析】

"宔"，《說文》段玉裁注："經典作主，小篆作宔。""宔"字，似乎隱含著特殊哲學的意含。

"聖"，通"聲"，下同。

郭店簡缺字，前四字可據上博簡補"弗扣不鳴。"。

今校補作"凡性為宔，物取之也。金石之有聲，弗扣不鳴。"

【解義】

“凡眚爲宔”是此篇論述的中心觀點之一。以“性”作爲哲學思索的主導，“宔”字似表現出重要的作用。“宔”雖然可假借爲“主”，但“主”字的本義卻另有其來源。《說文》：“主，鐙中火主也。從㞷，象形；從丶，亦聲”，與“主”的原初義不同，“宔”字帶有源自原始宗教的意含。《說文·宀部》：“宔，宗廟宔祏。”“宔”指宗廟中藏神主的石函。神主安置在宗廟之中，而爲一切祭祀活動的祭拜中心。以“性”爲“宔”，說明人的天然本性爲一切哲學思索的核心，它自身的存在保持著自有之本然實質。

“物取之也”，“取”，不是單純的取得，它有“爲”、“治”等義，《廣雅·釋詁三》：“取，爲也。”《老子》第四十八章云：“取天下以無事。”河上公注：“取，治也。”“取”，此處指對性的處置，含有作爲、引取、感發之義。簡文稱“性”是“宔”，而“物”具有“引取”、“發動”的作用，因而有了“性”各種展現的傾向。因此，以“性爲宔”是就“性”之本然來說的一層，“物取”是就“物”的作用來說的一層，而“物取之”則是就“物”與“性”的關係來說的一層。這三層意義，顯示出對人“本質運作”的強調，對“物”影響的說明，與由此必然提出“人道”規劃的要求。

“金石之有聖”兩句，上博簡注釋云：“金石，古有‘金石樂’，即使用鐘、磬等樂器演奏之音樂。《左傳·襄公九年》：‘以金石之樂節之。’金石居八音之先，故言‘樂’率稱金石。這裡的‘鳴’，也顯然是指樂聲，言‘金石’在音樂的地位，與‘眚爲宔（主）’是相應的。”“金石”是器樂演奏的主體，它們本身不會發出樂聲而保持其存在的本然，但作爲樂器，則它們必定具有在使用中會產生樂音的性向。一如人性雖具有存在的本然，但人之爲“人”，必定會感受於“物”的影響而被“物”所“取”，由之而有屬人的表現。

以“金石”爲喻來做哲學觀念的解說，也見於先秦思想文獻，如《莊子·天地》云：“夫子曰：夫道，淵乎其居也，漻乎其淸也。金石不得，無以鳴。故金石有聲，不考不鳴。萬物孰能定之！”《墨子·非儒下》亦云：“君子若鐘，擊之則鳴，弗擊不鳴。”此種譬喻，似當時流傳的一種成說。《墨子》以“鐘”比喻君子之德，《莊子》以“淵”、“漻”描述“道”的獨立無涉，都體現“不敲不鳴”本然自定的存在情狀。這應當是中國古典哲學心靈的重要操持之一。簡文對“性”的此種論述，也是基於對心靈內在蘊涵的強調。

簡文此數句，似謂：人的本性爲一切人文事物的主體，而外在事物則是引取〔本性的興作〕。〔就像〕金屬或玉石樂器，〔在本質上〕是會發出音聲的，但若不加以〔外力的〕敲擊，就不會產生鳴響。

【申論】

這是簡文的第二個“凡例”，提出“凡性爲主”的普遍性命題。這是對本篇以“性”之本然爲人道之“始源”的進一層強調。在全篇“性情說”的思想區分中，它可歸於第二個論述的部份，似可定爲第二章的第一段[1]。

我們從簡文的資料清楚看出，在中國古典哲學的發生問題上，儒家與道家實際上均將周文禮制的規劃，重新導回到人存之事的實情上去。道家思想重視“自然”的本源，儒家哲學強調“性”的本然，一是針對萬物的始源來說，一是著重人性的本質來說。但就其強調始源之事，二者是一致的。只是道家更欲消除“人”之中作爲其意義展現根源之“心”的作用。《老子》書中提到“虛其心”、“弱其志”，就是對“心”之積極性作用的消除，而“心”，或立於“心”中之“德”，則是周文禮制觀念的核心。

孔子承襲周文重視人義的人文價值，因此，孔門弟子應已充分把握這種以自然之運作當作人文建構根源的觀念。表現在楚簡“性情說”中的儒家早期思想，甚爲強調以“生”作爲人道的根源。這使我們對儒家之學的發展，必須重新思索其“發生性”的重要辨析。同時，這也是楚簡“性情

1 按全篇思想的內容，我們分爲十章，見附錄〈楚簡“性情說”的資料問題〉。

說”對我們今日哲學探討顯示的重要線索之一。哲學的建構，必來自於人文徹底導源的追溯上。

楚簡中這種重視“生”之自然本質的情形，與《莊子》書中“性命之情”的思想相近。〈駢拇〉云：“彼正正者，不失其性命之情。”〈在宥〉云：“不仁之人，決性命之情而饕貴富。”“吾所謂臧者，非所謂仁義之謂也，任其性命之情而已矣”“自三代以下者，匈匈焉終以賞罰爲事，彼何暇安其性命之情哉！”“天下將安其性命之情，之八者，存可也，亡可也；天下將不安其性命之情”“無爲也而後安其性命之情。”〈天運〉云：“其知憯於蠣蠆之尾，鮮規之獸，莫得安其性命之情者，而猶自以爲聖人，不可恥乎，其無恥也？”〈徐無鬼〉云：“君將盈耆欲，長好惡，則性命之情病矣。”《莊子》書中“性命之情”的觀念，似衍生自簡文“生”觀念，它可視爲對於以“生”爲“性”的導源。實際上，“性”、“命”與“情”三者的意含，均隱含在簡文“生”的觀念中。這樣看來，對於以“生”之爲始源的覺識，應是古典哲學的一種深刻思考，它與論說爭辯的“性論”是不同的。而從此種角度來思索古典哲學的問題，也就不該認爲楚簡思想只是受到楚地影響的儒家產物。

□□唯又眚，心弗取不出。	（缺）

【辨析】

上博簡注釋：“殘缺簡一，根據《郭店楚墓竹簡·性自命出》可補如字：‘□〔唯（雖）又（有）眚（性），心弗取不出〕。’”“上博簡《校讀記》於“嗚”下補“人之雖有性心，弗取不出”，並云：“‘弗扣不鳴’下，估計應脫二簡，這裏用【】號括起的文字（介於簡 3 和簡 4 之間）就是參考郭店本和上下文義補出的字。我把補出的字分別標爲補 A 和補 B。它們的字數正合于兩簡：補 A 三十八字，補 B 也三十八字。原書補字與此有些不同，其相當第一枚脫簡的字爲三十七字，相當第二枚脫簡的字爲三十八字，凡郭店本沒有的字一律不補，有則完全按郭店本補字。這裏補出的字，‘雖’字之上，原書只空一字，並把‘心’字斷在下句。”今案郭店簡前文云“凡人雖有性”，下文亦云：“凡心有志也”，此處缺字或可按此體例補字，作“凡人雖有性”。

今校補作“凡人雖有性，心弗取不出。”

【解義】

“凡人雖有性，心弗取不出”，上博簡《校讀記》於“心”下斷句。“凡人雖有性”，“心弗取不出”，具有對比的作用，與篇首“凡人雖有性”、“心無定志”相呼應，似仍應在“性”下斷句。而簡文思想中，“性”與“心”的哲學作用不同，恐不能連讀。“性”指人存的自然本質，也就是人之爲萬物之一者的本性，而“心”則是人之爲“人”之意義與價值的操持因素。換言之，“心”是人義價值規劃的主體。“心”作爲人文事物考慮的核心，似從西周初年開始。周人重“德”，而“德”字意含的中心就在“心”的操持上。“德”字字形中“心”的部份，是隨著周人的使用而產生。這也可解釋“心”的作用是周文的重要組成部份。簡文則將“心”的意含朝向思辨性發展，而成爲古典哲學人義建構的中心觀念。

“心弗取不出”，與前文“物取之也”均說到“取”。簡文似指由“物”引發“性”的取向，而在“心”中形成了主導的作用。“出”，指表現於外，但這種表現是一種導出，也就是被“心”以某種方式的指引而展現。

又，簡文用“心弗取不出”的否定語式，同樣反向強調“性”的本然實況。也就是說，人之有天生的本性是人的本然，但若是不具心的引發，“性”就不會表現出各種“人”之作爲的取捨。前文即提到“性自命出，命自天降”，“性”指人之天生的本然，在一切價值性的規劃之外。

簡文此數句，似謂：人雖然具有天生的本性，若不透過心所主導的引發，就不會表現出〔各種不同方式的行爲取捨〕。

三

【郭店簡】

凡心又（有）志也，亡与不□□□□□（簡六）蜀（獨）行，猷（猶）口之不可蜀（獨）言也。牛生而倀（長），韋生而戟（伸），其眚（性）……（簡七）而學或㝎（使）之也。

【上博簡】

缺

凡心又志也，亡与不□□□□□（簡6）蜀行，猷口之不可蜀言也。牛生而倀，韋生而戟，其眚……（簡7）而學或㝎之也。	（缺）

【辨析】

"亡与不"下缺字，郭店簡《校讀記》補"不可。人之不可"。簡文稱"心有志，無舉不可"，則"人之不可獨行"之"人"字似補作"心"較好。

簡7末尾斷簡，郭店簡《校讀記》補"使然，人"。

上博簡釋文補"〔凡心又（有）志也，亡（無）与不〕□。□□□□

〔蜀（獨）行，猷（猶）口之不可蜀（獨）言也。生生而倀（長），𢊁〕生〔而戟（伸），其眚（性）〕□□，□〔而學或叓（使）之也〕。”上博簡《校讀記》補“凡心有志也，亡舉不可。人之不可獨行，猶口之不可獨言也。牛生而長，鴈補A生而伸，其性使然，人而學或使之也”。並云：“‘舉不可。人之不可’，郭店本缺，原書不補。‘牛’，原書誤爲‘生’（可能是筆誤或印刷錯誤）。‘雁’，原從鳥從彥省，郭店本隸定有誤，注釋者襲之而不改。‘使然，人’，郭店本缺，原書不補。”

“与”，一般多讀爲“與”，陳偉認爲是：相伴、隨從之物。郭沂：指參與物，也就是上章所說的“物”。廖名春則任爲是指“物”的“取”，指物與。上博簡《校讀記》讀爲“舉”。

“蜀”，郭店簡釋文讀爲“獨”。

“猷”，借爲“猶”。

“倀”，借爲“長”。

“𢊁”，“𢊁”字，李零、李家浩均釋爲“鴈”。

“戟”，借爲“伸”。

“叓”，郭店簡釋文讀爲“使”。

今補作“凡心有志也，無舉不可。心之不可獨行，猶口之不可獨言也。牛生而長，鴈生而伸，其性使然，人而學或使之也。”

【解義】

“凡心有志也”，上一“凡例”指出“性”與“心”的關係，此一“凡例”提出“心”與“志”的關連。二個“凡例”思想連貫，可結合爲一章。“性”、“心”與“志”，均屬於人本質的構成，而在“物”的影響下產生各別的作用。《說文》：“志，意也。从心，之聲。”《繫傳通論》：“心者直心而已，心有所之爲志。”《粹言疏證》：“案：志爲起念之始，……《左·昭二十五年傳》：‘以制六志。’《正義》云：‘情動爲志’，此與《中庸》：‘喜怒哀樂未發’之義合，則志乃意念之始，故許云：‘志，意也。’”“志”是指由“心”所發出的確定指向，它來自於“心”的舉措而有所動作。

“亡与不□□□□□蜀行”，《校讀記》補“可人之不可”五字。廖名春《校釋》[1]云：“案：‘人’當改爲‘心’。‘凡心有志也，亡與不〔可〕’即‘心無奠志，待物而後作’之意。所以，‘不可獨行’的當是‘心’。‘心’與‘口’皆爲人之五官，故能並舉。‘人’不能說‘不可獨行’。‘亡’通‘無’，‘與’，指‘物’的‘取’，指‘物與’。”簡文前稱“凡心有志也”，下文“不可獨行”應指“心”而言。廖說可從，簡文當補作“心之不可獨行”。“与”字應按李零說讀爲“舉”。“舉”，指舉措，發自於“心”，“心”之有“舉”，受到“物”對性的影響。“心不可獨行”，與“口不可獨言”相呼應，“口”的作用在說出“言”，因此，“心”的作用在發動“行”。但“言”之所以有“言”者不在“口”，“行”之所以有“行”者，也不在“心”。“心”之所以有“行”，並表現爲“志”，是來自於對“物”影響所要求的處置。

“牛生而倀，𢊁生而戟”，“倀”字，郭店簡釋文讀爲“長”，“長”有大、盛之義，此處指牛的體形碩大。“𢊁”字，借爲“鴈”，指家鵝。“戟”字，郭店簡釋文讀爲“伸”。《廣雅·釋詁三》：“伸，直也。”此處指脖子可伸直而長。簡文以牛之所以體形碩大，鵝之所以脖子修長而直伸，爲牛、鵝之“性”。“生”即“性”之本然。

“人而學，或使之也”，簡文僅單獨用“人”字，但其作用似指“人〔之有其本性〕”。“而”爲連接詞，表示轉折的語氣，有“如果”、“卻”之義。《論語·八佾》云：“管氏而知禮，孰不知禮？”“而”字即作“如果”解。“人而”二字隱含著“人”之本性與“而”後所說“學”之舉措的差異。“學”指“學道”，即遵循人道規劃中的要求，此非“人”本性所固有。“或”，表示揣測之義。“或使之”，指或許有使它發生的因素，

[1] 廖明春：〈郭店楚簡《性自命出》校釋〉，清華簡帛研究第一輯，清華大學思想文化研究所，2000年8月。以下簡稱“廖明春《校釋》”。

如禮樂的教化等。

又，此兩句，另有說法認爲“而”讀爲“能”，“或”訓爲“又”。按此理解，則簡文謂：人能學，也是性使然。但“使之”之“使”，表現出具有外力操持的作用，這就不能說來自“性使然”。“本性”所顯發的樣態，簡文稱“牛生而長，鴈生而伸”，“生而”是“其性使然”，與“或使”的作用極爲不同。

簡文此數句，似謂：“心”必然表現爲〔確定指向的〕“志”，但若無“心”的舉動，就不會如此產生。而“心”〔本身〕不能單獨發生作用，就像只靠著動口並不能表達論說一樣。牛的本性是體形碩大，鵝的本性是脖子長而可伸，〔物各有其天然的本性，人之爲萬物之一，亦是如此。〕人之所以有〔接受教化的〕學，恐來自加諸其本性之上的原因。

【申論】

簡文前段說“性”爲“物”所取，此處說“心”與“志”有必然的關係，而此種必然的關係，是由“物”對“心”所引起的。換言之，“心”若無“舉”，而僅隱含其爲“性”之本然的能力，則“志”就無從發起。下文說到“凡見（現）者之謂物”，“物”之所現稱爲“物”，即指“物”出現在“見（現）”的關連中，這種關連的結果就是使“心”必有所“舉”。此種關係，可圖示化爲：

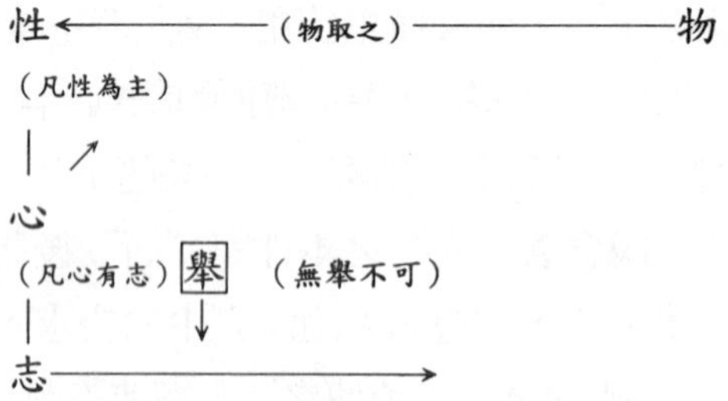

“心”與“志”均隱含在“性”中，而以“性”爲主，此皆人之本然。當“性”受“物”影響後，“心”有所“舉”，而展現爲“志”的取向。我們回顧簡 1，比較它與此處簡文，可發現如下的結構：

凡人雖有性，心無正志，待物而後……

凡心有志也，亡舉不可

就“性”而言，其所以表現於外，是“物取之”，這是“性”與“物”形成的結構。而就“心”來說，其“所出”之“志”，是由於在“物取之”的狀況中產生了“舉”，“舉”的表現即“正志”，有所指向的“志”。而簡文此數句的表達，也隱含著未明說的部份，它的結構爲：

	牛	雁	人
性使然：	生而長	生而伸	（未加以說明）
			而 ／ 學
			或使之

簡文先是以牛、雁的天性做比喻：牛天生就體形碩大，雁天生脖子就可伸直而長，這是天性的本然。簡文雖未明說人的本性爲何，但云：“人而學，或使之也”，謂：“人若有所學，則爲他物使之如此”。“人而學”之“而”字，是一種轉換的說法，將人的本“性”與人的爲“學”做了區隔。下文曰：“四海之內，其性一也，其用心各異，教使然也”，顯見簡文認爲“學”並非人天性所有。人或有所“學”，或無所“學”，人之有“學”，來自於人性之外的其他因素，即“或使之”。這個“或”指向透過“學”所表現出禮樂的教化。因此，簡文此處，一方面對“學”的始源提出辨析，另方面也強調“學”之所以外於本性，是具有人文價值規劃的意義。

楚簡《成之聞之》簡 26-28 云：“聖人之性與中人之性，其生而未有別之。節於此也，則猶是也。唯其於善道也亦非有懌，婁以多也。及其博長而厚大也，則聖人不可由與墠之。”二者均說明“學”爲後起的人文規劃要求，意含相通。

四

【郭店簡】

凡勿（物）亡不異也者。剛之梪也，剛取之也。柔之（簡八）約，柔取之也。四海（海）之內其眚（性）弌（一）也。其甬（用）心各異，教（教）㕜（使）肰（然）也。

【上博簡】

……□內丌（其）眚（性）一也。丌（其）甬（用）心各異▪，教㕜（使）肰（然）也。

凡勿亡不異也者。剛之梪也，剛取之也。柔之（簡8）約，柔取之也。四海之內其眚弌也。其甬心各異，教㕜肰也。	□內丌眚一也。丌甬心各異▪，教㕜肰也。

【辨析】

上博簡釋文補“〔凡勿（物）亡（無）不異也者。剛之梪也，剛取之也；柔之約，柔取之也。四海（海）”。上博簡《校讀記》補“凡物亡不異也者，剛之樹也，剛取之也；柔之約也，柔取之也”作爲“補B”的結尾部分，並云：“我從剪貼本的複印件看，有編號爲C殘14-5的殘簡，作‘□□者……’，約二十字，疑即“異也者，剛之樹也，剛取之也；柔之約也，柔取之也。四”一段。這枚殘簡，經我核對，應即附一的殘簡四，只不過圖版把它印倒了，而且失去了上面的‘□□者’等字（如果能核對剪貼本和早期幻燈片，或許還能認出更多的字）。‘柔之約也’，郭店本遺‘也’字，原書不補，少一字，故將‘海’字移置補B的最後。簡4，上約缺二字，原書只空一字，原因就在這裏。其實與原簡空字情況不符。”

“海”，郭店簡釋文讀爲“海”。

“弌”，上博簡作“一”。

“𡥈叏肰”，郭店簡釋文讀爲“教使然”。上博簡“𡥈”字寫作“孥”。簡文“孥”字的作用，同時包含“教”與“學”的教化作用，似依上博簡釋文作“孥”較好。

“甬”，借爲“用”。

今據李零說補作“凡物無不異也者。剛之樹也，剛取之也。柔之約，柔取之也。四海之内，其性一也。其用心各異，孥使然也”。

【解義】

此一“凡例”論述“物”的本性，與人之所以接受教化的緣起，思想與前二“凡例”連貫。

“凡物無不異也”，郭店簡原注釋：“‘異’字及下一簡‘異’字，都被書手寫得不成字，今據文義逕釋爲‘異’。”簡文是就萬物各自具有的本性來立說，“物”指萬物各別的本性。

“剛之梪也，剛取之也。柔之約，柔取之也”，郭店簡裘案：“《語叢三》四六號簡，‘彊（強）之鼓（尌）也，彊取之也。’語與此近。”李零郭店楚簡《校讀記》云：“‘樹’，原從木從豆。楚文字中的‘樹’字多這樣寫。我們理解，簡文是以‘樹’爲直，‘約’爲曲。但馮勝君指出，簡文此句及《語叢三》簡46的類似說法‘強之樹也，強取之也’，實即《荀子·勸學》中的‘強自取柱，柔自取束’。《勸學》篇中的‘柱’字，王念孫《讀書雜志·荀子雜志》讀‘祝’，以爲折斷之義。簡文‘樹’

也應讀‘祝’，是同樣的意思。‘約’可訓‘束’，則與‘柱’相反，是卷束之義（《讀〈郭店楚墓竹簡〉劄記（四則）》，《古文字研究》第二十二輯，中華書局，2000年，210-213頁。）。如果這樣理解，則簡文的意思是說，剛物易折，是因爲其性太剛；柔物易捲，是因爲其性太柔，皆物性使然。”趙建偉認爲“梪”、“斸”、“祝”音相近，《廣雅・釋詁》：“祝，斷也。”“約”，釋爲“捆束”。此四句指物之特性各來自其本質所具有。

“四海之內其眚弌也”，郭店簡釋文作“四海之內其性一也”。“性”指人的本性，人之爲人，若就其本性而言，並無所異。但在確立人之爲“人”的意義與價值要求下，以“心”的舉措而產生不同的作爲。故簡文稱“其用心各異”。“各”字，說明由“人之爲人”的本然到“人之爲‘人’”之意義的各種取擇。

“用心”，指“心”的操持與運作。“教”，指基於“人道”所推行的教化。簡文以“用心”區別“四海之內其性一也”之“性”。“用心”強調“心”的特殊功能，因此接著就說“教使然”。“教”，郭店簡寫作“𤕝”，上博簡作“孨”。上博簡注釋云：“孨，从子从爻，《說文》：‘孨，放也’，段玉裁注：‘放，各本訛作效，今依宋刻本及《集韻》正。放、仿古通用。許曰：放，逐也，仿，相似也。孨訓放者，謂隨之、依之也。今人專用仿矣。教字、學字皆矣孨會意。教者，與人以可放也。學者，放而象之也。’”“孨”字從子從爻，《廣雅・釋詁》三：“爻，效也。”“敎”，《說文》：“上所施，下所效也。”“學”古作“斅”，《金文形義通解》[1]：“‘教’、‘斅’、‘學’三字典籍頗相溷用。《書・盤庚》：‘盤庚斅于民。’以‘斅’爲‘教’。《禮記・文王世子》：‘凡學世子及學士，必時。’以‘學’爲教。《學記》：‘兌命曰：學學半。’二‘學’字前爲教，後爲‘學’。”“孨”字似包含著“教”與“學”的意含，而體現爲一切人文價值規劃的教化措施。人之用心，因“孨”而有不同。在“孨”的規劃中，體現出禮樂的人義價值與要求。此種要求並非來自人的

[1] 張世超等：《金文形義通解》，中文出版社，1996年，東京。

自然本性。

簡文此數句，似謂：事物的存在沒有不具殊異性的。因此，堅硬的東西，容易折斷，這是因其強硬的本性。柔軟的東西，容易捲曲，這是因其柔軟的本性。〔因此，從本性的根源來看，〕四海之內〔的人類，雖然殊異有別，但其〕本性都是相同。他們用心〔的指向〕之所以有異，是因爲受到〔本性之外〕不同教化所造成的影響。

【申論】

簡文以上三個凡例，主要說明人本然之“性”與人道“教”、“學”間的轉折。其中包含著“性”、“心”、“志”、“物”、“學”等觀念的分析。這三個凡例，可視爲“性情說”的另一完整的章節。本書附錄資料整理，編爲第二章。它所論述的內容，可圖示如下：

性	人	物	
心	四海之內	牛生而長	性使然
志	其性一也	雁生而伸	性使然
		物無不異	
		剛之樹也，剛取之也。柔之約，柔取之也	

……學……

人而學－或使之

用心各異－教使然

這三個凡例構成的章節，論說的重點似集中在“性”與“學”的分辨上。

就“性”之爲“生”來說，它爲人的本質，與“物”的存在狀態相同，即簡文所稱“凡物無不異也”。如同“牛生而長，鴈生而伸”，是二者的本然，人之本性是“四海之內，其性一也”。此是人之爲萬物之一的情狀，爲人人所同具。

簡文稱“凡人必有性”，同時又說“凡心必有志”，人之有“性”、

"心"與"志"，是人的本然，故爲人人所同有。但如同"物"之剛者，"剛取之"，"物"之柔者，"柔取之"，此種包含"性"、"心"與"志"的人之本質，是人之有別於他物的殊異性質。

"性"既然包含"心"以爲其本質，也必因"心"的引發而有"志"的指向。這種指向隱含著對人義之"人"展現的可能。"舉"，就是觸動指向的動因，它雖然由"心"而出，但其運作的因素卻是回應來自於"物"的影響。

"舉"，是人文的措施，它包含"學"與"教"。在中國古代的思想中，"學"與"教"是不分的（見前"解義"說明）。簡文的"𡥈"，似乎就指涉著這種雙重的作用。在上列圖示中，我們用"…舉…"作爲一種區隔，在此虛線之上者，均屬於自然本性的解說，而透過"舉"，開啓人文價值的取擇。也就是因爲不同的所"舉"，而產生"用心"的差異。這種差異，並非來自人的本性，而是人文世界的規劃與要求。

五

【郭店簡】

凡眚（性）（簡九）或皷（動）之，或逨（逢？）之，或交之，或萬（厲）之，或出之，或羕（養）之，或長之。

【上博簡】

凡眚（性），或皷（動）之■，或逆之■，或交（忞）之，或蕙（厲）之，或出□，□□（簡4）之，或長之■。

凡眚（簡9）或皷之，或逨之，或交之，或萬之，或出之，或羕之，或長之。	凡眚，或皷之■，或逆之■，或交之，或蕙之，或出□，（簡4）□□之，或長之■。

【辨析】

“皷”，郭店簡釋文讀爲“動”，上博簡注釋認爲是“動”的或體。

“逨”，郭店簡釋文疑讀爲“逢”，上博簡釋文讀爲“逆”。

“忞”，上博簡注釋讀爲“恔”，並云：“音效，快也，讀爲‘交’，下同，指交於禮樂。”裘錫圭先生近作對此字的隸定，有新的解釋[1]，云：

[1] 裘錫圭：〈談談上博簡和郭店簡的錯別字〉，收入《新出楚簡與儒學思想國際學術研討會論文集》，2002 年 3 月 31 日至 4 月 2 日，北京，清華大學。

“郭 9-11：‘凡性……或之……性者古（故）也……。’上引按原字型摹出之字，《郭簡》釋爲‘交’，上 4、上 5 的相應之字作，《上博》釋爲‘忞’，讀爲‘交’。上博簡此字‘心’旁之上所从之字，顯然不是‘交’，《上博》對此字的解釋受了《郭店》的誤導。其實上舉郭店之字本非‘交’字。此字上部確與楚簡‘交’字上部同形（楚簡‘交’字見《滕編》784 頁、《張編》48 頁、《上博》的《孔子詩論》20、23），但其下部形近於‘又’，則與‘交’字截然有別。上博簡與此字相當之字，實應分析爲从‘心’‘室’聲。楚簡‘室’字或作、等形（《滕編》603 頁 4 行、7 行），與其上部相近。同屬上博簡《性情論》的 25 號簡的‘至’字作，35 號簡‘至’字略同。上舉見於上 4、上 5 之字的‘室’旁所从之‘至’，就是這種‘至’字減省下面的橫畫而成的。所以要加以減省，當是由於下面還要加‘心’旁。根據上博簡的‘窒’字，可以斷定郭店簡的相應之字就是‘室’字的誤摹。”“忞”原當作“室”，而訓爲“實”，此一辨別對於了解簡文此處文意甚爲重要。

“萬”，郭店簡釋文讀爲“厲”。

“出”，李零《校讀記》作“絀”，“出”似“黜”字的假借。

“羕”，郭店簡釋文讀爲“養”。

上博簡缺字，原釋文補“之或羕”，李零《校讀記》：“簡 4，下約缺一字，原書補‘之，或養’，太多。簡 5，上約缺三字，原書補‘之’，太少。”

今校補作：“凡性，或動之，或逆之，或實之，或厲之，或黜之，或養之，或長之”。

【解義】

此“凡例”說明對“性”的影響，七“或”字，均指對“性”影響的可能方式。

“數”，指興動。下文云“凡動性者，物也”，指外物使“性”興動。

"逹"字，李零《校讀記》作"逆"，並云："'逆'，整理者以爲從辵從丰，讀爲'逄'。案此字也見於《成之聞之》簡 32，是與'順'字相對（下文簡 17 也有'逆順'），彼既釋爲'逆'字，此亦應當釋爲'逆'。"李天虹《集釋》云："按：《成之聞之》三二號簡云："'小人變（亂）天祟（常）以逹大道，君子訂（治）人侖（倫）以川（順）天悳（德）。''逹'字形體與《性自命出》此字完全相同，整理者釋爲'逆'，從文義來看非常合適，所以《性自命出》此字亦當釋爲'逆'。""逆"，指迎受。《尚書·禹貢》云："又北播爲九河，同爲逆河，入於海。"孔穎達疏引鄭玄云："下尾合名爲逆合，言相向承受。"又，《文選·揚雄〈甘泉賦〉》云："惟夫所以澄心清魄，儲精垂思，感動天地，逆釐三神者。"李善注引韋昭曰："逆，迎也，迎受福釐也。"

"交"字，裘錫圭先生認爲上博簡的此字，當讀作"室"，郭店簡此字爲"室"的誤字。"室"或"寔"似讀爲"實"[1]。裘先生云："'室'和'實'上古音都屬質部，聲母也相近。《說文》：'室，實也。'以'實'爲'室''的聲訓字。此二字應該可以相通。古以心實爲美德。……一說'室'（寔）不必讀爲'實'，其義應近於'窒'（'室''窒'皆从'至'聲，應爲同原詞）。也可以說這個'室'是名詞用的動詞，'室性'的意思近於爲性築室，也就是給性一個框架。規定這個框架的根據就是'故'。"[2]裘先生的解說，甚有啓發性。"交"字，不論原爲"實"或"窒"，與此處簡文的思想更爲相合。"實性"，是充實"性"的人存意義，也就是充實以禮樂人文規制的價值。

"萬"字，郭店簡釋文讀爲"厲"，"厲"有砥礪振奮之義。《管子·七法》云："兵弱而士不厲，則戰不勝而守不固。"尹知章注："厲，奮也。""或厲之"與下文"或黜之"相應，一爲砥礪振奮，一爲約制收斂，二者是相對述說。

"出"字，李零郭店簡《校讀記》作"絀"。"出"，疑"黜"字之

[1] 見前引書，頁 19-20。

[2] 見前引書，頁 19-20。

省，段玉裁《說文解字注》："絀，古多假絀爲黜。""黜"通"曲"，有收斂之義。《國語·周語下》云："爲之六間，以揚沈浮，而黜散越。"簡文下文曰："出（黜）性者，勢也"，謂處勢使原無定向之"性"有所收斂，而形成有所取擇。

"羕"字，郭店簡釋文讀爲"養"。《周禮·地官·保氏》云："而養國子以道，乃教之以六藝。"孫詒讓《周禮正義》："《說文·食部》：'養，供養也。'引申爲教養。""養"，指人文教化的培育。

"長"，有培育、撫養之義。《左傳·昭公十四年》云："長孤幼，養老疾。"李天虹《集釋》云："長，劉昕嵐訓爲增長、進益。……郭沂云[1]：'長之'，使'之''長（成長）'也。按：《性自命出》下文認爲詩、書、禮、樂是'道'的具體反映，以詩、書、禮、樂，亦即'道'爲教，可以使人'生德於中'。由此來看，'長'之意當以劉、郭之說近是。"

簡文此數句，似謂：對"性"的影響〔有下列幾種情形〕：或是興動它，或是迎受它，或是充實它，或是砥礪它，或是收斂它，或是教養它，或是撫育它。

[1] 郭沂：《郭店竹簡與先秦學術思想》，上海教育出版社，2001 年 2 月。以下引書同，不另註出。

六

【郭店簡】

凡戭（動）眚（性）（簡十）者，勿（物）也；逢（逢？）眚（性）者，兌（悅）也；交眚（性）者，古（故）也；萬（厲）眚（性）者，宜（義）也；出眚（性）者，埶（勢）也；羕（養）眚（性）（簡十一）者，習也；長眚（性）者，衍（道）也。

【上博簡】

凡歒（動）眚（性）者，勿（物）也▪；逆眚（性）者兌（悅）也；悘（交）眚（性）者，古（故）也；蕙（厲）眚（性）者，義也；出眚（性）者，埶（勢）也（簡5）；羕（養）眚（性）者，習也▪；長眚（性）者，道也▪。

凡戭眚（簡10）者，勿也；逢眚者，兌也；交眚者，古也；萬眚者，宜也；出眚者，埶也；羕眚（簡11）者，習也；長眚者，衍也。	凡歒眚者，勿也▪；逆眚者兌也；悘眚者，古也；蕙眚者，義也；出眚者，埶也；（簡5）羕眚者，習也▪；長眚者，道也▪。

【辨析】

“兌”，郭店簡釋文讀爲“悅”。

“交”，上博簡作“悆”，上博簡注釋云：“悆，讀爲‘交’，指‘交友’、‘結交’，‘禮交’。”但‘交’，據前引裘先生說，似應讀爲“室”，訓爲“實”。

“古”，讀爲“故”。

“萬”，上博簡作“蔥”，均讀爲“厲”。

“出”，似“黜”之假借。

“埶”，郭店簡釋文讀爲“勢”。

今讀爲“凡動性者，物也；逆性者，悅也；實性者，故也；厲性者，義也；黜性者，勢也；養性者，習也；長性者，道也”。

【解義】

此“凡例”說明上述影響“性”七種方式的各種因素，具有推演論述的型態。

“凡動眚者，勿也”，“動性”，泛指使“性”興動。“物”，指有別於“性”而直接影響著“性”的外在因素。此處，“物”是就其能動性來說，“性”與“物”的關連，也是人存的本然實情。又，《禮記·樂記》云：“人生而靜，天之性也；感於物而動，性之欲也。”《禮記》認爲人的“本性”爲“靜”，以“靜”解釋“性（生）”的本然，與簡文“眚”之意含相通，當是儒家共同的看法。

“逆眚者，悅也”，指心中暢達而欣悅，使性有所迎受。

“悆眚者，古也”，“悆”，訓爲“實”（見前文注）。“古”字，郭店簡釋文讀爲“故”。《說文·攴部》：“故，使爲之也。”段玉裁注：“今俗云原故是也，凡爲之必有使之者，使之而爲之則成故事矣。”《墨子·經上》云：“故，所得而後成也。”孫詒讓《閒詁》：“凡是因得此而成彼之謂。”簡文“故”字，似有開放性的意含，陳寧認爲“故”指“詩書禮樂”，趙建偉認爲指“後天所爲之事”。郭店簡《校讀記》云：“‘故’是按一定目的來設計，用作教化手段的典章文物或文化傳統，則可藉以交流，溝通其本性。”“故”當保留其多向的指涉，泛指契合於本性的一切人爲措施，如孝、敬、慈、愛之類。“實性者，故也”，指充實性者，爲人文的規劃。簡文認爲人文制度的規劃，是要充實“性”之表現人義的所需。

“萬眚者，宜也”，郭店簡釋文讀爲“厲性者，義也”，指砥礪振奮人性者，是義理所標顯的價值要求。

“絀眚者，勢也”，“絀”字，疑仍爲“黜”字之省。“勢”，有位列之義（見前文注），在人文的人倫秩序中，“位列”實指人的“名份”。“名份”之人文價值的安置與校正，是對人性自然展現的一種約制。

“羕眚者，習也”，“習”，一般釋爲學習，但它在本質上是一種調節的作用。《大戴禮·子張問入官》云：“既知其以生有習，然後民特從命也。”盧辨注：“生，謂性也；習，調節也。”養性在於對“性”的調節，《呂氏春秋·重己》云：“昔先聖王之爲苑囿園池也，足以觀望勞形而已矣！其爲宮室臺榭也，足以辟燥溼而已矣！其爲輿馬衣裘也，足以逸身煖骸而已矣！其爲飲食酏醴也，足以適味充虛而已矣！其爲聲色音樂也，足以安性自娛而已矣！五者，聖王之所以養性也，非好儉而惡費也，節乎性也。”《呂氏春秋》稱：聖王之養性，在於“節乎性”，“節性”也就是調節“性”。

“長性”的作用，不但撫育“性”的表現，同時也執掌統御“性”所引發的指向，因此，簡文稱“長性者，道”。“道”指人道。“人道”的規劃培育著“性”的一切展現，並因而主導著隱含在“性”中人義的可能展發。

李天虹《集釋》釋譯此段云：“凡人之性，可以外物感動之，可因悅樂迎合之，可以事理改易之，可以人義磨礪之，可因情勢體現之，可以教習修養之，可以人道長益之。”

簡文此段，似謂：使“性”能興動者，是外在的事物；使“性”能迎受者，是通達的欣悅；使“性”能充實者，是人文的禮制；使“性”能砥礪者，是義理的價值；使“性”能約制者，是處勢的準則；使“性”能教養者，是自我的調節；而人道撫育著“性”的一切展現。

七

【郭店簡】

凡見者之胃（謂）勿（物），快於㠯（己）者之胃（謂）兑（悅），勿（物）（簡十二）之埶（勢）者之胃（謂）埶（勢），又（有）爲也者之胃（謂）古（故）。義也者，群善之蕝（蕝）也。習也（簡十三）者，又（有）以習其眚（性）也。衍（道）者，群勿（物）之衍（道）。

【上博簡】

凡見者之胃（謂）勿（物）■，忶（囿）於其者之胃（謂）兑（悅）■，勿（物）之埶（勢）者之胃（謂）埶（勢）■，有爲也（簡 6）□之胃（謂）古（故）■。宜（義）也者，群善之蕝（蕝）也。習也者，又（有）㠯（以）習亓（其）眚（性）也■。道也□，□□□□。

凡見者之胃勿，快於㠯者之胃兑，勿（簡 12）之埶者之胃埶，又爲也者之胃古。	凡見者之胃勿■，忶於其者之胃兑■，勿之埶者之胃埶■，有爲也（簡 6）□之謂古■。

【辨析】

"見"，讀爲"現"。

"胃"，假借爲"謂"。

"快"，上博簡釋文讀爲"怘"，云："怘，即'怙'字，《正字通》：'怙，俗忧字。'據文意似當讀爲'囿'。"黃錫全云："《正字通》以怙爲忧字俗寫。忧與諶、愖、訦通。愖同妉。《集韻》：'妉，樂也。'《說文》：'快，喜也。''喜，樂也。；是怙（忧）與快字義近。但此字可能不是簡文之忌。"[1]李零《校讀記》作"快"，並云："'快'，原從右從心，對照下文簡38的'快'字（作'慧'，兩者不同，只是省去了最上面的部分，並把'又'寫成'右'），應是'慧'字的省文。這兩個'慧'字都應讀爲'快'（'快'是溪母月部字，'慧'是匣母月部字，讀音相近），不應讀爲'囿'。"裘先生云："上6'怘於其者之謂兌'，郭12作'忢（快）於己者之謂悅'。《上博》讀'怘'爲'囿'，文義不可通。或以此字爲'慧'之省文，讀爲'快'……似亦難信。'右'、'夬'皆从'又'，其另一組成部份形亦相近，疑'怘'即'忢'之誤字。"[2]

"㠯"，上博簡釋文作"其"，文義不通，郭店簡釋文作"己"，"㠯"當讀爲"己"。

今讀爲"凡現者之謂物，快於己者之謂悅，物之勢者之謂勢，有為也者之謂故"。

【解義】

此"凡例"界定上文所說諸因素的意義，形式上是延續前二"凡例"的論述。在思想內容上，以上三"凡例"應屬同一章。

"凡見者之胃物"，"見"，讀爲"現"，指顯現于人者。簡文所說的"物"，是"性情說"的構成觀念之一。因此，必須在此結構中領會其

[1] 黃錫全：〈讀上博簡札記〉，收入《新出楚簡與儒學思想國際學術研討會論文集》，2002年3月31日至4月2日，北京，清華大學。以下引書同，不另註出。

[2] 裘錫圭：〈談談上博簡和郭店簡中的錯別字〉。

意義與作用。“物”是在“顯現”之中，而不是指預先設定的客觀存在物。此種顯現之“物”，對“性”產生各種影響。

“快於己者之謂兌”，《說文·心部》：“快，喜也。”《廣韻·夬韻》：“快，稱心。”“快”也有暢快之義，宋玉《風賦》：“快哉此風。”“快”是“物”對人產生的直接通達的感受，此種感受使人暢快，故稱之爲“兌”。由“兌”而表現出欣悅之“悅”。此句是在“物”對“性”的影響下，就“性”之被引發來說。

“勿之埶者之胃埶”，上一“埶”字，郭店簡《校讀記》作“設”，廖名春《校釋》云：“上一‘勢’字，疑讀爲‘制’。《禮記·仲尼燕居》云：‘軍旅武功失其制。’《孔子家語·論禮》‘制’作‘勢’。‘制’義爲制約，控制。”李天虹《集釋》云：“整理者讀‘勢’，可從。”“埶”同“勢”。段玉裁《說文解字注》：“《說文》無勢字，蓋古以埶爲之。”“勢”有處勢之義。《論衡·率性》云：“人間之水汙濁，在野外者清潔，俱爲一水，源從天涯，或濁或清，所在之勢使之然也。”“物之勢者”，即“物”所在之位置必有其位列。“物”的呈現，受到其所在之個別事物位列的制約，故上一“埶”字，也可了解爲“制”。此句意謂“物”的個別性約制，是“勢”。此句是針對“物”的存在情況來說。

“又爲也者之胃古”，劉昕嵐云：“所謂‘有爲也者’，蓋爲一特定目的而有所作爲也。”陳偉認爲“爲”是指“出於某種目的”。李天虹《集釋》云：“按：‘有爲’即‘有爲爲之’，相近語句亦見於《禮記·檀弓》篇，謂緣於一定的事由，基於一定的事理而有所作爲也。”簡文“有爲”是指人文的規劃，下文簡16云：“詩，有爲爲之也。書，有爲言之也。禮樂，有爲舉之也。”“詩書禮樂”即有爲的教化。“古”，讀爲“故”，指因之而有所成的資憑。此句是就“物”與“人”間有爲的規劃來說。

簡文此數句，似謂：凡是顯現於人者，稱之爲“物”；能通達於己者，稱之爲“悅”；事物所在的位列，稱之爲謂“勢”；有所施爲者，稱之爲“故”。

義也者，群善之蓛也。習也（簡13）者，又以習其眚也。衍者，群勿之衍。	宜也者，群善之蕝也。習也者，又㠯習丌眚也■。道也□，□□□□。

【辨析】

"義"，上博簡作"宜"，讀爲"義"。

"蓛"，郭店簡注釋云："'蓛'，'蕝'字。簡文字中的'絕'多作㡭、㡭。《說文》：'朝會束茅表位曰蕝'。於簡文中則有表徵之意。今本作'表'。""蓛"，上博簡寫作"蕝"，注釋云："蓛，即'蕝'字，《國語·晉語八》'置茅蕝'，《說文通訓定聲》'字亦作蕞'，'字亦以纂爲之'，有聚集義"。

"以"，上博簡作"㠯"，讀爲"以"，下同。

上博簡缺字，李零校讀記補"者，群物之道也"，並云："'者，群物之道也'，連下'凡道心'三字是我新補的簡文。這枚殘簡即附一的殘簡三，原書作九個空圍，一字不釋，我曾見過原簡，編號是 C 殘 14-13，文字仍可釋讀，正可補在簡 7 的下部。這段缺文，原書據郭店本補爲'者，群物之道。凡道心術'，與此對照，可知是少了'也'字（'道'下的'也'字），多了'術'字。"

今讀爲"義也者，群善之蕝也。習也者，有以習其性也。道者，群物之道"。

【解義】

此段界定前文所說"義"、"習"、"道"三觀念的意義。

"義也者，群善之蓛也"，"蓛"，讀爲"蕝"。"蕝"，有表徵、聚集之意。劉昕嵐云：“此處所謂義爲群善之表，其意有二：一、‘義’爲群善之表徵；二、‘義’爲判斷群善之所以爲善的標準。”“群物”，李天虹《集釋》云：“按：群物，世間一切客觀事物。《忠信之道》七號簡有‘群物’之語。又《樂記》之《樂論》：‘和故百物皆化，序故群物皆別。’《韓詩外傳》卷三：‘天地以成，群物以生，國家以寧，萬事以平，品物以正。’可見‘群物’是古習語。”但此段兩“群”字，似均作動詞用。《荀子·非十二子》云：“若夫總方略，齊言行，壹統類，而群天下之英傑，而告之以大古。”楊倞注：“群，會合也。”“義”爲一切價值的標誌，它作爲“群善之之蕝”，即指它包含一切人文價值的表徵。

“習也者，又以習其眚也”，“習”是調節的作用，“習其性”是在人文價值的規劃下，使“性”有所調節。

“衍者，群勿之衍”，二“衍”字，均讀爲“道”。前一字即人文價值規劃的人道，它統攝一切因“物”對人影響而產生的因素。此種因素爲人存身的必然，故以“人道”來統合。“物”，似指物事。後一“道”字，強調“運作”之義。

簡文此數句，似謂：“義”是整合各種善之傾向的表徵，“習”（調節）的作用在約束人的本性，而“道”是統攝因“物”之影響而產生之事物的一切運作。

【申論】

第五、六、七三個“凡例”，說明影響“性”的因素，與其所產生的狀況，可共同組成一個完整的論述章節。本書附錄資料整理，編爲第三章。就其說明的方向，似顯示出如下的結構：

（逆性者，兌也：快於己者之謂兌）　逆↘　↙動　（動性者，物也：見者之謂物）

（實性者故也：有爲也者之謂故）　實→性←黜　（黜性者，勢也：物之勢者之謂勢）

（養性者，習也：有以習其性）　養↗　↑　↖厲　（厲性者，義也：群善之蕝）

長　（長性者，道也：群物之道）

簡文的說明分成三個層面，先提出影響“性”的七種情況，分別爲“動”、“逆”、“實”、“厲”、“黜”、“養”、“長”；然後再解釋產生此種影響的七種因素，分別爲“物”、“兌”、“故”、“義”、“勢”、“習”、“道”；最後則對此七種因素加以定義的解說。這在“性情說”中，是對“性”受到影響而發生之狀況，提出結構性的說明。

對“性”影響的七種可能方式，實際上分爲四類： 1.“動”與“黜”來自於外物與外物所處的位列（“物”與“勢”）。 2.“逆”、“實”是在“性”中產生的暢達、充實（“悅”與“故”）。 3.“厲”是接受加於“性”上之價值性的準據（“義”），而“養”是按此準據所施行的調節（習）。 4.“長”是統御“性”的一切運作（“道”）。

簡文此七種可能的方式，也具有一種規劃的指向性：

性

動性 → 逆性 → 實性 → 厲性 → 絀性 → 養性 → 長性

物　悅　故　義　勢　習　道

“動性者，物”，說明對“性”的影響始生於“物”，有“物”之“動”，產生“性”的“迎受(逆)”，而有“兌(悅)”。“性”能“通達(悅)”，所以有所“充實（實）”，得“性”美德，稱之爲“合於本性的人文規劃（故）”。此種人文規劃砥礪“性”的作爲，稱之爲“義”。“義”針對現實之人倫關係產生價值性的約制，因此“性”的“收斂（黜）”來自於“所處的位列（勢）”。“性”的約制與收斂，也就是對“性”的教化，可稱之爲“調節（習）”。而撫育“性”的主導者是“道”。由此或即衍生《中庸》所提出“率性之謂道”之積極性規劃的源始考慮。

這三個“凡例”的文字，以“性”開始，而以“道者，群物之道”句終。前後以“性”、“道”相呼應。在“性”與“道”之間，詳盡說明對“性”的影響與“性”的轉化。這對了解原始儒家的思想，是甚爲珍貴的資料。

八

【郭店簡】

凡衍（道），心述（術）爲宔（主）。衍（道）四述（術），唯（簡十四）人衍（道）爲可衍（道）也。其參（三）述（術）者，衍（道）之而已。時（詩）、箸（書）、豊（禮）樂，其司（始）出皆生（簡十五）於人。時（詩），又（有）爲爲之也。箸（書），又（有）爲言之也。豊（禮）、樂，又（有）爲㑒（舉）之也。聖人比其（簡十六）頪（類）而侖（倫）會之，雚（觀）其之途而逆訓之，體其宜（義）而即度之，里（理）（簡十七）其青（情）而出內（入）之，肰（然）句（後）復以叞（教）。叞（教），所以生悳（德）於宙（中）者也。豊（禮）复（作）於青（情）（簡十八），或[illegible] 之也，堂（當）事因方而折（制）之。其先後之舍則宜（義）道也。或舍爲（簡十九）之即則度也。至頌宙（廟），所以度即也。君子娧（美）其青（情），□□□（簡二十），善其即，好其頌，樂其衍（道），兌（悅）其叞（教），是以敬安（焉）。拜，所以□□□（簡二十一）其[illegible]度也。幣帛，所以爲信與誈（證）也，其訂（詞）宜（義）道也。芺（笑），憻（禮）之滐＝也（簡二十二）。樂，憻（禮）之深澤也。

【上博簡】

□□，□□（簡7）爲宔（主）■。道四述（術）也，唯（雖）人道爲可道也。丌（其）三述（術）者，道之而已■。峕（詩）、箸（書）、豊（禮）、樂，丌（其）司（始）出也，並生於（簡8）□。□，又（有）爲=之也。箸（書），又（有）爲言之也。豊（禮）、樂，又（有）爲𢍁（舉）之也■。聖（聲）人比丌（其）頪（類）而侖（論）會之，䨏（觀）丌（其）先逡（後）而（簡9）逆訓（順）之，體（體）丌（其）宜（義）而即（節）度（取）之，里（理）丌（其）情而出內（入）之，肰（然）句（後）遉（復）㠯（以）𡥈=所㠯（以）生悳（德）於中（审）者也。豊（禮）（簡10）□□青，或興之也■，當（堂）事因方而裚（制）之■。丌（其）先逡（後）之舍（捨）則宜（義）道也■。或捨（舍）爲之即（節）則度（取）也。（簡11）□□苗（貌），所㠯（以）度（取）節也。[illegible]=[illegible]（美）丌（其）情，貴丌（其）宜（義），善丌（其）節，好丌（其）頌（容），樂丌（其）道，兌（悅）丌（其）𡥈，是㠯（以）敬安（焉）■。拜（簡12），□□□□□，丌（其）[illegible]（遣？）度（取）也。𥝢（幣）帛，所㠯（以）爲信與登（徵）也，丌（其）訂（治）宜（義）道也。芺（笑），喜（憙）之洴（薄）睪（澤）也。樂，喜（憙）之（簡13）□□□。

此“凡例”的內容較為複雜，包括郭店簡的簡14後半至簡23前半，上博簡的簡7後段至簡13前半。全部內容可視為一章，包含三個組成的部份：

第一部分提出以“心術”作為人道建構的主導。這是楚簡“性情說”在完成“性”、“情”之始源辨析後，正面而積極提出“禮樂”人文規劃的問題。

第二部分則繼而說明在人道建構中，以《詩》、《書》、禮樂作為人文規劃的意義，並說明聖人（指孔子）編定《詩》、《書》、釐定禮樂以為教的諸哲學性考慮。《詩》、《書》、“禮樂”不但是孔子教學的重要項目之一，同時在孔門後續發展中，也是為學的重要課題。簡文從人文規劃的整體結構，闡述四者之所以形成原因，這在儒家哲學發展中，具有正本溯源的用意。前文“凡例”論述“心、性、情”的問題，涉及思辨觀念的解析，此處則專論“詩、書、禮、樂”的問題，顯示儒家為學的根源意義。

第三部分：承接對“詩書禮樂”的說明，集中講述“禮”產生的原因，與其實行的表現，按文意可分為三事：1.“禮作於情”段，說明“禮”產生於對“情”的處置，人應極力達致容貌的端莊以表現適當的禮容，以合乎“義道”節制人情的要求。2.“君子美其情”段，說明君子的作為在於敬謹恭順地美成人的真情，貴重義理的準據，善調節度，修好禮容，欣樂道術，悅服教化。3.“拜所以”段，以“拜禮”、“聘問時的饋贈”兩種禮儀為例，說明“禮”的用意，並舉出“使人含笑合宜”、“使人有德而樂”兩種情況，說明禮制教化產生的不同影響。

凡衍，心遮爲宔。衍四遮，唯（簡14）人衍爲可衍也。其參遮者，衍之而已。	□□，□（簡7）□悳宔■。道四遮也，唯人道爲可道也。丌三遮者，道之而已■。

【辨析】

“遮”，郭店簡釋文讀爲“術”。

“爲”，上博簡作“悳”。

上博簡缺字原釋文補“凡道心遮”，上博簡《校讀記》云：“簡7，‘道’

下只可容一字，此字已殘，只有痕跡，我估計是‘心’字，不是‘術’字。”據上博簡校讀記的看法，則“心術”一詞的哲學用語，即不見於楚簡“性情說”。但上博簡或許是脫“術”字。

“可衍”，讀爲“可導”，“衍之”，讀爲“導之”。

今讀爲“凡道，心術為主。道四術，唯人道為可道也。其三術者，導之而已”。

【解義】

“凡衍，心逑爲宔”，《說文・行部》：“術，邑中道也。”《說文繫辭通論》：“邑中道而術，大道之派也。”“術”是一種行動的方式，“心術”是說明“心”的運作，其基本意含似指人文歸價值規劃中人的“用心”方式。“術”與“道”的意義是有區別的，“道”指運作的整體，而“術”則是指個別性的運作。一切個別運作的“術”均蘊涵在“道”的整體規劃中。而“心術”之“心”，是指“人”內在的主體，是人得以展現其人義的操持者。因此，“凡道，心術爲主”，是說明在“道”的整體的運作中，以“心”所操持的人道是人所取擇的主要方式。這種人之存在性的主導作用，簡文稱：它具有如同宗廟收藏神主之石函般神聖而尊嚴的性質。

此段“衍”（道）字五見，意含與作用各異：1.“凡道”之“道”指統攝萬物之“道”，即萬物得以運作者。2.“道四術”之“道”指顯示於人之四種型態運作之“道”。3.“人道”之“道”指人所依循之“道”，即規範人之本質的“道”。4.“可道”之“道”指以“可”所界定的“道”，即體現人之人義可能而隨之因循的“道”，“道”，可讀作“導”。5.“道之”之“道”指事物運作的“道”，即事物自然的運作，它不受到人爲要求的範限。因此，“道”雖有四術，唯有“人道”是人所得以遵循而規範之“道”。

此處，“道四術”並未明確顯示爲何種道術，劉昕嵐《箋釋》[1]以爲即《尊德義》之“民之道”、“水之道”、“馬之道”、“地之道”。上博簡注釋云：“‘四述’即《詩》、《書》、《禮》、《樂》四種經術總稱。《禮記·王制》：‘樂正崇四術，立四教，順先王《詩》、《書》、《禮》、《樂》以造士。春秋教以《禮》、《樂》，冬夏教以《詩》、《書》。’鄭玄注：‘順此四術，而致以成士也。’孔穎達疏：‘術是道路之名，《詩》、《書》、《禮》、《樂》是先王之道路，謂之術。’。”上博簡《校讀記》云：“簡 8，‘道四術’，學者有不同猜測，我認爲，它是指‘心術’（即與下‘有爲’三事不同的‘人道’）和下文的‘詩’、‘書’、‘禮樂’三術（即‘詩，有爲爲之也。書，有爲言之也。禮樂，有爲舉之也’，‘禮’、‘樂’是合爲一術），而不是‘詩’、‘書’、‘禮’、‘樂’，否則‘心術’將無所置之（但下文只著重談‘禮樂’，沒有講‘詩’、‘書’，因爲‘詩’、‘書’不如‘禮樂’更能入人之心，動人之情）。原書以爲‘三術’是指‘詩’、‘書’、‘禮’，不包括‘樂’，很彆扭。”劉信芳云[2]：“整理者以‘詩書禮樂’釋‘四術’，以‘詩書禮’釋‘三術’，‘樂’重要且特殊，‘與其他三術不同’。李零認爲‘禮、樂是合爲一術’，‘四術’是指‘心術’和‘詩’、‘書’、‘禮樂’三術。……竊意以爲整理者的意見是正確的。‘心術’乃心之所由（《禮記·樂記》）‘應感起物而動，然後心術形焉’。詩、書、禮、樂分則爲四術，合則爲人道。所以有‘四術’、‘三術’之別者，猶簡帛《五行》之有‘五行’與‘四行’之別也。在《五行》中，仁義禮知四行和乃所謂善，善乃人道：仁義禮知聖五行合乃所謂德，德乃天道。凡‘聖’者已是五行皆備，故《五行》中唯‘聖’與天道相通。在四術之中，詩書禮是通向人道的，此所謂‘其三術者，道之而已’。唯‘樂’者爲四術皆備，此所以《王制》由樂正崇四術，立四教也。經典中思維之‘樂’與音樂之‘樂’不甚別，《性自命出》

[1] 劉昕嵐：《郭店楚簡〈性自命出〉篇箋釋》，武漢大學中國文化研究院編：《郭店楚簡國際學術研討會論文集》，330-354，湖北人民出版社，2000 年 5 月。後引簡稱“劉昕嵐《箋釋》”。

[2] 劉信芳：〈關於上博藏楚簡的幾點討論意見〉，收入《新出楚簡與儒學思想國際學術研討會論文集》，頁 33-35，2002 年 3 月 31 日至 4 月 2 日，北京，清華大學。以下引書同，不另註出。

13‘鄭衛之樂’，其樂謂音樂。32‘凡樂，思而後忻’，樂謂思維之‘樂’也。思維之樂是由必然達至自由的思想境界，惟四術皆備者乃有‘樂’的體驗，此所謂‘樂，備德者之所樂也’（郭店《語叢三》54）。‘樂，或生或教者也’（《語叢一》43），所教之樂謂音樂也，凡律呂、節奏、舒緩、奮疾皆學而後得；而思維之樂則是生德於中者，是習詩書禮樂融會貫通而後得也。關於詩書禮樂之間的互相關係，《禮記·禮器》云：‘孔子曰：頌詩三百，不足以一獻。一獻之禮，不足以大饗。大饗之禮，不足以大旅，大旅具矣，不足以饗帝。毋輕議禮。’是知禮者，以嫻於詩書矣。郭店簡《尊德義》11：‘有知禮而不知樂者，亡知樂而不知禮者。’是知‘樂’者，詩書禮已在其中矣。《禮記·仲尼燕居》：‘言而履之，禮也。行而樂之，樂也。’禮是對言的踐履，踐履之而無不合，則樂也。約略言之，禮之與樂，一矩範，一超越。由詩書禮構成三術，詩書禮樂構成四術，四術和爲人道，人道與天道入出於‘心’謂‘心術’，‘心術’是道在心中的表述方式。若將‘心術’劃入‘四術’之中，又將‘禮’、‘樂’並爲一術，竊意以爲不類。”

上引對“四術”的解釋，多在“《詩》、《書》、《禮》、《樂》”中來分析。但簡文稱“道四術”，而唯有“人道”爲可道。就楚簡“性情說”全部的內容來看，《詩》、《書》、《禮》、《樂》實際上均包含在“人道”的規劃中，似不能構成簡文所稱的“道四術”。《文選·卷三》引《尸子》：“治國有四術：一忠愛，二無私，三用賢，四簡能。”《初學記》引《孫卿子》：“師有四術，而傳習不與焉。”因此，“四術”並不是《禮記·王制》所指《詩》、《書》、《禮》、《樂》的專門用詞。而楚簡《尊德義》篇內容，似與此篇有其內在的聯繫。《尊德義》簡 6-8 云：“聖人之訂民，民之道也。堣之行水，水之道也。戚父之馯馬，馬也之道也。句稷之埶陛，陛之道也。莫不又道安，人道爲近。是以君子人道之取先。”《尊德義》所稱：“民之道”、“水之道”、“馬之道”、“陛之道”共爲四種“道術”，而“莫不又道安，人道爲近。是以君子人道之取先”的思想與此處簡文極爲相應。或許《尊德義》所說的四種道術，就是簡文“道四術”所指。“堣之行水”是順水之道，“戚父之馯馬”是順“馬之道”，“后稷之埶地”是順“地之道”，此三“道”是順應“物”的本性，與簡文“其三術者，道（導）之而已”相合。與此有別，“人道”並非順應人的本性，而是對人之“性”所加予的意義與價值規劃，並藉《詩》、《書》、《禮》、《樂》四者以推展之。故簡文稱“爲人道爲可導”，在《尊德義》則稱“是以君子人道之取先。”這種考慮，或許較合於簡文的思想。

簡文此數句，似謂：“道”是以“心術”作爲〔人義建構的〕宗主。“道”〔雖可分〕爲四種道術，但唯有“人道”是人可依循者。其他三種道術，僅是事物本性的因順而已。

【申論】

簡文此處出現“心術”一詞。顯見儒家也使用此一哲學性的詞彙。“心術”是一哲學的設定，將“心”與“術”結合起來，表達在“心”的操持中展現人道的運作。

“心術”的意含，原先可能較爲寬泛，《墨子》就已經使用，但並不具哲學的特定意義。〈非儒〉篇云：“孔某與其門弟子閒坐，曰：‘夫舜見瞽叟孰然，此時天下圾乎！周公旦非其人也邪？何爲舍亓家室而託寓也？’孔某所行，心術所至也。”所謂“心術”，是指使用心機，表現負面的意含，用來譏諷孔子的行爲。又〈號令〉篇云：“……此守城之大體也。其不在此中者，皆心術與人事參之。”“心”字，孫詒讓認爲是“以”字之誤，若非誤字，則“心術”也僅是指一種對事物的用思。

“心術”當作是運用心思的方法，可能是戰國之後普遍的用法，其影響頗大，在《漢書·藝文志》中著錄“待詔臣饒《心術》二十五篇。”顏師古注云：“劉向別錄云：‘饒齊人也，不知其姓，武帝時待詔，作書名曰《心術》也。’”雖然此書內容不得而知，但即可能是關於“用心”之事的各種說明與闡述。

但作爲哲學觀念的“心術”，在古典思想文獻中，有其特殊的作用。

《管子・七法》云：“七法……則、象、法、化、決塞、心術、計數。……實也、誠也、厚也、施也、度也、恕也、謂之心術。”《管子・七法》以信實、誠愨、寬厚、施捨、包容、忍讓等用心的施為作為“心術”的內容，而與其他六者並列為治國、治軍的基本原則。“心術”就顯現出某種特定的哲學作用，指“心所稟循的道術”。在各種思想學派對“心”提出不同看法下，“心術”的意含與作用就各有不同，如：

《管子・心術上》云：“心之在體，君之位也。九竅之有職，官之分也。耳目者，視聽之官也，心而無與視聽之事，則官得守其分矣。……故曰：心術者，無為而制竅者也。”《管子》認為“心術”的作用在於體現無為而制御的道術，並以“心術”來名篇，尤見其對於此一觀念的重視。

《莊子・天道》云：“本在於上，末在於下；要在於主，詳在於臣。三軍五兵之運，德之末也；賞罰利害，五刑之辟，教之末也；禮法度數，形名比詳，治之末也；鐘鼓之音，羽旄之容，樂之末也；哭泣衰絰，隆殺之服，哀之末也。此五末者，須精神之運，心術之動，然後從之者也。”郭象注云：“夫精神心術者，五末之本也。任自然而運動，則五事之末不振而自舉也。”成疏：“術，能也；心之所能，謂之心術也。精神心術者，五末之本也。言此之五末，必須精神心智率性而動，然後從於五事，即非矜矯者也。”“心術”具有復返刑罰禮制之原始，而用心於萬物自然運作的作用。

“心術”如但見於楚簡“性情說”，在《禮記》中也出現此一觀念，它應是儒家“心性”論發展中所形成的重要觀念之一。《禮記・樂記》云“夫民有血氣心知之性，而無哀樂喜怒之常，應感起物而動，然後心術形焉。”鄭玄注：“術，所由也。”又云：“是故君子反情以和其志，比類以成其行。姦聲亂色，不留聰明；淫樂慝禮，不接心術。”鄭玄注：“術，猶道也。”此二則資料，均甚重視“心術”在“人道”中的作用。

《荀子》書中，也多次使用“心術”一詞，均具有學道之持守的意義，並以之作為人文教化之正道價值的“用心”方式。《荀子・非相》云：“故相形不如論心，論心不如擇術。形不勝心，心不勝術。術正而心順之，則形相雖惡而心術善，無害爲君子也；形相雖善而心術惡，無害爲小人也。”又云：“水至平，端不傾，心術如此象聖人。”《荀子·解蔽》云：“故爲蔽：欲爲蔽、惡爲蔽，始爲蔽、終爲蔽，遠爲蔽、近爲蔽，博爲蔽、淺爲蔽，古爲蔽、今爲蔽。凡萬物異則莫不相爲蔽，此心術之公患也。”又云：“聖人知心術之患，見蔽塞之禍，故無欲無惡，無始無終，無近無遠，無博無淺，無古無今，兼陳萬物而中縣衡焉。是故衆異不得相蔽以亂其倫也。”

又，《漢書·禮樂志》云：“夫民有血氣心知之性，而無哀樂喜怒之常，應感而動，然後心術形焉。”顏師古注云：“言人之性感物則動也。術，道徑也。心術，心之所由也。形，見也。”“心之所由”，也就是“用心”的方式。

時、箸、豊樂，其司出皆生（簡15）於人。時，又爲爲之也。箸，又爲言之也。豊、樂，又爲𧯷之也。	𧥺、箸、豊、樂，丌司出也，並生於（簡8）□。□，又爲= 之也。箸，又爲言之也。豊、樂，又爲𧯷之也■。

【辨析】

“時”，上博簡作“𧥺”，郭店簡釋文讀爲“詩”，上博簡注釋云：“𧥺，从言从止，即《說文》古文‘詩’”。

“箸”，讀爲“書”。

“司”，讀爲“始”。

“皆”，上博簡作“並”，李零《校讀記》云：“‘皆’，原書釋‘並’，此字上半似‘并’，但與常見的‘皆’字略有區別，對照郭店本可知不是‘并’字，而是‘皆’字，而且即使釋‘并’，也應按原樣隸定，不應省去下部，直接寫成‘並立’之‘並’。”黃錫全云：“上海《性情論》簡8

‘幷生於’的幷字作；郭店簡作，釋皆。今按，上博簡實當是皆字，只是將上面並列的下多加了兩橫畫，遂與‘幷’形類同。”

上博簡缺字，原釋文補“人，詩”。

“豊”，“禮”之古文。

“㞿”，郭店簡釋文作“舉”，上博簡釋文作“𦦗”。郭店簡裘案：“簡文‘彐（實爲𢀳）’旁與‘与’旁容易相混，從‘止’者多當釋爲‘㞿’，讀爲‘舉’。‘与’‘𢀳’字形的不同，往往表現在‘与’的下橫右端出頭（不出頭的可釋‘牙’，古文字‘與’本從‘牙’聲），‘㞿’的‘与’旁一般也有這一特點。”

今讀爲“詩書禮樂，其始出皆生於人。詩，有為為之也。書，有為言之也。禮樂，有為舉之也”。

【解義】

“時、箸、豊樂，其司出皆生於人”，“詩書禮樂”，指《詩》、《書》與“禮樂”。《詩》、《書》指當時流傳的典籍資料而爲孔子所編定者，“禮樂”似指孔子承襲周禮中貴族的教化，而改造爲一般士人君子的行爲儀度與人格修養模式。“其始出皆生於人”指《詩》、《書》資料的編輯與施教，“禮樂”規範的教導與推展，均是人文建構的要求，也表現出“人義”價值取向的根源。“生於人”的“人”字，表達出一種哲學性對“人”處理的考慮。“人”的意含有三：1. 指作爲萬物之一者的人，作爲此種性質的存在物，各具有人的共同本性；2. 指人之爲人的人，即人之爲人的事實；3. 指人之存在“意義”的“人”，也就是人之爲“人”的價值。所謂“生於人”，是對此三種人之意含的考慮，它涉及“人文”之意義與價值的探索，故下文分別從“有爲”的不同方式來解說《詩》、《書》與“禮樂”四者規劃形成的基礎。

“時，又爲爲之也”，“詩”是一種人文創造的表達形式，但從“性情說”的思辨觀念結構來解析，它則體現出人文規劃的“有爲爲之”。簡文此處所說的"有爲"，是汎指人爲規劃的要求，故《詩》、《書》"禮樂"均屬"有爲"。而"詩"是"有爲"而"爲之"。"詩"之"爲之"是藉"志"表現出來。《尙書·舜典》、《左傳·襄公二十七年》云："《詩》言志。""《詩》"所表達的是人之"志"，即"心之所之"。"心"在人主體的操持下有所指向，這就是"爲之"之"志"，而"志"之所之者，是人文價値的取擇。《國語·楚語上》叔時告叔向如何教太子時，云："教之《詩》，而爲之導廣顯德，以耀明其志"。所謂"導廣顯德"，就是透過《詩》之教化，以成就人義之價値的取向。

李天虹云[1]："'有爲爲之'，簡書前言'交性者，故也。'（簡一〇）並解釋'故'曰：'有爲也者之謂故。'（簡一三）《禮記·檀弓下》記子遊答有子之問曰：'禮有微情者，有以故興物者，有直情而徑行者，戎狄之道也。'孫希旦《集解》釋云：'故，謂有爲爲之也。'其說與簡文義同。"此種釋義的方向，可備一說。

"箸，又爲言之也"，"書"，原爲如保留在《尙書》中"典、謨、訓、誥、誓"等先王或聖人的紀事與言說。但從人文的教化來說，"書"作爲"經"，則是將在周禮制度下透過王之政令推行的言誥，轉換爲人文制度的"言"，故稱"有爲"而"言之"。《論語·子路》云："名不正，則言不順；言不順，則事不成；事不成，則禮樂不興；禮樂不興，則刑罰不中；刑罰不中，則民無所措手足。故君子名之必可言也，言之必可行也。君子於其言，無所苟而已矣！""名"爲人文制度下的名份，而"言"就是如周禮中的誥命一般表現出人文訓導的約制。

"豊、樂，又爲𨑉之也"，"𨑉"，讀爲"舉"，有規劃施行之義。《周禮·地官·師氏》云："凡祭祀、賓客、會同、喪紀、軍旅，王舉則從。"鄭玄注："舉，猶行也。"李天虹云："'舉'，謀劃、規劃。《墨子·雜守》：'保民，先舉城中官府，民宅室署，大小調處。'孫詒讓《閒詁》解云：'計度城內宮室大小，分處之，必均調也。'于簡文，'舉'

[1] 李天虹：〈從《性自命出》談孔子與詩、書、禮、樂〉，《郭店竹簡性自命出研究》第七章。此"凡例"解義中引李天虹說均見此篇，不另註出。

字兼有'製作'之義。"

"禮樂"原指周禮中禮樂的宗旨與推展的措施。在儒家早期人文創造性規劃的考慮中，它重新表現為重人倫價值的人文建構形式。孔子承襲周文的本質，而稱此種形式為"文"。《論語·八佾》云："子曰：周監於二代，郁郁乎文哉！吾從周。"〈子罕〉云："子畏於匡。曰：文王既沒，文不在茲乎? 天之將喪斯文也，後死者不得與於斯文也；天之未喪斯文也，匡人其如予何? ""禮、樂"，"有為"而"舉之"，因為"禮樂"是承襲周文所確立的人文價值規範，故"有為"而加以"施行"。

簡文此數句，似謂：《詩》、《書》、"禮樂"，其始源都產生於人文的規劃與建構。《詩》，是在人文規劃中所體現的心志方向。《書》，是在人文規劃中所宣達的訓導箴言。"禮樂"，是在人文規劃所施行的人倫儀範。

【申論】

"《詩》、《書》、'禮樂'"，是周文建構所呈現的四種形式，也是周文制度的四項資料。這些以文字記載的典籍，在周王室或諸侯貴族間均有傳誦。《國語·楚語上》記載楚莊王使士亹（申叔）傅太子箴，申叔因此事向叔時求教，叔時告之曰："教之《春秋》，而為之聳善而抑惡焉，以戒勸其心；教之《世》，而為之昭明德而廢幽昏焉，以休懼其動；教之《詩》，而為之導廣顯德，以耀明其志；教之禮，使知上下之則；教之樂，以疏其穢而鎮其浮；教之《令》，使訪物官；教之《語》，使明其德，而知先王之務用明德於民也；教之《故志》，使知廢興者而戒懼焉；教之《訓典》，使知族類，行比義焉。"楚莊王即位於公元前 614 年，時年不滿二十。使士亹教太子似當在公元前 600 年左右，比孔子教學早八、九十年。其時已有《春秋》、《世》、《令》、《語》、《訓典》、《詩》等類文獻。《論語·述而》云："子所雅言：《詩》、《書》、執禮，皆雅言也。"也顯示出《詩》、《書》為原有的資料，而"執禮"則是行為儀度的教化。

聖人比其（簡16）頪而侖會之，雚其之迻而逆訓之，體其宜而即度之，里（簡17）其青而出內之，肰句復以𦍌。𦍌，所以生悳於审者也。	聖人比丌頪而侖會之，䨱丌先𨑨而（簡9）逆訓之，體丌宜而即度之，里丌情而出內之，肰句逿㠯𦍌=所㠯生悳於中者也。

【辨析】

"頪"，郭店簡釋文讀爲"類"。上博簡注釋："頪，《說文》：'頪，難曉也。'段玉裁注：'謂相似難分別也，頪、類，古今字。"

"侖"，郭店簡釋文讀爲"論"。《正字通·人部》："侖，敘也。"徐灝《說文解字箋》云："侖，倫古今字。倫，理也。""侖"似可讀如本字。

"雚"，上博簡作"䨱"，郭店簡釋文作"觀"，上博簡注釋："䨱，即'矔'，《字彙》：'矔，古觀字'《說文》古文'觀'作'䨱'。"

"之迻"二字，上博簡作"先𨑨"，郭店簡裘案："當是'先後'之誤。"上博簡《校讀記》云："簡10，'先後'，郭店本誤爲'之迻'，可借此本糾正，注釋者把'之'寫成'止'。"

"逆訓"二字，上博簡作"逆順"，李零《校讀記》云："'逆'，原來就不清楚，現在幾乎看不出。"

"體"，上博簡作"體"，"體"，讀爲"體"。

"宜"，郭店簡釋文讀爲"義"，但此處似仍當讀如本字。

"即度"二字，郭店簡裘案："'即度'似當讀爲'次序'、'次度'或'節度'。"陳偉認爲相當於傳世典籍中的"節文"[1]。李天虹認爲"度"

---

[1] 陳偉：《〈語叢〉一、三中關於"禮"的幾條簡文，《郭店楚簡國際學術研討會會議論文集》，湖北教育出版社，2000年。

疑讀爲“文”。李家浩發現此字見於《古文四聲韻》、《汗簡》引石經，爲古文“閔”字。上博簡《校讀記》云：“‘文’，這裏的三個‘文’字都是‘節文’之‘文’，原書釋‘取’。現在學者對這個字的字形分析仍有分歧（我認爲是‘敏’字的古文），但都同意把這三個字讀爲‘文’。”李零《郭店楚簡校讀記》修訂本云：“‘節文’，裘案有‘次序’、‘次度’、‘節度’三讀，皆誤，舊作從第三種讀法，亦誤，今改讀爲‘節文’。這種寫法的‘文’字，其實是借‘敏’字爲之。‘節文’是個固定的詞，古書經常提到。如：（1）《禮記·檀弓下》：‘辟踴，哀之至也，有筭，爲之節文也。’（2）《禮記·坊記》：‘禮者，因人之情而爲之節文，以爲民坊者也。’（3）《禮記·鄉飲酒義》：‘賓出，主人拜送，節文終遂焉。’（4）《孟子·離婁上》：‘仁之實，事親是也。義之實，從兄是也。……禮之實，節文斯二者是也。’‘節’是節制之義，‘文’是修飾之義。可見簡文‘即’都應讀爲‘節’而不是‘次’，簡文‘敏’都應讀爲‘文’而不是‘序’或‘度’。”

“里”，讀爲“理”。

“內”，爲“納”字的省文。

“肰句”，讀爲“然後”。

“悳”，讀爲“德”。

“宙”，上博簡作“中”。

“𦔻”，上博簡作“孝”。

今讀爲“聖人比其類而侖會之，觀其先後而逆順之，體其宜而節文之，理其情而出納之，然後復以孝。孝，所以生德於中者也”。

【解義】

“聖人比其類而侖會之”，“聖人”似指孔子。簡文此段文意，承上段所說周文之《詩》、《書》、“禮樂”的人文規劃作用，講述孔子刪節《詩》、《書》，釐訂禮樂以教門人的哲學性考慮。對此事如此詳盡而深入地解說，爲現存古典文獻所僅見。此事也可旁證郭店楚簡儒家史料的來源，似始於孔子即門與再傳弟子之手。上博簡注釋云：“比，並列、排比。《禮記·經解》：‘屬辭比事，《春秋》教也。’孔穎達疏：‘比次褒貶之事，是比事也。’《說文·敘》：‘會意者，比類合誼。’比類，連綴、排比同類事物，方以類聚，歸納綜合其義。”李天虹云：“‘比類’，按類排比。《禮記·樂記》有言：‘君子反情以合其志，比類以成其行。’於簡文，‘比類’之意，當即‘按風、雅、頌排比詩文。’‘論’，《國語·齊語》：‘權節其用，論比其材。’韋昭注：‘論，擇也。’……‘會’，匯集之意。《爾雅·釋詁上》：‘會，和也。’《廣雅·釋詁三》：‘會，聚也。”此句似指孔子按“詩”原先所具有“風”、“雅”、“頌”三種性質，加以排比、分類、編次以會通“《詩》，有爲爲之”之義。

“雚其之遂而迮訓之”，“迮訓”二字，上博簡“逆順”。“逆順”有整理次序之意。李天虹云：“審查其先後之序而推知其發展演變。這是講述聖人對待《書》所進行的整理、編纂、研究工作。”關於孔子整理“書”的資料，據《尚書緯》引鄭玄《書論》云：“孔子求《書》得黃帝玄孫帝魁之書，迄於秦穆公，凡三千二百四十篇，斷遠取近，定可以爲世法者，百二十篇。以百二篇爲《尚書》，十八篇爲中候。”緯書雖不可信，但其云孔子“斷遠取近，定可以爲世法者”，似合於簡文所稱述的史實。又《漢書·藝文志》云：“故書之所起遠矣，至孔子篹焉，上斷於堯，下訖于秦，凡百篇，而爲之序，言其作意。”“序”，指撰次，即簡文所稱“觀其先後而逆順”，而“言作其意”，指表明孔子編次《書》的用義，即簡文所稱“《書》，有爲言之”。

“體其宜而即度之”，“體”字，李天虹云：“‘體’，體察。《中庸》：‘敬大臣也，體群臣也。’朱注：‘體，謂設以身處其地而察其心也。’”陳偉連綴《語叢一》簡 31 與簡 97，云[1]：“‘禮因人情而爲之’‘即度者也’，《禮記·坊記》作‘禮因人情而爲之節文’。”“度”字，現雖然有不同的解釋，但均認爲“即度”當讀爲“節文”。此句似針對

[1] 陳偉：見前引書，頁 143-148。

“禮”來說。體會“禮”之作爲人文制度的適宜性而加以“節文”，也就是在“禮”的始源意義中，對承襲的周禮有所節略而重新規劃。《論語·八佾》云：“子曰：人而不仁，如禮何？人而不仁，如樂何？”孔子以“仁”作爲“禮樂”的基礎，是對周文以“文王之德”作爲周禮根基的改造。《中庸》云：“仁者，人也。”孔子以“仁”爲“人”的本質，也在“仁”的意含中確立人倫價值的要求。因此，《中庸》接著說“親親爲大；義者宜也，尊賢爲大。親親之殺，尊賢之等，禮所生也。”“親親之殺，尊賢之等”及於全部的人群，不再以貴族等級爲限。也這種以“仁”所重新建立的“禮”，也是消除了周禮的繁文縟節而在周文的承襲中展現爲人義的新創形式。

“里其青而出內之”，此句似針對“樂”來說。“理”，指調理。“情”，指“樂”所表現之人的實情。“出納”，似指掌握“樂”中“情”的興發而加以整飭。“理其情而出納之”，指（聖人）導理樂的實情而加以調順，以導正人文教化的作用，如《論語·子罕》所言：“子曰：吾自衛反魯，然後樂正，《雅》、《頌》各得其所。”

“肰句復以孚”，指整理《詩》、《書》、“禮”、“樂”，而以之在教育中施行。“然後”二字有其特殊的作用，強調前四句簡文的記錄，爲儒家早期傳承對孔子以“《詩》《書》禮樂”爲人文教化措施的清楚說明。“復”，指實踐。《論語·學而》云：“信近於義，言可復也。”朱熹注：“復，踐言也。”“孚”，包含著教導與學習，即人文的整體教化措施。

“生悳於中”，《說文》：“中，內也。”“中”是“心”的另種表達，指出“心”之所在。“生德於中”即“生德於心”。“生”有引生之義，謂引導而增益。“德”是教化之所得，透過“心”的溝通而深植於內。因此，儒家所強調的人文價值是構築在心靈之中，而形成內在的超越精神世界。

李天虹云：“詩、書、禮、樂，其始發皆人緣於事、因於理而‘爲’、而‘言’、而‘舉’。聖人於詩、書、禮、樂，按類排比並加以刪選、匯集；審察其先後之序而推知其發展、演變；體察其義理而制定規章；調治其情以使其收發中節，然後再用以教化，使民眾生發德善之心。上述簡文的四個排比句非常重要，分別講述了聖人對詩（'比其類而論會之'）、書（'觀其先後而逆順之'）、禮（'體其義而節文之'）、樂（'理其情而出入之'）所進行的整理、編纂、研究工作。在傳世文獻中，以一己之力，通盤整編詩、書、禮、樂者，只有孔子一人，其事數見於《論語》、《史記》、《漢書》等。"

簡文此數句，似謂：聖人按〔〈風〉、〈雅〉、〈頌〉〕性質的排比，〔整理《詩》的資料，並〕編次以會通。審察〔《書》資料的〕先後次序，編定其發展與演變。體會〔"禮"的〕真義，而節略量度。導理〔"樂"的〕實情而加以調順。然後，將它們作施行於教導。教導，是要使人文的德化能產生於心中。

【申論】

簡文此處承襲前章的說明，顯示另一個層次的結構，其內容可圖示為：

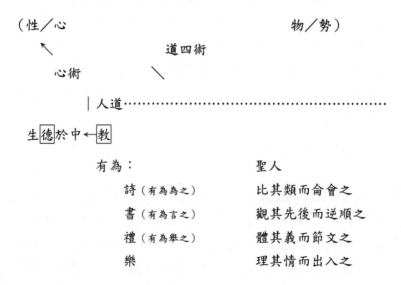

（性／心　　　　　　　　　　物／勢）

↖　　　　道四術

心術　　　＼

｜人道……………………………………………

生德於中←教

有為：　　　　　　聖人

詩（有為為之）　　比其類而侖會之

書（有為言之）　　觀其先後而逆順之

禮（有為舉之）　　體其義而節文之

樂　　　　　　　　理其情而出入之

作為人之本質的"性"、影響著"性"的"物""勢"，與呈現人義可能的“心”，均在自然之“道”的運行之中。“道”的運行統攝著不同方式的回應，簡文稱之爲“術”。因“術”的不同，體現爲“物”之對“道”的取擇，而成爲不同物類所遵循的道術。簡文以“心術”作爲“人道”的表現方式。“人道”的產生，在於“物、勢”影響人的本性，而形成展現“人義”的要求。“心術”，是指透過作爲人義建構基礎的“心”，來調節人之爲“物”的“性”。這種人義的規劃就形成與其他物類道術的區隔。如《禮記·樂記》即云：“夫民有血氣心知之性，而無哀樂喜怒之常，應感起物而動，然後心術形焉。”人之有“血氣心知之性”，是人之爲“物”的本然，就此而言，並無人文規劃之“哀樂喜怒之常”的價値性約制。因此，在“應感起物而動”之時，予以導引規劃，就表現出以“心術”爲主持的人存方式。

“心術”的觀念，在簡文中也具有關鍵的地位，它包含著雙重的義含：“心”是指人義的操持，“術”是指“人道”的方式，二者結合起來用以表示人文建構的基礎。因此，相對於“道”而言，“心術”是一種確立人義價値的人爲方式。簡文稱：“詩書禮樂，其始皆出於人”，此即標顯“人的本性”與“人道的規劃”的區隔。“人道”是有爲，而其所爲者在“詩”（爲之）、“書”（言之）、“禮樂”（舉之）的教化舉措。“《詩》，有爲爲之”，這是指以“詩”表現“爲之”之“爲”，“爲之”指以此作爲人文順導之興作。“《書》，有爲言之”，這是指以“《書》”作爲“言之”之“爲”，“言之”指以此作爲人文宣示的訓誥。“禮樂，有爲舉之”，這是以“禮樂”作爲“舉之”之“爲”，“舉之”指以此作爲人文規劃的舉措。

“《詩》、《書》、‘禮’、‘樂’”四者，原爲周人所創立的禮制，也可稱之爲“周文”的“（人）道”。“聖人比其類……”云云，是說“聖人”（孔子）的人文思索方向。《史記·孔子世家》云：“故孔子不仕，退而脩《詩》、《書》、禮樂。”這不但是對周文典籍制度的整理與釐訂，同時也是新人文規劃的建構。以此爲“教”，而重建“德（人義的價値）”於“人”之“心”中。“德”成爲人義的本質，來自於對人天然之“性”的教化。“性”與“德”，前後相呼應，而形成人文建構的兩個考慮的中心。

又，此處“詩、書、禮、樂”並列，《六德》簡 24-25 亦云：“觀諸《詩》、《書》，則亦在矣，觀諸《禮》、《樂》，則亦在矣，觀諸《易》、《春秋》，則亦在矣。”這是迄今“六經”項目最早見於可靠文獻者。一般認爲郭店楚簡抄寫於戰國中期，其成書當更當早於此時。後人所稱的“六經”，似直接源自孔子門人或其再傳弟子之手。但“六經”與孔子的問題，需要從四種不同的向度與時代的發展來思考。

第一，漢武帝獨尊儒術後，逐漸完成經學博士制度下的“經”，並輾轉遞增而形成宋代編定的“十三經”。第二，孔門弟子以“學文”、“游於藝”發展起來重視“文”的“經學”傳承。第三，孔子論序《詩》、《書》，修啓《禮》、《樂》，傳《易》編《春秋》，並以之後續得以發展成“經”的原始編輯資料。第四，三代的典章文獻，或周文禮制的記載與相關文獻的各種資料。

孔子哲學不能單純地以“經學”視之，他也不僅是繼承“周禮”的人文傳統；他因襲周禮教化的實質，並建立後續以“經學”方式探索的根源。孔子並未提到“經學”，而稱此種探討爲“藝”或“文”。而他所教育的內容是“詩、書、禮、樂”之事。“詩書禮樂”的意義與“《詩》、《書》、《禮》、《樂》”不同，甚至也需謹慎地與“《詩》、《書》、禮、樂”清楚地加以分辨。“《詩》、《書》、《禮》、《樂》”屬於“經學”的意含，產生於“學文”的孔門弟子與後續的闡發。孔子之前，當已有《詩》、《書》文字資料的結集，但尚未以“經”的形式出現，而“禮樂”則是貴族生活的教導規條。

孔子“詩書禮樂”的教育內容，可說是一種新“史官”職能的再造。他將貴族職官之學轉換爲士人的人義之學。同時也將文獻所表徵的精神文明，轉化爲“士”的精神性探索，並由此承續“史官”之爲“史”的歷史性傳衍使命。

豊叏於青，（簡 18）或[illegible]之也，堂事因方而折之。其先後之舍則宜道也。或舍爲（簡 19）之即則度也。至頌宙，所以度即也。	豊（簡 10）□□青，或興之也■，當事因方而㝡之■。丌先逡之舍則宜道也■。或捨爲之即則度也。（簡 11）□□宙，所㠯度節也。

【辨析】

上博簡“豊”下缺字，可據郭店簡補“作於”。

“ ”，上博簡作“興”，郭店簡裘案：“‘或’下一字疑是‘吾’或‘興’字。”

“堂”，郭店簡釋文讀爲“當”。

“折”，讀爲“制”。

“舍”，上博簡作“舍”。上博簡注釋云：“舍，讀爲‘捨’，放棄。”上博簡《校讀記》作“序”。

“宜”，讀爲“義”。

“或舍爲之即則度也”，上博簡釋文作“或捨爲之即則度也”，上博簡《校讀記》作“又序爲之節則文也”。“或”，似仍應讀如本字。

“至頌宙，所以度即也”，郭店簡裘案：“疑‘至’當讀爲‘致’，‘頌廟’當讀爲‘容貌’。‘度即’如讀爲‘度節’，似不可通，但如讀爲‘序次’又與簡文以‘舍’爲‘敘’矛盾，也許‘即’應讀爲‘次’，‘度’應讀爲‘度’，待考。”上博簡釋文讀爲“至頌貌，所以取節也。”上博簡《校讀記》作“致容貌所以文，節也”。

今讀爲：“禮作於情，或興之也。當事因方而制之，其先後之序則義道也，或序為之節，則文也，致容貌所以文節也”。

【解義】

“豊复於青，或之也”，“禮”是“人道”的建構方式。“作”，指興起。《說文·人部》：“作，起也。”“或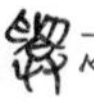之也”句，“或”，《廣雅·釋詁一》：“或，有也。”但就簡文思想來看，“或”也帶有轉折的作用。“禮”雖是“作於情”，但“禮”之對“情”的處理，有著某種人爲的作用在，此種“人爲”的取擇表現在“或”中。“”，李零讀爲“興”。“禮”的作用不能興發“情”，而是約束，因此，“或興之”是指人對“禮”的興起來說。此句指“禮”之由“情”而始，“禮”對“情”所產生移易與轉化的作用，是來自於人爲的規劃。此種思想，多次見於《禮記》，如《坊記》云：“禮者，因人之情而爲之節文，以爲民坊者也。”《禮運》云：“孔子曰：夫禮，先王以承天之道，以治人之情。”所謂“爲之節文”、“以治人情”就是“或興之”。“禮作於情”是回應前文簡 3 所稱“道始於情”，“道”是就整個人道來說，故用“始”表達其爲始創的根源，而“禮”是人道的建構方式，故用“作”表現其施予的規劃。

“當事因方而制之，其先後之序則義道也，或序爲之節，則文也，致容貌所以文節也”，這是對“禮”之施行的闡述，而後文再以“拜”、“幣帛”、“笑”、“樂”等具體事例加以舉證，說明“禮”的實效。其中各句的意含，需要從這個角度來理解。

“堂事因方而折之”，“堂”，讀爲“當”。“事”，指人世之事物。“禮之作於情”，是因爲“情”受到人間世物的影響，而需加以約制。因此，面對事物發生時，“禮”的作用是“因方而制之”。“方”，上博簡注釋引《禮記·禮器》云：“故昔先王之制禮也，因其財物而致其義焉爾。故作大事，必順天時，爲朝夕必放於日月，爲高必因丘陵，爲下必因川澤。是故天時雨澤，君子達亹亹焉。是故昔先王尙有德、尊有道、任有能；舉賢而置之，聚眾而誓之。是故因天事天，因地事地，因名山升中于天，因吉土以饗帝于郊。升中于天，而鳳凰降、龜龍假；饗帝於郊，而風雨節、寒暑時。是故聖人南面而立，而天下大治。”並解釋“方”曰：“方，《韓非子·解老》：‘所謂方者，內外相應也，言行相稱也。”但簡文此處是解析“禮作於情”的問題，說明“禮”所加諸於“情”的規劃作用，“方”應指“人道”的指向，這與《禮記·樂記》云：“樂行而民向方”的思想較爲接近。孔穎達疏：“方，猶道也。”“民向方”就是使民朝向人道的規制。“折”讀爲“制”，指約制。簡文“制之”之“之”，仍指人的“情”。“因方而制之”，指應就人道的指向而約制人情，這也是“禮”的作用所在。

“其先後之舍則宜道也”，“其”，指“禮”的制度。“舍”字，郭店簡裘案：“《說文》謂‘餘’從‘舍’省聲，從古文字看，‘舍’當從‘餘’聲。簡文‘舍’字似當讀爲‘敘’，‘敘’通‘序’。”“其先後之序”，指禮之規範所表現出人道的上下先後次序，如周禮所確立的宗法制度與尊卑名份。“宜道”，上文云“體其義而節文之”，此處當指“義道”，即人道價值性的安排，其中“義”字就在說明“價值”之義。前文簡 3 云：“司（始）者近青（情），終者近義。”“禮”之“始”在“情”，而“禮”的整個程序是人道價值的建構。《老子》第三十八章云：“失道而後德，失德而後仁，失仁而後義，失義而後禮”，這雖然是就“禮”之遠離自然始源的過程來立論，但它同樣表現出對周文之“禮”的導源訴求。《老子》以“義”作爲“禮”的根源，也淸楚顯示著以“禮”作爲“義”之價值展現的哲學意義。這在古典哲學初期發展中，似爲當時哲學家所共同領會與接受的意義。

“或舍爲之即則度也，至頌窗，所以度即也”，郭店簡《校讀記》作“又序爲之節，則文也。致容貌所以文，節也”，認爲“上文‘體其義而節文之’與下文的‘又序爲之節，則文也。致容貌所以文，節也’是相互呼應的句子，‘節’、‘文’二字的釋法應當與上相同。上文的‘節文’是連言，下文的‘節’、‘文’則是分開講。”並解釋“節”、“文”二字的意含云：“‘節’是用於禮儀的節奏控制，它要以儀容的修飾來配合，所以說‘又序爲之節，則文也’。‘文’是用於儀容的修飾，它也要以禮儀的節奏來控制，所以說‘致容貌所以文，節也’。可見原書分作兩句的簡文，其實應分成四個小句來讀。”此處簡文的意含，爭論較多，由於對字句不同的釋讀，使其內容的解釋具有差異。上博簡釋文將此處簡文讀爲“其先後之捨則義道也，至容貌，所以取節也”，並注釋云：“舍，讀爲‘捨’，放棄。……指在處理認識整個事物過程中的‘捨’，是爲了‘宜

（義）道'。爲'善節'而取捨。則度（取），也可讀爲'取則'、'取法'，取以爲法則。……容貌之極，則就需要取其善節而簡化，擇優而規範。"這是因爲由於"舍"、"度"不同的釋讀，產生不同方向的闡釋。但李零的釋義，較爲通順，特別對"序"、"文"二字的釋讀，對此處簡文思想的暸解，有重要的貢獻。

"或序爲之節"呼應前文"其先後之序則義道"，"或"與"其"有承襲的關係。"其"字是上承"禮作於情"、"或興之"、"當事因方而制之"，均以"禮"作爲表達的主體，它應爲"禮"字的代詞。因此，"舍（舍）"讀爲"序"，與"禮"的意含相符。"或序爲之節，則文也"、"至容貌，所以文節也"，也是針對"禮"來說，"節"與"文"均爲"禮"所表現的性質。"或序爲之節"之"或"，雖具有"有"的意含，但仍似隱含著一種轉折，指"或在'禮'之'序'中而'爲之節'"，這是爲了"文"，而"至容貌"的表現，是"文"此"禮"之"節"。

"禮"有"序"，指"禮"的施行有上下先後的次序。相對"禮"的"序"來說，"節"與"儀"有關。李零稱"節，是用於禮儀的節奏控制"，甚有見地。"節"不僅有節制之意，它也指對"序"進一步細節的要求。"則文也"，指這是爲了"文"，即"禮"的完備美飾，如《中庸》所稱"《禮儀》三百，威儀三千"之盛美。

"至容貌"，廖明春《校釋》云："'至'讀如本字，訓爲極、盡。……'至容貌'，即修飾容貌到極致。"《論語・泰伯》云："君子所貴乎道者三：動容貌，斯遠暴慢矣；正顏色，斯近信矣；出辭氣，斯遠鄙倍矣。"《正義》云："動容貌，能濟濟蹌蹌，則人不敢暴慢之。正顏色，能矜莊嚴栗，則人不敢欺誕之。出辭氣，能順而說之，則無鄙惡倍戾之言入於耳也。人之相接，先見容貌，次觀顏色，次交言語。故三者相次而言也。""至容貌"，似統含《論語》所稱"動容貌"、"正顏色"與"出辭氣"。"至容貌"之"所以文，節也"，李零解釋云："'文'是用於儀容的修飾，它也要以禮儀的節奏來控制。""文節"似可連讀。"至容貌"指的是"禮容"，是"禮儀"規範體現在內心的表現上，這種深情的展露是對"節"的文飾。

簡文此數句，似謂：“禮”是針對“情”而發生的，它是〔對“情”〕所興起〔的人爲措施〕。當面對事物的發生，就人道〔的指向〕而約制〔人情的作用〕。對禮施以上下先後次序的安排，就是人道之價值性〔的要求〕。〔禮〕有上下先後的順序，對此加以約制鋪陳，即形成禮儀的盛美。致力容貌〔以呈現禮容的端莊〕，這是文飾著禮儀的制約。

【申論】

簡文說明“禮”、“情”與“義（宜）道”的發生過程，與對“事”處置的安排。其圖示爲：

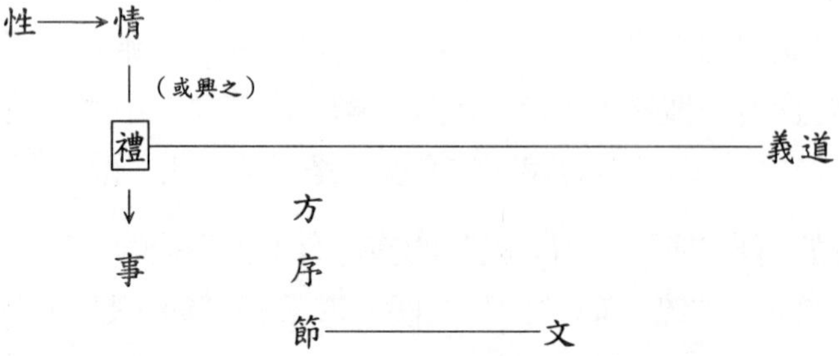

“性”的展現爲“情”，“禮”是針對“情”而有所興作。因爲人之“情”反應在“事”之中。面對“事”而有所依循，此依循之方向，簡文稱之爲“方”。在“方”的指引與導正下，安排“事”的位列秩序，以彰顯人文規劃的價值，這就是“義道”。因此，所謂“方”的指引，也就是以“義道”爲準據。“序”的排定，也是人文價值的秩序。對於這種秩序進一步的度節，體現出人義的盛美，這便是“文”。“方”、“序”與“節”，說明在“義道”的規劃下，對人情面對之“事”的處置，這不但是人存必然之情事，也是人義建構之必須。人所指向之“文”，是儒家奠基人倫考慮之人文價值的所在。

《禮記，禮運》中即說明其中所包含的轉折關係，似充分發揮簡文的思想。《禮運》云：“何謂人情？喜怒哀懼愛惡欲七者，弗學而能。”人情指的是人性的本然表現，類於簡文前章所稱“情生於性”。又云：“何謂人義？父慈、子孝、兄良、弟弟、夫義、婦聽、長惠、幼順、君仁、臣忠十者，謂之人義。”“人義”指的是人倫的先後次序，即簡文“其先後之序則義道也”。又云：“故聖人所以治人七情，修十義，……舍禮何以治之？”“治人情”、“修十義”所指與簡文“禮……或興之也，當其事因方而制之”是相同的。《禮運》篇另段更以比喻來解說“禮－義”對人情教化的展現程序，云：“故禮義也者，人之大端也……故聖王修義之柄、禮之序，以治人情。故人情者，聖王之田也。修禮以耕之，陳義以種之，講學以耨之，本仁以聚之，播樂以安之。”

君子媺其青，□□□，（簡 20）善其即，好其頌，樂其衍，兌其䜭，是以敬安。	𡈼₌ 㒼丌情，貴丌宜，善丌節，好丌頌，樂丌道，兌丌孚，是㠯敬安▪

【辨析】

“君子”，上博簡作“𡈼₌”合文。

“媺”，上博簡作“㒼”，均讀爲“美”。

郭店簡缺字，裘案：“‘美其情’之下一字尚存上端，似應是‘貴’字。其下缺字當爲‘其’，‘其’下缺字從上文看可能是‘宜（義）’字。”上博簡作“貴丌宜”。

“即”，郭店簡《校讀記》讀爲“節”。

“安”，讀爲“焉”。

“孚”，仍讀如本字，表達教化之義。

今補作“君子美其情，貴其義，善其節，好其容，樂其道，悅其孚，是以敬焉”。

【解義】

此段承前文“禮”之“情”、“義”、“節”、“容”所涉及的因素，說明君子對此四項內容所採取的積極處理態度。簡文中的四“其”字，均指“人道”之“禮”來說。

“君子媺其青”，“媺”，讀爲“美”，“美”字從羊與“義”字同，也有價值之義。“美”，有“成”義，《呂氏春秋·至忠》：“今有樹於此，而欲其美也，人時灌之則惡之，而日伐其根，則必無活樹矣。”高誘注：“美，成也。”“美”也指使物完美，《國語·楚語上》：“夫美也者，上下、內外、大小、遠邇皆無害焉，故曰美。”“美”也指物之精者《爾雅·釋器》：“黃金謂之璗，其美者謂之鏐。白金謂之銀，其美者謂之鐐。”郭璞注：“此皆道金銀之別名及精者。”因此，“美其情”是指順導並完善人真實之“情”。

《荀子·性惡》云：“所謂性善者，不離其朴而美之，不離其資而利之也。”“不離其朴而美之”，與簡文義近。《莊子·知北遊》云：“聖人者，原天地之美而達萬物之理。”《莊子》稱“原天地之美”，似將真情擴大到自然本身。“情”在“禮”之先，簡文似指君子推原並領會人情質樸之美，而把握“禮”的本源。

“貴其義”，似指重視人道中“義”的價值要求，以作爲人文建構之必須。《荀子·議兵》云：“隆禮貴義者其國治。”《墨子》書中有〈貴義〉篇，篇中首句即言“子墨子曰：‘萬事莫貴於義。”傳墨子曾受儒者之術，其強調“貴義”，或爲個別發揮簡文此處君子六種節操之一。

“善其即”，郭店簡裘案：“‘即’似當讀爲‘次’或‘節’。”“即”，讀爲“節”，訓爲節度。《論語·微子》云：“長幼之節，不可廢也。”《禮記·曲禮》云：“禮不踰節。”《禮記·文王世子》云：‘乃命有司行事，興秩節。’鄭玄注：‘節，猶禮也。’”“善其節”，似指使善處禮儀的節度得以無缺。

“好其頌”，郭店簡裘案：“‘頌’似當讀爲‘容’。‘頌’實即容貌之‘容’的本字。”“好其容”，似指以禮容的端莊作爲本然的喜好。

“樂其衍，兌其孪”，“道”與“孪”共指人道的教化，以“人道”

爲樂，以教化爲悅。

“是以敬焉”，《禮記·哀公問》云：“孔子對曰：古之爲政，愛人爲大；所以治愛人，禮爲大；所以治禮，敬爲大。……”“禮”的表現，以“敬”爲貴。

簡文此數句，似謂：〔在聖人的人文規劃中〕，君子推原人性的真情，貴重〔禮制的義理〕，善調〔禮儀的〕節度，修好端莊的禮容，欣樂〔聖人的〕道術，悅服〔聖人的〕教化，所以表現著敬謹恭順。

【申論】

簡文此處指出“君子”遵循人文禮制的要求。它們的結構，可表之如下：

	禮	
	‖	
	君子	
美其情	｜	貴其義
善其節	｜	悅其教
好其容	｜	樂其道
	敬	

簡文說明“君子”持守禮制的態度，其中六個“其”字，均指人道之“禮”。簡文從兩個方面來說明：

“情”、“節”、“容”是自身持守的表現，所以“美”人道順導之“情”，“善”人道儀度之“節”，“好”人道修持之“容”。

“貴”、“悅”、“樂”是回應禮制的態度，透過對人道價值之“義”的重視，欣悅而承受人道之“教”的指引，終至安樂於人“道”。此種節操，是君子表現恭敬謹慎的要求。

“敬”是一種肅穆莊重的情態，是透過“美”、“善”、“好”、“貴”

的取擇與領會，“樂”、“悅”的心服感受，而產生一種道德的尊崇情懷。它具有如同原始宗教的神聖，而表現出人文價值創造的莊嚴。故簡文稱“是以敬焉”，“是以”是對“禮”之效果的嚴肅斷言。

簡文此處觀念結構的兩端是“禮”與“敬”。“禮”是人文的制度，而“敬”是人文的德行。“君子”則體現爲在人文禮制下建立敬德的人存品格。這種思想，是儒家基本的要求《禮記·禮器》，即云：“君子之於禮也，有所竭情盡慎，致其敬而誠若，有美而文而誠若。”這是持續發展簡文的哲學思想。

拜，所以□□□（簡21）其度也。幣帛，所以爲信與證也，其訂宜道也。芺，懽之滐₌也。（簡22）樂，懽之深澤也。	拜，（簡12）□□□□□，丌度也。 帛，所㠯爲信與登也，丌訂宜道也。芺，喜之滐睪也。樂，喜之（簡13）□□□。

【辨析】

上博簡“拜”下缺字，上博簡釋文云：“句殘缺過多，文意難明。”上博簡《校讀記》補作“所以□□□其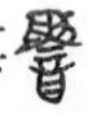敏也”，並云：“現在從照片已無法辨認，只能靠原來的照片和記錄。第五字，我查筆記，仍有殘畫，似是‘之’字。第七字，上半與臾相似，下從音。第八字，與上讀爲‘文’的字寫法相同，但不一定讀‘文’，這裏暫按‘敏’字隸定。”廖名春《校釋》云：“所缺三字當補爲‘爲服也’。”“丌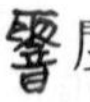度也”，上博簡釋文作“其（其）（諹？）度（取）也。”張光裕釋爲“諛”，讀爲“譽”。陳偉《零釋》[1]認爲似應讀爲“舉”，指舉止。

“幣”，上博簡作“釆”，讀爲“幣”。

[1] 陳偉：《郭店楚簡〈六德〉諸篇零釋》，《武漢大學學報》（社哲版）1999年第5期，以下簡稱“《零釋》”。

“諓”，上博簡作“登”，讀爲“徵”。

“訂”，“訂”字，郭店簡釋文讀爲“詞”，上博簡釋文讀爲“治”，上博簡《校讀記》讀爲“辭”。陳偉《零釋》讀爲“貽”。

“芺”，讀爲“笑”。

“憘”，上博簡作“喜”。上博簡《校讀記》云：“‘喜’，郭店簡從心從豊，字之誤也。”裘先生云：“郭店簡是把‘憙’字所从的‘壴’誤寫成了與之形近的‘豊’字的簡體。”[1]

“濼=”，上博簡作“泮睪”。郭店簡裘案：“據下文‘樂，禮之深澤也’，此句‘也’上加重文號之字當爲‘浫（淺）澤’二字合文。”上博簡注釋云：“泮睪，讀爲‘薄澤’，泮，即‘渼’，讀爲‘薄’。”

今補作“拜，所以為服也，其諛文也。幣帛，所以為信與徵也，其治義道也。笑，喜之薄澤也。樂，喜之深澤也”。

【解義】

簡文此段舉以事例說明禮儀的規範。

“拜，所以□□□其[illegible]度也”，郭店簡釋文缺三字，廖名春《校釋》云：“案：所缺 3 字當補爲‘爲服也’。《禮記・郊特牲》：‘君再拜稽首，肉袒親割，敬之至也。敬之至也，服也。拜，服也。稽首，服之甚也。肉袒，服之盡也。’可知第二字當補爲‘服’。由於僅缺 3 字，相當於‘與徵’的文字簡文無，因此第 3 字只能補‘也’字。‘諛’，和悅柔順的樣子。《管子・五行》：‘諛然告民有事，所以待天地之殺斂也。’尹知章注：‘諛，悅順貌。’這是說，拜是表示敬服，其和悅柔順的樣子，是以禮儀文飾。”可備一說。“拜，所以爲服也，其諛，文也”，簡文似以拜禮的舉止，說明其中涵蘊禮儀文飾的真義。

“幣帛，所以爲信與諓也，其訂宜道也”，幣帛”，上博簡作“悉帛”，

[1] 見前引書，頁 20-21。

注釋云：“帋帛，讀作‘幣帛’，財幣繒帛等物，古多用於貢天子，贈賓客。”“諓”字，郭店簡裘案：“‘諓’或可讀爲‘徵’。”李天虹《集釋》云：“按：該字簡文原作‘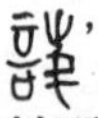’。曾侯乙墓鍾磬銘文宮、商、角、徵、羽之徵，字作‘’；包山楚簡證驗之‘徵’，字作‘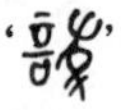’，其形均與簡文相近。《書·胤征》：‘聖有謨訓，明徵定保。’孔傳：‘徵，證。’《淮南子·修務》：‘夫歌者，樂之徵也。’高注：‘徵，應也，效驗也。’證、徵音義皆近，從字形分析，‘諓’似以讀‘徵’爲宜。又《左傳·昭公八年》：‘君子之言，信而有徵，故怨遠於其身。’《中庸》：‘上焉者雖善無徵，無徵不信。’徵、信互文，亦可爲證。”“諓”字，上博簡作“登”，注釋云：“登，讀作‘徵’，通借。《尚書·舜典》：‘舜生三十徵庸’，孔穎達疏作‘登庸’。”“訂”字，郭店簡釋文讀爲‘詞’。陳偉《零釋》讀爲“貽”，指饋贈。李天虹《集釋》認爲“當從整理者讀。關於容貌、辭令方面的禮儀規定，傳世文獻多見：《禮記·玉藻》：‘凡行容惕惕，廟中齊齊，朝庭濟濟翔翔。君子之容舒遲，見所尊者齊遬。足容重，手容恭，目容端，口容止，聲容靜，頭容直，氣容肅，立容德，色容莊，坐如尸，燕居告溫溫。’《禮記·曲禮下》：‘天子穆穆，諸侯皇皇，大夫濟濟，士蹌蹌，庶人僬僬。’孔疏：‘此一節論天子至庶人行容之貌也。’《禮記·冠義》：‘禮義之始，在於正容體，齊顏色，順辭令。容體正，顏色齊，辭令順，而后禮義備。’《儀禮·聘禮》：‘辭無常，孫而說。辭多則史，少則不達。辭苟足以達，義之至也。’禮本人情而作，並由聖人興起。根據事實、依據義理制作禮，其本末、先後之序應當合乎道義。次序作爲禮節規範，就是文。推究容貌，是爲了使儀容、舉止合乎禮儀規範。君子修美禮之情，尊貴禮之義，愛慕禮之節，喜好禮之容，安樂禮之道，悅服禮之教，故能相敬。參拜，……，其容貌悅順，乃禮儀之規範。幣帛，爲禮之信物與表徵，饋贈幣帛的辭令應該合乎道義。”上博簡注釋云：“訂，讀爲‘治’。”“治”似指饋贈幣帛的舉動。

“宜”字，郭店簡釋文讀爲“義”。上博簡《校讀記》讀爲本字。“義”、“宜”原可通用，此處作“義道”，文義較爲明確。

此句文意，李天虹《集釋》云：“古人相見、聘問，常執幣帛（稱爲

'贄')以表誠敬,如《周禮·天官·大宰》:'六曰幣帛之式。'鄭注:'所以贈勞賓客者。'《論語·陽貨》子曰:'禮云禮云,玉帛云乎哉?'朱熹《集注》:'敬而將之以玉帛,則爲禮。'《禮記·坊記》:'禮之先幣帛也,欲民之先事而後祿也。'"簡文似說明幣帛的饋贈,原爲徵信的表現,但這種行為本身即蘊涵著義理的真義。

"芺,憒之瀼=也。樂,憒之深澤也",兩"憒",上博簡作"喜","憒"似爲字誤。"瀼=",上博簡作"浡睪"。上博簡注釋云:"浡睪,讀爲'薄澤',浡,即'渼',讀爲'薄'。""笑,喜之薄澤也。樂,喜之深澤也",簡文舉"喜"的事例來說明"禮"對"情"的規導,"笑"與"樂"當與"禮"的運作有關。《禮記·樂記》云:"夫樂者,先王之所以飾喜也,軍旅鈇鉞者,先王之所以飾怒也。故先王之喜怒,皆得其儕焉。喜則天下和之,怒則暴亂者畏之。先王之道,禮樂可謂盛矣。"據《禮記·樂記》所言,聖王之"喜",是藉"樂"來協和天下人的情感,正如聖王之"怒",是藉征伐表現天下人的憤怒。因此,簡文"笑"字,或許不是指單純的嬉笑,而指禮儀容貌的一種表現。《詩經·楚茨》云:"獻酬交錯,禮儀卒度,笑語卒獲","禮儀"即與"笑語"連言。"澤",似指恩澤,引申有影響之義。《孟子·離婁》云:"君子之澤,五世而斬。"趙岐注:"大德大凶,流至後世,自高祖至玄孫,善惡之氣乃斷。"朱熹注:"澤,猶言流風餘韻。""笑,喜之淺擇",似謂使人能表現愉悅的發笑,是和諧人情的表面影響。"樂"指發自內心的愉悅。《論語·憲問》云:"子問公叔文子於公明賈曰'信乎夫子不言、不笑、不取乎?'公明賈對曰:'以告者過也。夫子時然後言,人不厭其言;樂然後笑,人不厭其笑;義然後取,人不厭其取。'子曰:'其然,豈其然乎?'"孔子"樂然後笑",是指心有所交融而會心以笑。又,《禮記·樂記》云:"故曰:樂者樂也。君子樂得其道……樂者,德之華也。""樂,喜之深擇也",似謂使人能樂於人道的的教化,是和諧人情深入的影響。

簡文此數句,似謂:拜禮是爲了〔表示敬服〕,其和悅柔順的態度,體現了禮儀節度。聘問時致送璧帛,以作爲表達誠信的證物,其饋贈體現著義道。欣然發笑,是和諧教化所產生的淺顯影響。〔使人有德而〕樂,是和諧教化所產生的深刻影響。

【申論】

此段後四句論及“笑”與“樂”，研究者有將之歸於下文談論聲、樂的段落。但若以“凡例”作爲分析簡文“性情說”的準的，則此四句當屬於解說人道禮制效用而舉出的例證。簡文第八“凡例”的說明架構，爲：

道

心術為主　人道

詩書禮樂——教——生德於中

情　　　　禮————————————義道

方　序　節　文

君子————————————敬

美其情　　貴其義

善其節　　悅其教

好其容　　樂其道

拜　　幣帛

笑

樂

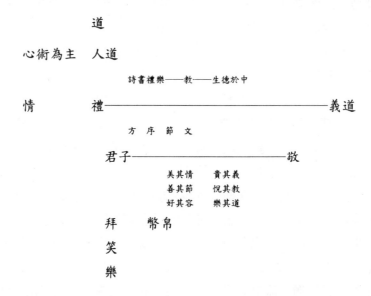

此“凡例”顯示出推衍演論述的形式。首先，“凡道，心術爲主”，是此凡例思想的重心，並強調唯有由“心術”推展的“人道”是人存可依循的。其次，簡文繼續解說“人道”的內容爲“詩書禮樂”，並對此四者之作爲人文教化的規劃提出哲學思索的解釋。再次，將此四者歸之於“禮”的哲學觀念，並提出“禮作用情”之人文創作始源的結構性分辨。再次，舉出實踐此種人文規劃的“君子”人格，並以“敬”作爲禮制之精神持守。最後，以兩種禮儀爲例說明禮制實施的作用，並以“笑”、“樂”說明教化的不同效用。

簡文內容的此種述說方式，在楚簡“性情說”中，與其他“凡例”的簡單形式比較，有其特殊的性質。顯見，它包含著對前人思想資料的綜合與編排。中國古典哲學資料的記述，原先並未有嚴格作者歸屬的考慮。弟子在口耳相傳的過程中，時常加上自己的領會與闡述，最後才行諸竹帛的記錄。這在我們探索思想史的發展中，是需要注意的一種特別情況。

九

本“凡例”與以下四個“凡例”（第十、第十一、第十二與第十三），包括郭店簡簡23-28，上博簡簡14-20，講述在不同樂音中人情的各種表現，與音樂對人心產生的影響。按其內容，似可歸納為同一章。“性情說”的編輯者，或許是要從“樂”的方面，申論第一“凡例”中所說“情”的問題。但若僅就這些資料的內容來說，也可視為是儒家的一種“樂論”。

“凡聲其出於情”與“凡古樂動心”兩段，說明三件事情：

1. 聽、聞、觀賞不同的聲音、音樂與舞蹈，會產生不同心情的變化與回應。
2. 聆聽音樂時特殊的操持與用心。
3. 對《賚》、《武》、《韶》、《夏》古代樂曲所表達之深義的說明。

“凡至樂必悲”段，說明哀樂之性相近，其用心不遠，其至情的表現均達致人現實存在的悲惘與憂思。

“凡憂思而後悲”段，說明三件事情：1. “憂悲”、“喜樂”的操持在於“思”，而“思”的本質是敬畏之“心”。2. 喜與憂所展現的“聲”與其在“心”中的作用，二者交互影響而產生變化。3. 人“欣喜”的情緒，會逐步地發展，而以“舞”作為終止；喪痛“哀鬱”的情緒，也會逐步地發展，而以“慟”作為終極。

【郭店簡】

凡聖（聲），其出於情也信，肰（然）句（後）其內（入）拔人之心也敂（簡二十三）。䎽（聞）芺（笑）聖（聲），則羴（鮮）

女（如）也斯憙（喜）。昏（聞）訶（歌）謠（謠），則舀女（如）也斯奮。聖（聽）汳（琴）开（瑟）之聖（聲）（簡二十四），則誘女（如）也斯難（難）。雚（觀）荅（賚）武，則齊女（如）也斯复（作）。雚（觀）卲（韶）頣（夏），則免（勉）女（如）也（簡二十五）斯僉（儉）。羕思而勭（動）心，胃女（如）也。其居即（次）也舊，其反善復訂（始）也斾（慎）（簡二十六），其出內（入）也訓（順），司其悳（德）也。奠（鄭）衛（衛）之樂，則非其聖（聽）而從之也（簡二十七）。

【上博簡】

□聖（聲），丌（其）出於情也信，肰（然）句（後）丌（其）內梟（拔）人之心也敂■。䎽（聞）芺（笑）耶（聲），則羴（馨）女也斯喜（憙）。昏（聞）訶（歌）要（謠）（簡 14），□□□□□□聲（聽）琹（琴）琵（瑟）之聖（聲），則悸女（如）也斯難。雚（觀）荅（賚）武，則懠（懠）女（如）也斯复（作）。雚（觀）□□，□□□□（簡 15）□□。羕（養）思而勭（動）心，莫女（如）也。丌（其）居節也舊，丌（其）反善逯（復）司（始）也斾（慎）■，丌（其）出內（入）也訓（順），絧（治）丌（其）悳（德）□。□□□（簡 16）□，□□□聖（聲）而䢒（從）之也■。

凡聖，其出於情也信，肰句其內拔人之心也敂。（簡 23）	□聖，丌出於情也信，肰句丌內梟人之心也敂■。

【辨析】

“聖”，讀爲“聲”。

上博簡缺字，可據郭店簡補“凡”。

“拔”，上博簡作“臬”。上博簡注釋云：“臬，《古文四聲韻》引《古老子》‘拔’字作此形，讀爲‘撥’，古同屬月部韻。”

“敂”，郭店簡注釋讀爲“厚”。上博簡《校讀記》俗作“夠”，云：“‘夠’，原作‘敂’，同郭店本，舊作從裘案讀‘厚’，今讀爲‘夠’。‘夠’是多的意思，如《文選》卷六左思《魏都賦》‘繁富夥夠’，李善注引《廣雅》曰：‘夠，多也。’”

今讀爲“凡聲其出於情也信，然後其入撥人之心也夠”。

【解義】

此段承上文解說“笑”、“樂”所體現禮制的效果，進一層說明音聲與人情的關連。

“聖”，郭店簡釋文讀爲“聲”。《禮記・樂記》云：“凡音之起，由人心生也。……感於物而動，故形於聲。聲相應，故生變；變成方，謂之音。比音而樂之，及干戚羽旄，謂之樂。”“音”指經過互調而形成有組織的旋律。“聲”指未經調整而發出的聲響，而“樂”則是配合著舞蹈而完整表現的古樂演奏。簡文以素樸的“聲”來說明各種“聲音”對“心”產生的影響。

“其出於情也信”，“信”，誠也，謂各種人情表露的聲音，能真實的抒發真實的感受。李天虹《集釋》云：“按：簡文言音聲發於真情，可參：《樂記》之《樂本》：‘情動於中，故形於聲。’《淮南子・齊俗》：‘情發於中而聲應於外。’《淮南子・泰族》：‘今夫雅、頌之聲，皆發於詞，本於情。’《淮南子・修務》：‘夫歌者，樂之徵也；哭者，悲之效也。憤於中，則應於外，故在所以感之矣。’”

“肰句其內拔人之心也皦”，“然後”表達一種語氣的轉折，強調“聲”必要出自於真誠之情才能感人深入。“拔”字，讀爲“撥”，“拔”有攻取之義。《增韻·黠韻》：“拔，攻而取之也。”《荀子，樂論》：“夫聲樂之入人也深。”“拔”似更強調“入”所產生的作用，“夠”（多）與“深”意近。李天虹《集釋》云：“《孟子·盡心上》：‘仁言不如仁聲之入人深也。’《樂記》之《樂施》：‘其感人深。’《荀子·樂論》：‘夫聲樂之入人也深，其化人也速。’《說苑·脩文》：‘凡從外入者，莫深於聲音，變人最極。’等等，語意均與簡文相近。”

簡文前文以“道始於情”標示人道始源於“情”，又稱“禮作於情”，顯出“禮”加諸於“情”的規劃，此處是從“樂”的方面，來闡發“情”的問題，並說明“信”在其間的關係。“信”指真實的情態。《老子》第二十一章對“道”描述說：“道之爲物……窈兮冥兮，其中有精。其精甚真，其中有信。”“信”、“真”、“精”是相互關連的，“精”也就是“實情”之質素。“樂聲”所具有的“信”，是透過各種“樂”的表現方式以呈顯人存應合的實情。人活動於世界的境遇之中，其所遭遇的感受，必抒發於“情”。因此，只要是發自真實情感的聲音，都會感動人心，而不同樂聲所表現的實情，也會在心中產生不同領會的感受。簡文強調“入撥人之心也夠”，“心”在真實的情感中，表現出接受與應合的作用。

簡文此數句，似謂：凡聲音出自於真實的情感，其感入人心必將深厚。

䎽芺聖，則羴女也斯憙。昏訶謠，則舀女也斯奮。聖坌幵之聖，（簡24）則誟女也斯戁。雚垄武，則齊女也斯复。雚卲頣，則免女也（簡25）斯僉。	䎽芺咠，則羴女也斯喜。昏訶要，（簡14）□□□□□□聲坌忍之聖，則悸女也斯難。雚垄武，則懠女也斯复。雚□□，□□□□□（簡15）□□〕。

【辨析】

“䎽”，上博簡注釋云：“古文‘聞’。”下“昏”字，亦假借爲“聞”。

“羴女”，上博簡注釋云：“羴，假借爲‘馨’。《說文通訓定聲》：‘羊臭也，从三羊。會意，或从羊、亶聲……假借爲馨。’《尚書·君陳》：‘黍稷非馨，明德惟馨。”或引申惟羶行，令人仰慕的德行，《莊子·徐無鬼》：“舜有羶行，百姓悅之。’此句意謂聽到笑聲就像（舜之）羶行使人喜悅，‘羶’、‘悅’與簡文的‘羴（馨）’、‘憙（喜）’恰相對應。“羴女”，郭店簡《校讀記》作“鮮如”，並云：“‘鮮如’，猶‘粲然’。‘粲’與‘鮮’讀音相近（‘粲’是淸母元部字，‘鮮’是心母元部字），形容笑聲。”“羴”，可據《說文》借爲“馨”，但此處似單純形容笑聲，當假借爲“鮮”，作“鮮如”的形容作用。

“斯”，廖名春《校釋》云：“‘斯’，相當於‘而’。裴學海《古書虛字集釋》卷八：‘斯’猶‘而’也。”

“憙”，上博簡作“喜”。

“訶謠”，上博簡作“訶要”，讀爲“歌謠”。

上博簡“要”下缺字，原釋文補“則舀女也斯奮”。

“舀女”，郭店簡《校讀記》讀爲“陶如”，並云：“‘陶如’，猶‘陶然’，形容初樂而未暢。‘陶’原作‘舀’（古代從‘舀’之字多爲定母或透母的幽部字，‘陶’是定母幽部字，讀音相近）。案下文簡 31、44 有‘鬱陶’，‘陶’字寫法同此；簡 34 有‘喜斯陶，陶斯奮’，則從心旁，可參看。”

“奮”，郭店簡裘案：“末一字疑是‘奮’之別體。金文‘奮’字、‘奪’字皆不從‘大’而從‘衣’（《金文編》二五九頁），簡文此字似‘奮’字省‘隹’。”

“聖峹幵之聖”，上博簡作“聲鋻恐之聖”。上一“聖”字，郭店簡釋文讀爲“聽”。原注云：“第二、三字當釋讀爲‘琴瑟’，參看劉國勝《曾侯乙墓E六一號漆箱書文字研究》所附《‘瑟’考》，載香港中文大學中文系等編《第三屆國際中國古文字學研討會論文集》（一九九七）。”下一“聖”字，郭店簡釋文讀爲“聲”。上博簡釋文云：“鋈，當爲‘琴’字，《說文》古文‘琴’从金，與簡文同，聲符今、金古通。㻎，當爲‘瑟’字。《郭店楚墓竹簡·性自命出》作‘幵’，《爾雅·釋樂》：‘大瑟謂之灑。’灑，聲符‘麗’，《說文》‘麗’古文作‘丽’，與簡文作‘幵’、‘加’形近。……簡文‘琴瑟’上从‘加’，即‘麗’，且琴瑟相輔與‘麗’意相合，簡文‘瑟’或作‘幵’，與‘灑’音同，形、義聲具合。”

“誖”，上博簡作“悖”。

“戁”，上博簡作“戁”，郭店簡釋文作“難”。郭店簡裘案：“末一字疑當讀爲‘歎’。”“戁”，疑當讀如本字。

“雚歪武”，郭店簡裘案：“當讀爲‘觀賚武’。”

“齊女”，上博簡作“懠女”，讀爲“懠如”。

“奮卲顕”，“雚卲顕”句，郭店簡釋文讀爲“觀韶夏”。

“免”，上博簡注釋讀爲“悗”，郭店簡《校讀記》讀爲“勉”。

“僉”，郭店簡裘案：“疑‘僉’當讀爲‘儉’。”李零《校讀記》認爲應讀爲“斂”，並云：“‘斂’，原作‘僉’，裘案讀‘儉’。案此句與‘則齊如也斯作’相對，彼作‘作’，此作‘斂’，含義正好相反。”

上博簡缺字，原釋文補“卲（紹）顕，則免女也斯僉”。上博簡《校讀記》云：“此簡下約缺四字，原書補‘《韶》、《夏》，則勉如也’，太多。簡16，上約缺四字，原書補‘斯斂’，太少。”

今讀爲“**聞笑聲，則鮮如也斯喜。聞歌謠，則陶如也斯奮。聽琴瑟之聲，則悸如也斯戁。觀《賚》、《武》，則齊如也斯作；觀《韶》、《夏》，則勉如也斯斂**”。

【解義】

“罶芺聖，則羴女也斯憙”，“罶芺聖”三字，郭店簡釋文讀爲“聞笑聲”，指聽到喜悅歡笑的聲音。人欣喜歡笑是人情素樸的真實感情。“羴女”，郭店簡《校讀記》作“鮮如”“粲”，有鮮明、文采之意，“粲然”形容笑聲鮮快明爽的情態。這是一般人情的真實感人效果。

“昏訶諓，則舀女也斯奮”，“昏訶諓”三字，郭店簡釋文讀爲“聞歌謠”。《荀子·禮論》云：“歌謠、傚笑、哭泣、諦號，是吉凶憂愉之情發於聲音者也。”“舀”字，讀爲“陶”，《廣雅·釋言》：“陶，喜也。”《禮記·檀弓下》云：“人喜則斯陶。”“陶如”，陶醉而喜貌的情態。李天虹《集釋》云：“按：揆度文義，疑舀當讀爲‘慆’。《說文·心部》：‘慆，悅也。’《玉篇·心部》：‘慆，喜也。’簡文‘舀’可讀作‘慆’、又可用作‘陶’，與二四號簡‘聖’可讀爲‘聽’、又可用爲‘聲’情形相同。”這是指歌謠所抒發之人真實情感，使人陶醉欣悅於其中。

“聖銮幵之聖，則諄女也斯戁”，上一“聖”字，郭店簡釋文讀爲“聽”。“銮幵”讀爲“琴瑟”，下一“聖”字，讀爲“聲”。“悸”，《說文·心部》：“悸，心動。”“悸如”，心感動激盪貌。“戁”字，郭店簡原釋文讀爲“難”，郭店簡裘按讀爲“歎”，李零讀爲“嘆”。李天虹《集釋》云：“按：當從裘按讀爲‘歎’，後文第三二、三五號簡亦當如是讀。《說文·欠部》：‘歎，吟也。’《說文·口部》嘆字段注：‘嘆、歎二字，今人通用。……依《說文》則義異。歎近於喜，嘆近於哀。’”“戁”似當讀如本字。《說文·心部》：“戁，敬也。”段玉裁注：“敬者，肅也。”“戁”也有恐懼之義，《爾雅，釋詁下》：“戁，懼也。”《詩經·商頌·長發》：“不戁不竦，百祿是總。”毛《傳》：“戁，恐。”《禮記·樂記》云：“君子聽琴瑟之聲，則思志義之臣。”“思志義之臣”，當謹肅而有所敬懼。

“雚㚔武，則齊女也斯复”，“雚㚔武”，郭店簡裘案：“當讀爲‘觀賚武’。《賚》、《武》都是見於《詩·周頌》的詩篇，本是屬於歌頌武王滅商定天下的《大武》樂的歌辭（參看高亨《周代大武樂考釋》。此文已收入高氏文集《文史述林》）。《大武》樂的歌是與舞配合的，所以可以說‘觀賚武’。《左傳·襄公二十九年》記公子季札聘魯‘請觀於周樂’，其中提到‘見舞大武者’，‘見舞韶濩者’，‘見舞大夏者’，‘見舞韶箾者’，可參閱。”“齊”，上博簡作“懠”，注釋云：“懠，即‘懠’。《爾雅·釋言》：‘懠，怒也。’《集韻》同。《詩·大雅·板》：‘天之方懠’，毛亨傳：‘懠，怒也。’‘乍’字，讀爲‘作’，《說文》：‘作，起也。’文意謂觀《埶（賚）》、《武》之樂舞，對商紂王剛愎自用、專斷偏聽、濫詩刑戮、窮兵黷武、勞民傷財的暴行而起怒，民樂文王之怒，民樂文、武興師討伐。”上博簡注釋所言明確，合於簡文此處文意，較“齊”字讀作“齋”爲佳。觀賞聆聽歌頌武王滅商定天下的《賚》《武》舞樂，理會其中“軍旅鈇鉞者，先王之所以飾怒”之義，而導引出感受“弔民伐罪”的憤慨激情。

“雚卲頣，則免女也斯僉”，“雚卲頣”，郭店簡釋文讀爲“觀韶夏”。郭店簡裘案：“韶爲舜之樂（《周禮·春官·大司樂》稱‘大磬’）。夏即大夏，爲禹之樂。二者也是配舞的。”上博簡釋文“雚”下缺八字，據郭店簡補，並注釋云：“免，同‘俛’，《說文通訓定聲》：‘免，即俛之正體。’《禮記·表記》：‘俛焉日有孳孳。’鄭玄注：‘俛焉，勤勞之貌。’僉，《說文通訓定聲》：‘按用力多曰僉。’簡文意爲看《韶》、《夏》之舞樂，則會感覺舜、禹之偉大、勤勞而使人盡心盡力。”“僉”字，郭店簡裘案：“疑‘僉’當讀爲‘儉’。”郭店簡《校讀記》認爲應讀爲“斂”。“斂”，自我檢肅。廖名春《校釋》云：“《韶》、《夏》之旨是歌頌舜、禹‘有慚德’、‘勤而不德’。因此，‘僉’當讀爲‘儉’，訓爲謙卑。”“免如”，自勉貌。“僉”，收斂而謙卑。《論語·泰伯》：“子曰：禹，吾無間然矣！菲飲食，而致孝乎鬼神；惡衣服，而致美乎黻冕；卑宮室，而盡力乎溝洫。禹，吾無間然矣！”又云：“子曰：巍巍乎！舜、禹之有天下也，而不與焉。”，〈衛靈公〉云：“子曰：無爲而治者，其舜也與！夫何爲哉？恭己正南面而已矣。”舜、禹之德，樸質勤勉，致力於民事，無私而有治，故觀賞聆聽《韶》、《夏》歌頌舜禹之舞樂，領會素樸無爲之真情，而自爲收斂志意，復返人道之始源。

簡文此數句，似謂：聽到欣悅的笑聲，就粲然感到喜悅。聽到歌謠的詠唱，就陶醉地感到振奮。聽到琴瑟之正聲，心就會悸動而有所敬畏。觀賞《賚》、《武》的舞曲，則心靈會激揚而躍動。觀賞《韶》、《夏》的舞曲，則心靈會勉力自勵而謙恭。

【申論】

簡文以上數段，說明樂聲對人心的影響，分爲五層：

聞——笑聲——————鮮如————喜
聞——歌謠——————陶如————奮
聽——琴瑟之聲————悸如————戁
觀——《賚》、《武》——齊如————作
觀——《韶》、《夏》——勉如————斂

“笑聲”指人情有感而所發出之聲，“歌謠”指一般的音樂，簡文用“聞”來說明欣悅的接受方式。而“琴瑟之聲”則轉入典雅的正樂，簡文以“聽”來說明躍升的聆聽方式。《賚》、《武》、《韶》、《夏》則是聖人禮樂教化成效的展示，簡文以“觀”來說明敬謹的審視方式。

聽聞審視這五種聲樂與舞蹈，則對心靈產生不同的影響，而表現出不同情緒的回應。聽到欣悅的笑聲，心中感到喜悅而表現出爽快的心情。聽到詠唱的歌詠，心中受到感通而表現出振奮的心情。聽到琴瑟的正聲，心中產生悸動而表現出敬畏的心情。觀賞《賚》、《武》的舞曲，心中受到激揚而表現出振奮的心情。觀賞《韶》、《夏》的舞曲，心中會勉力自勵而表現出謙卑的心情。

又，《禮記·樂記》將此不同的感受，定爲君子與眾庶之分，云：“是故知聲而不知音者，禽獸是也；知音而不知樂者，眾庶是也。唯君子爲能知樂。是故審聲以知音，審音以知樂，審樂以知政，而治道備矣。”

又，《左傳·襄公二十九年》記載季札觀樂於魯之事，季札評述云：“見舞〈韶濩〉者，曰：‘聖人之弘也，而猶有慚德，聖人之難也。’見舞〈大夏〉者，曰：‘美哉！勤而不德，非禹，其誰能修之？’見舞〈韶箭〉者，曰：‘德至矣哉，大矣！如天之無不幬也，如地之無不載也。雖甚盛德，其蔑以加於此矣，觀止矣。若有他樂，吾不敢請已。’”

羕思而勭心，賈女也。其居即也舊，其反善復訂也（簡 26）訢，其出內也訓，司其悳也。	羕思而𤿎心，蕢女也。丌居節也舊，丌反善復司也訢■，丌出內也訓，絅丌悳□。

【辨析】

“羕”，郭店簡《校讀記》作“詠”，云：“‘詠’，原從羊從永，寫法同下文簡 34‘詠’字，但整理者不破讀，這裏讀爲‘詠’。”上博簡《校讀記》作“永”。上博簡注釋云：“羕，《說文·永部》引《詩》曰：‘江之羕矣。’今本《詩·周南·漢廣》作‘江之永矣。’明楊慎《丹鉛總錄·訂訛·羕與永通》：‘古字羕與永同。’”按簡文思想的哲學意含，此處似當讀爲“永”。

“勭”，上博簡作“𤿎”，均讀爲“動”。

“賈”，上博簡作“蕢”。劉釗《札記》[1]云：“‘賈’字從艸胃聲，應讀爲‘喟’。”郭店簡《校讀記》云：“‘賈如’，上字見《玉篇》、《集韻》和馬王堆帛書《周易》乾卦初六。此句下原點句號，從上下文看，似應連下面四句爲一層，今改爲逗號。”

“居即”，上博簡作“居節”。上博簡《校讀記》讀爲“居次”。上博簡注釋云：“居，疑讀爲‘舉’。”劉釗《札記》云：“‘居即’應讀爲‘居節’……‘居節’猶言‘蹲節’。”

“舊”，上博簡《校讀記》讀爲“久”。

---

[1] 劉釗：〈讀郭店楚簡字詞札記〉，《郭店楚簡國際學術研討會論文集》，頁 75-93。以下簡稱“《札記》”。

"反"，讀爲"返"。

"復"，上博簡作"逯"，讀爲"復"。

"訂"，上博簡作"司"，讀爲"始"。

"訢"，上博簡作"訢"，讀爲"慎"。

"內"，讀爲"納"。

"司"，上博簡作"絧"，上博簡注釋云："絧，讀爲'治'。"上博簡《校讀記》讀爲"始"。廖名春《校釋》云："案：'㇆'爲'司'之省文，當訓爲'主'。"

今讀作"永思而動心，喟如也。其蹲節也久，其反善復始也慎，其出納也順，主其德也"。

【解義】

"羕思而勭心，胃女也"，"羕"字，郭店簡《校讀記》讀爲"詠"。李天虹《集釋》云："按：簡文本章主要講樂，故李說似乎更貼近文意。《說文·言部》：'詠，歌也。從言，永聲。咏，詠或從口。'徐灝注箋：'詠之言永也，長聲而歌之。'"上博簡注釋認爲"羕、永、長同義"，並引《尚書·堯典》："詩言志，歌永言"，《史記·五帝本紀》作"詩言志，歌長言"爲證，並云："羕思，《詩·大雅·下武》：'永言孝思，孝思維則。'毛亨傳：'則其先人也。'鄭玄箋：'長我孝思之所思。所思者其維則三后之所行。子孫以順祖考爲孝。'萸女，即'喟焉'，與'喟爾'、'喟然'同。《楚辭·懷沙》：'永歎喟兮。'王琦注：'喟，歎聲。'……簡文本句意爲長我孝心之所思，令人感而歎。"並稱："根據語句分析，在'胃女（如）也'之後，可能脫漏'思歎'二字。因整個一段話是通過三聽、二看、一思考來完成的。"簡文此處述說"樂聲"的作用，似不應解爲"長我孝心之所思"，補"思歎"二字，並於"萸"前補"則"字，以與前文語式一致，值得商榷，"喟如"，即有長歎之義。但"永思"二字從"長思"來考慮，對理解簡文有相當助益。"喟如"，李天虹《集釋》云：“喟如猶‘喟然’。《說文・口部》：‘喟，大息也。’《論語・子罕》：‘ 淵喟然而歎曰：仰之彌高，鑽之彌堅。瞻之在前，忽焉在後。’何晏注：‘喟，歎聲。’于簡文，‘喟如’似有感歎之意。”

簡文此句是聯繫上文所說“聞笑聲”、“聞歌謠”、“聽琴瑟之聲”、“觀《賚》、《武》”、“觀《韶》、《夏》”等五層樂聲對人心影響，與下文“其蹲節也久”、“其反善復始也慎”、“其出入也順”三種對聆聽“音樂”均歸結於“主其德”的解說。因此，此句的含意應指對“音樂”本身的深思。此種深思，感入人心而長歎太息。其所歎者，是“樂”在禮制中所表現的深宏意旨。

“其居即也舊”，“即”字，上博簡釋文作“節”，上博簡《校讀記》作“次”。劉釗《札記》云：“《性自命出》這一段是講‘樂舞’的，‘居即’應讀爲‘居節’。‘節’謂‘節奏’、‘節拍’。《說文・尸部》：‘居，蹲也。’……‘居節’猶言‘蹲節’。‘蹲’字是‘行動有節奏’的意思，《詩・小雅・伐木》：‘坎坎鼓我，蹲蹲舞我。’《毛傳》：‘蹲蹲，舞貌。’《漢書・楊雄傳上》：‘遂臻陰宮，穆穆肅肅，蹲蹲如也。’顏注：‘蹲蹲，行有節也。’”“蹲節”，似指遵循著音樂的節奏進行。“舊”字，上博簡《校讀記》作“久”。“久”，保持樂思的開展。

《論語・八佾》中孔子曾說明樂的展現，或與簡文敘說相近，其言曰：“子語魯大師樂曰：樂其可知也：始作，翕如也；從之，純如也，皦如也，繹如也，以成。”饒宗頤先生解釋說[1]：“《儀禮・大射儀》，納賓後乃奏肆夏，樂闕後升歌，故曰：‘從之’。繼以笙人，笙有聲無辭，可辨其聲，故曰‘皦如’。繼以間歌，笙奏不斷，故曰‘繹如’，而樂以成。”

“其反善復訂也訢”，“反”，返也，與“復”義同。“訂”，讀爲“始”。此句文意難明，但似仍就“樂”的作用來說。簡文前面提到“始者近情”、“聲出於情”，也說到“終者近義”、“君子美其情”，因此，“始”或與“情”有關，而“善”似聯繫著“終”之“義”。簡文上句說

[1] 饒宗頤：〈從郭店楚簡談古代樂教〉，《郭店楚簡國際學術研討會論文集》，頁 3-7。以下引饒文均出自此篇，不另註出。

明遵循樂音抒發的展現，此句似指復返樂音肇始時的真情與展開的旨意，並敬慎以持守之。

李天虹《集釋》云：“按：據下文：《禮記·禮器》：‘禮也者，反本修古，不忘其初者也。’孔疏：‘反本，謂反其本性；修古，謂修習于古。’《春秋繁露·玉杯》：‘是故作樂者，必反天下之所始樂於己以爲本，舜時民樂其昭堯之業也，故韶。韶者，昭也。禹之時民樂其三聖相繼，故夏。夏者，大也。……作樂之法，必反本之所樂，……周德已給天下，反本以爲樂，謂之大武。……故凡樂者作之於終，而名之以始，重本之義也。’樂之所以能夠使人誠謹地復歸善良本性，是因爲凡樂都有真實的歷史事件、人物爲素材，樂體現了原始人物、事件的‘德’與‘善’，樂本身具有善質。”李說是從另一角度說明“樂”的功能。

“其出內也訓”，李天虹《集釋》云：“陳偉讀‘內’如字，謂‘出’、‘內’指出性、內性，與前文‘知情者能出之，知義者能內之’所指相同。郭沂謂‘出入’，和‘凡聲，其出於情也信，然後其入撥人之心也厚’之‘出’、‘入’相近。這裏當指內返善性（‘入’）和外發爲德行（‘出’）。按：‘出’、‘入’所指可從郭說，但簡文似乎是講樂聲自情而出，然後又內入動心的過程很和順，其深層次的含義是說樂聲能夠暢然地影響、陶冶人之情操。”但若就聆聽音樂時的領會而言，“出”似指樂音之聲起之際，如《論語·八佾》所言“始作”之前，若“出”於樂音之外。“內”，讀作“納”，指融會於樂音的延續，遵循節奏的展現，若“納”於樂音中。“訓”字，郭店簡釋文讀爲“順”，“訓”通“順”，指通暢。簡文說明：出於樂音聲起之際，與納入於旋律延續之中，二者能通達而無礙

“司其悳也”，“司”，原字型寫作“㇆”，郭店簡《校讀記》作“始”。李天虹《集釋》云：“李說可從。《釋名·釋言語》：‘始，息也，言滋息也。’雅樂具有德的特質，‘德音之謂樂’（《樂記》之《魏文侯》），故欣賞雅樂能夠使人生發德行。”廖名春《校釋》云：“案：‘㇆’爲‘司’之省文，當訓爲‘主’。”“司其德”即“主其德”，以德爲其主，《禮記·樂記》云：“是故情見而義立，樂終而德尊。”簡文說明：樂生於“情”，而立於“義”，其展現的完成，在於以德爲主導。

簡文兩句，似謂：深切地思索樂音的效用，觸動著心靈，使人喟然歎息。當音樂之聲起，隨著樂音的節奏（蹲節），恆定地應和著旋律延續的開展。謹慎地返照樂音肇始之際的真情（始）與創作意義的指向（善）。通順地始出於樂音未起之際與融會於樂音開啓的展延。這是以德作爲聆聽主導的操持。

【申論】

簡文此段的形式結構爲：

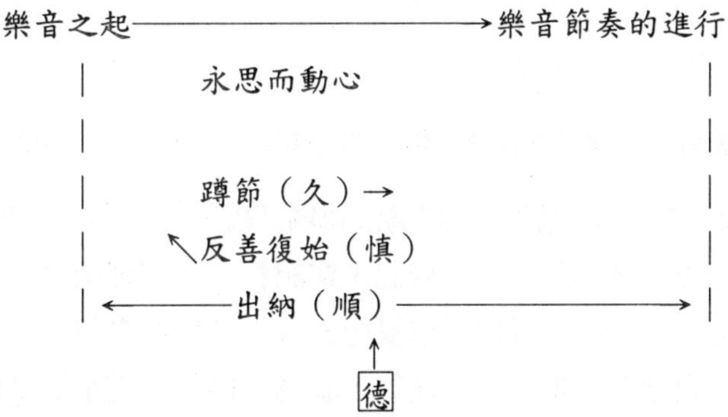

簡文說明聆聽音樂時所保持的態度，“永思而動心”指在樂音中思索並領會音樂發揮的作用，激揚心靈的超昇。因此，聆聽時要持守著三種方向：第一，當隨著樂音的節奏，心靈要持續應合著旋律的開展，以領會音樂的表現（“其蹲節也久”）；第二，要謹慎地保持樂音初始的創作與音樂表達的指向，以了解音樂述說的真義（“其反善復始也慎”）；第三，要能順暢地出入於樂音未起之真實與其開展完成的兩端，以匹應音樂在禮制中的效用（“其出納也順”）。這是以“德”作爲聆聽音樂時主導的操持。

奠衛之樂，則非其聖而從之也。（簡 27）	□□□□，□□□（簡 16）聖而𨑨之也■。

【辨析】

“鄭衛”，郭店簡釋文讀作“鄭衛”。

“從”字，李學勤先生認爲當讀爲“縱”[1]。

上博簡缺字，釋文據郭店簡補。郭店簡《校讀記》云：“簡 16，……下約缺三字，原書補‘也。鄭衛之’，太多。簡 17，上約缺四字，原書補‘樂，則非其’，可商。”

今讀作“鄭衛之樂，則非其聲而縱之也”。

【解義】

“鄭衛”，郭店簡釋文讀爲“鄭衛”，“聖”作“聲”。

“從”字，李學勤先生認爲當讀爲“縱”[2]。《荀子·樂論》云：““鄭衛之音，使人之心淫。”《禮記·樂記》云：“鄭衛之音，亂世之音也，比於慢矣。”《呂氏春秋·季夏紀》云：“鄭衛之聲，桑閒之音，此亂國之所好，衰德之所說。”“從”，讀爲“縱”，這是從評斷“鄭衛之聲”來解釋。李天虹《集釋》云：“非其聖而從之，整理者讀聖爲‘聽’，裘按疑讀爲‘聲’。……按：據二四號簡‘聖（聽）銮（琴）开（瑟）之聖（聲）’，‘非其聖而從之’的‘聖’，讀‘聽’或‘聲’都有可能。從文義來看，簡書先講人們聽到賚武等雅正之樂，自然會引起內心的感動（‘詠思而動心’）；接著反過來說，對於鄭衛之樂，人們卻是‘非其聖而從之’。所云‘其’，當是指代鄭衛之樂的，那麼‘聖’應以讀‘聲’爲是。……《呂氏春秋·本生》云：‘世之富貴者，其於聲、色、滋味也，多惑者。日夜求，幸而得之則遁焉。’于省吾先生認爲‘遁’通‘循’，應讀作‘徇’，以身從物曰‘徇’。（參看吉聯抗：《呂氏春秋中的音樂史料》第 33、34 頁，上海文藝出版社，1978 年 10 月第 2 版。）簡文‘從’

[1] 見廖明春《校釋》引。

[2] 見廖明春《校釋》引。

與'徇'含義大致相當。如此，'非其聲而從之'，蓋謂對於鄭衛等淫逸之樂，人們口頭上常予否定，實際上卻趨而從之；或謂鄭衛之樂，並非雅正之聲，人們卻趨而從之。"這是從人們對於"鄭衛之聲"的喜好來解釋"從"字。但簡文此處論述仍與"性情說"的整體結構有關，"從"似指一種"縱情"的情況。

簡文此數句，似謂：鄭衛之樂，不是樂音之正聲，而是情欲的放縱。

【申論】

關於"鄭衛之樂"，古籍所述多是就其負面的意含來評論。但若從音樂本身的發展來說，"鄭衛之樂"實際上是一種新聲。蔡仲德注釋《樂記》"鄭衛之音"云："春秋時代在各國民間產生的新興音樂，當時稱爲'新聲'，鄭、衛兩國的新聲最有代表性，故又稱鄭衛之音或鄭聲。據《論語》及本書《樂本篇》、《樂言篇》、《魏文侯篇》等，可知鄭衛之音有要求變革的內容，有豐富的表現力，有巨大的感染力，與體現中庸之德、合乎中和之美的《雅》、《頌》之樂大相逕庭因而受到孔子排斥，後世更被封建統治者當作'淫樂'、'靡靡之樂'，'亡國之音'的代名詞。"[1]音樂的產生與發展，原本就是人類社會一種共同的文明創造成果。人類之有此種以聲音爲表達形式的文明創造，也是人的一種素樸的能力。因此，音樂的各種表現，與對於音樂功能的價值性取捨，在人文規劃的考慮中是不相同的。簡文強調人道的價值，所以對於音樂有著不同的評價。此種價值性的要求，是中國古代人文建構的一種普遍的論點。就是如墨家提出"非樂"之說，也是在人文價值的取捨上來立論。

《韓非子·十過》記載一件傳說："昔者衛靈公將之晉，至濮水之上……聞鼓新聲者而說之，使人問左右，盡報弗聞。乃召師涓而告之，曰：'有鼓新聲者，使人問左右，盡報弗聞，其狀似鬼神，子爲我聽而寫之。'師涓曰：'諾。'因靜坐撫琴而寫之。師涓明日報曰：'臣得之矣，而未習也，請復一宿習之。'靈公曰：'諾。'因復留宿，明日，而習之，遂去

[1] 蔡仲德：《〈樂記〉〈聲無哀樂〉注釋與研究》，中國美術出版社，1997年，頁10。

之晉。晉平公觴之於施夷之臺，酒酣，靈公起，公曰：‘有新聲，願請以示。’平公曰：‘善。’乃召師涓，令坐師曠之旁，援琴鼓之。未終，師曠撫止之，曰：‘此亡國之聲，不可遂也。’平公曰：‘此道奚出？’師曠曰：‘此師延之所作，與紂爲靡靡之樂也，及武王伐紂，師延東走，至於濮水而自投，故聞此聲者必於濮水之上。先聞此聲者其國必削，不可遂。’公曰：‘寡人所好者音也……”這個傳說雖然涉及些神異怪誕的說法，但其中也顯示出如衛靈公者對這種新興音樂的好奇與愛好，與正統樂師對它的攻擊、排斥。相對周文莊嚴教化之“樂”來說，這種新聲逐漸形成當時所謂的“俗樂”，而爲多數人喜愛。如《孟子・梁惠王下》即記載齊宣王好樂，而在孟子質問下，慚愧地說：“寡人非好先王之樂，直好世俗之樂耳”。

《禮記・樂記》有子夏對魏文侯比較古樂與新樂之不同的記錄，云：“魏文侯問於子夏曰：‘吾端冕而聽古樂，則唯恐臥；聽鄭衛之音，則不知倦。敢問：古樂之如彼何也？新樂之如此何也？’子夏對曰：‘今夫古樂，進旅退旅，和正以廣。弦匏笙簧，會守拊鼓，始奏以文，復亂以武，治亂以相，訊疾以雅。君子於是語，於是道古，修身及家，平均天下。此古樂之發也。今夫新樂，進俯退俯，姦聲以濫，溺而不止；及優侏儒，獶雜子女，不知父子。樂終不可以語，不可以道古。此新樂之發也。今君之所問者樂也，所好者音也！夫樂者，與音相近而不同。’”古樂的演奏，音樂的聲調是平和中正而寬廣，各種管絃樂器，循序演奏，嚴守其職，在拊、鼓領奏後才一起演奏。用鼓開始，用鐘結束，而以拊掌握尾聲的音節，用雅控制快速的節奏。當樂聲結束時，君子據此來論說，講述樂義隱含的古代史事，藉此用來修身養性，和睦家庭，以治理天下。而新樂的表演者則參差不齊，音調姦邪放縱。激發的情欲使人沈溺而不能自拔。舞者如獼猴嬉戲，型態扭伲做作，男女混雜裝扮，完全不知父子上下尊卑之等次。音樂演奏之後，君子不能有所論述，更不能從其中稱頌先王的功德。因此，古樂與音樂的重大差異，即在於前者是“德音”，而只有“德音”的表現才是“樂”。

但不論何種音樂，均爲人情的抒發。任何音樂的樂聲，也都是情感的表達。簡文稱“鄭衛之樂”是“非其‘聲’而縱之”，而前文又稱“凡‘聲’其出於‘情’也信，然後其入撥人之心也夠”，此處“聲”與“情”有其特殊認知的意含。簡文強調“情”必須順於人義的規劃，“聲”必須在“心”中得到和諧的共鳴。“鄭衛之樂”，是放縱情感的發作，雖然具有強大的感染力，就“禮樂”的人道意義來說，它不能視爲“正聲”，而此種情感的表現是一種毀盪秩序的放縱。

十

【郭店簡】

凡古樂龍心，益樂龍指，皆叄（教）其人者也。逨（賚）武樂取，佋（韶）頣（夏）樂情（簡二十八）。

【上博簡】

凡古（故）樂龍（隆）心，益（溢）樂龍（隆）□，□□□人者也。耊（賚）武樂取，卲（紹）頣（夏）樂情■。

凡古樂龍心，益樂龍指，皆叄其人者也。逨武樂取，佋頣樂情。（簡 28）	凡古樂龍心，益樂龍□，□□□人者也。耊武樂取，卲頣樂情■。

【辨析】

“龍”，上博簡讀作“隆”，李學勤先生云：“‘龍’，《詩·酌》傳：‘和也。’”郭店簡《校讀記》：“‘龍’，舊作讀‘動’，不對，疑讀‘弄’。”

“逨”，郭店簡裘案：“‘來’當讀爲‘賚’。”上博簡作“耊”，注釋云：“應是‘釐’字……讀作‘賚’。”

“佋”，郭店簡釋文讀爲“韶”，“頣”讀爲“夏”。

上博簡缺字，原釋文據郭店簡補“指，皆𧮫丌人”。

今讀作“凡古樂動心，益樂動指，皆教其人者也。《賚》、《武》樂取，《韶》、《夏》樂情”。

【解義】

“凡古樂龍心”，李學勤先生云：“聽古樂可以和心，聽益樂可以和指。”[1]李天虹《集釋》云：“按，在傳世文獻中，‘龍’訓作‘和’少見，但在簡文裏如是解卻比較順暢。（欣賞）古樂可以和心，《樂記》中有類似的認識，如《樂化》：‘是故樂在宗廟之中，君臣上下同聽之則莫不和敬；在族長鄉裏之中，長幼同聽之則莫不和順；在閨門之內，父子兄弟同聽之則莫不和親。故樂者，審一以定和，比物以飾節，節奏合以成文。所以合和父子君臣，附親萬民也。是先王立樂之方也。’好的樂曲能夠使人‘和敬’、‘和順’、‘和親’，亦即使人生發和合的情感，語意與‘和心’相近，李說可從。”“龍”字，郭店簡《校讀記》讀作“弄”，並云：“‘弄’有遊戲玩弄之義，用於音樂，多指演奏（動詞），如《韓非子·難三》‘且中期之所官，琴瑟也，弦不調，弄不明，中期之任也’；或樂章的劃分（名詞），如《江南弄》、《梅花三弄》。這裏的‘益樂’是相對于‘古樂’，可能指後出的新樂（學者多以爲即‘鄭衛之樂’）。簡文似乎是說，古樂是靠心來彈奏，新樂是靠指來彈奏。”但簡文此處“龍”字，似表現出音樂對“心”影響的方式。《玉篇·龍部》：“龍，萌也。”《初學記》卷三十引《春秋元命苞》：“龍之言萌也，陰中之陽也。故言龍舉而雲興。”“龍”字也有“通和”之義，《廣韻·鍾韻》：“龍，通也。”《廣雅·釋詁三》：“龍，和也。”簡文“龍”字似指“興生而通達”的作用。

“益”字，趙建偉讀爲“溢”，訓爲“淫”，“溢樂”指淫樂。這種解釋可能是回應上文“鄭衛之聲”，而認爲“益樂”指荒淫之樂。但簡文

[1] 同上書引。

下文稱“皆教其人者也”，“皆”指“古樂”與“益樂”二者，並以之來施“教”，“益樂”當具有正面的意義，不應有貶義。廖名春《校釋》云：“‘古樂’當指《韶》、《夏》是舜、禹之樂，故稱‘古樂’。《賚》、《武》是武王之樂，是後起、增益之樂，故稱‘益樂’。‘古’、‘益’對文，‘益’當訓爲增益。”

“指”，指意向。《尚書·盤庚上》云：“王播告之脩，不匿厥指。”《漢書·東方朔傳》云：“丞相御史知指。”顏注云：“指，謂天子之意。”

“皆𤔲其人者也”，“皆”指古樂與益樂。“𤔲”，指教化，簡文謂“古樂”與“益樂”均有助於教化，屬於禮樂制度中的正樂。

“𡊄武樂取”，郭店簡裘案：“‘來’當讀爲‘賚’。《大武》歌頌武王取天下，故言‘樂取’。”饒宗頤先生云：“《賚》應是指《周頌·賚》：‘文王既勤止，我應受之。’《武》即《周頌·（大）武》：‘于皇武王，無盡維烈。’”“𡊄”，上博簡作“奞”，上博簡注釋云：“‘《奞》、《武》’也即第十五簡的‘《𡊄》、《武》’。也有可能《𡊄》、《奞》是《護》的異名，歷史所傳是四代四帝四樂，‘奞’有改變、治理之意，如《後漢書·梁統傳》所言：‘施行日久，豈一朝所釐。’護，爲救世之意，商湯易禪讓，伐桀救世，取得天下，二者所表達的內容意思一致。根據文獻，簡文《奞》所處之地位也恰與《護》相同。”

上博簡注釋云：“簡文稱《奞（賚）》《武》、《卲（韶）》《顕（夏）》，而今本《左傳·襄公二十九年》載《大武》、《韶濩》、《大夏》、《韶箾》，《太平御覽·歷代樂》‘《蕭韶》、《大夏》、《大濩》、《大武》’，《通典·樂一》‘《大韶》、《大夏》、《大濩》、《大武》’，所列略有差異。商、周二王是承衰而起，以取天下，舜、禹二帝是承德而繼，故第十七簡言：‘《奞（賚）》《武》樂取，《卲（韶）》《顕（夏）》樂情。’民樂伐商取紂，民樂舜禹美情。”

對古樂的論述，常因人所著重處不同而有不同的領會與闡釋。簡文此處是就“性”、“情”與“禮樂”的關連來說明，因而形成特殊的哲學論點。“取”，指追求、進取，《字彙·又部》：“取，索也。”所謂“《賚》、

《武》樂取”是指表現出商湯、武王平定天下的進取意向，而“《韶》、《夏》樂情”，是指虞舜、夏禹平和人心的樸質實情。“取”是人情的特意強求，而“情”是人性中和質素的本源。

簡文此數句，似謂：〔舜、禹時的〕古樂協合於人心，而〔武王時的〕益樂契合於志意。〔不論是古樂或益樂，〕皆能激勵教化人民。《賫》、《武》〔的益樂〕，表達積極進取的鴻志。《韶》、《夏》的古樂，表達樸質實情的興發。

【申論】

從此章的論說結構，或可顯示出“益樂”是具有正面意義的：

皆教其人者

“《韶》、《夏》”的樂舞表現出樸質之情（“樂情”），所以能“動心”，復導人性之原始；“《賫》、《武》”的樂舞體現出志意的取向（“樂取”），所以能“動指”，壯麗價值的指向。

又，《春秋繁露·楚莊王》曾對四代的古樂作過說明，云：“舜時，民樂其昭堯之業也，故《韶》。‘韶’者，昭也。禹之時，民樂其三聖相繼，故《夏》。‘夏’者，大也。湯之時，民樂其救之於患害也，故《護》。‘護’者，救也。文王之時，民樂其興師征伐也，故《武》。‘武’者，伐也。四者，天下同樂之，一也，其所同樂之端不可一也。作樂之法，必反本之所樂。所樂不同事，樂安得不世異？故舜作《韶》而禹作《夏》，湯作《護》而文王作《武》。四樂殊名，則各順其民始樂於己也。吾見其效矣。《詩》云：‘文王受命，有此武功。既伐於崇，作邑於豐。’樂之風也。又曰：‘王赫斯怒，爰整其旅。’當是時，紂爲無道，諸侯大亂，民樂文王之怒而詠歌之也。周人德已洽天下，反本以爲樂，謂之《大武》，言民所始樂者武也云爾。故凡樂者，作之於終，而名之以始，重本之義也。"據《春秋繁露》的解釋，舜之樂爲"韶"，本之於"昭堯之業"；禹之樂爲"夏"，夏有大義，標誌禹成三聖之繼；湯之樂爲"頀"，"頀"之義爲"救"，顯示商湯救民之患害；文王之樂爲"武"，表現文王興師征伐之義。

《左傳·襄公二十九年》記載吳公子季札來聘魯國，觀周樂時一系列的評論。對《頌》的音樂，他論述說："見舞〈象箾〉、〈南籥〉者，曰：'美哉！猶有憾。'見舞〈大武〉者，曰：'美哉！周之盛也，其若此乎！'見舞〈韶濩〉者，曰：'聖人之弘也，而猶有慚德，聖人之難也。'見舞〈大夏〉者，曰：'美哉！勤而不德，非禹，其誰能修之？'見舞〈韶箾〉者，曰：'德至矣哉，大矣！如天之無不幬也，如地之無不載也。雖甚盛德，其蔑以加於此矣，觀止矣。'"〈象箾〉、〈南籥〉是歌頌文王的樂舞，文王時天下未定，故"猶有憾"；〈大武〉是武王的樂舞，此時周滅商紂，文治武功，氣象一新，故；稱"周之盛也，其若此乎"；〈韶濩〉是商湯的樂舞，季札認爲湯伐桀，雖弔民伐罪，或有失君臣義理之憾，故稱"聖人之弘也，而猶有慚德，聖人之難也"；〈大夏〉是禹的樂舞，禹勤於民事，不自以爲功，故稱"勤而不德，非禹，其誰能修之"；〈韶箾〉是虞舜的樂舞，季札認爲舜之德崇高致極，故稱"如天之無不幬也，如地之無不載也。雖甚盛德，其蔑以加於此矣，觀止矣"。

《論語·八佾》云："子謂《韶》：'盡美矣，又盡善也。'謂《武》：'盡美矣，未盡善也'。"孔安國傳："《韶》，舜樂名，謂以聖德受禪，故盡善。《武》，武王樂也，以征伐取天下，故未盡善。"邢昺疏近一步分析《韶》、"武"的不同，云："韶，紹也，德能紹堯，故樂名《韶》。言《韶》樂其聲及舞極盡其美，揖讓受禪，其聖德又盡善也"，"以武得民心，故名樂曰《武》。言《武》樂音曲及舞容則盡極美矣，然以征伐取天下，不若揖讓而得，故其德未盡善也"。朱熹《四書集注》云："韶，舜樂。武，武王樂。美者，聲容之盛。善者，美之實也。舜紹堯致治，武王伐紂救民，其功一也，故其樂皆盡美。然舜之德，性之也，又以揖遜而有天下；武王之德，反之也，又以征誅而得天下，故其實有不同者。"文王，武王有平定天下，故以武而取。《韶》表現堯的禪讓與舜的繼紹，本于真實的情性，不以武取。故聽《韶》、《夏》之古樂，協和於人心，聽《賚》、《武》之益樂，契合於志意。對兩種舞曲的感受不同。孔子即提到聽“韶樂”時的感受，《論語·述而》云：“子在齊聞韶三月不知肉味，曰：‘不圖爲樂之至於斯也。’”

十一

【郭店簡】

凡至樂必悲，哭亦悲，皆至其情也。依（哀）、樂，其眚（性）相近也，是古（故）其心（簡二十九）不遠。哭之𢾩（動）心也，㵒（浸）㲄，其剌（？）䜌䜌女（如）也，慼（戚）肰（然）以終。樂之𢾩（動）心也（簡三十），濬深𩑛舀，其剌（？）則流女（如）也以悲，條肰（然）以思。

【上博簡】

凡（簡17）□□必悲，哭亦悲，皆至丌（其）情也■。哀、樂，丌（其）眚（性）相近也■，是古（故）丌（其）心不遠■。哭之𢾩（動）心也，■浸㷜■，丌（其）（簡18）□累累䜌＝女（如）也，慼（戚）肰（然）㠯（以）冬（終）。樂之𢾩（動）心也，濬深𩑛（鬱）慆，丌（其）臬（拔）瀶（流）女（如）也㠯（以）悲，攸肰（然）㠯（以）思。

凡至樂必悲，哭亦悲，皆至其情也。依、樂，其眚相近也，是古其心（簡29）不遠。	凡（簡17）□□必悲，哭亦悲，皆至丌情也■。哀、樂，丌眚相近也■，是古丌心不遠■。

【辨析】

“怯”，讀爲“哀”，上博簡作“哀”。

“古”，讀爲“故”。

上博簡簡首缺字，原釋文據郭店簡補“至樂”。

今讀作“凡至樂必悲，哭亦悲，皆至其情也。哀、樂，其性相近也，是故其心不遠”。

【解義】

“至樂必悲”，上博簡注釋云：“至樂，指極樂，樂極生悲。”李天虹《集釋》云：“至樂必悲，即樂極而悲，可參：《樂記》之《樂禮》：‘樂極則憂，禮粗則偏。’《禮記·孔子閒居》子云：‘聲之所至，詩亦至焉。詩之所至，禮亦至焉。禮之所至，樂亦至焉。樂之所至，哀亦至焉。哀樂相生。’《淮南子·道應》子曰：‘夫物盛而衰，樂極而悲，日中而移，月盈而虧。’”但“樂極”何以“生悲”，並不是單純一般的說法，必須返源到哲學問題上來思考這種關連。“樂”與“哀”之相互產生，有人之存生問題的考量。此處“樂”似指人生存之時的喜樂，是“情”的一種極致的表現。“至樂”是喜樂之極，也就是人之喜悅的情感達到極點。在人存身的境遇中，“存在”的感受得以盡情發展，但也就在此種感奮中，人面對了生存邊際的驚恐。故“至樂”必涉入“非存在”的虛無。人面臨死亡的滅絕，故“必悲”。簡文的“至”，即說明這種極限的處境。“樂”是人情的展露，而“至樂”卻導向“情”的另一種極端的型態，也就是“悲”。“悲”，是悲傷哀憫之情，而終極的“悲”，是人所對死亡之必然的終極之情。

“哭”，是哀傷之情的流露，此處似指對人存之喪事的感受，故“亦悲”。

“皆至其情也”，上博簡注釋引《六韜·文師》云：“言至情者，事之極也。”簡文所言的“至樂”、“悲”、“哭”，都是“情”的極致表現。“至”字，讀如本字，訓爲“達致”。

“依、樂，其眚相近也”，“依”字，郭店簡釋文作“哀”。前段云：“凡至樂必悲，哭亦悲”，此處就“哭”的深層意含來說，故稱“哀”。“性”指本質。前段說“至樂”與“哭”皆表現至情，故悲。簡文簡3稱：“情生於性”，因此，簡文進一步指出“哀”、“樂”的本質是相近的。本篇簡2亦云：“喜怒哀悲之氣，性也。”

“是古其心不遠”，從人的本性與真情來看，“哀”“樂”的本質相近，因此“心”所施予的運作也相似。“其心”，指“用心”而言。

簡文此數句，似謂：至極的喜樂，必然達致〔對人存之限界的〕悲戚，就像喪痛哭泣時的悲痛一般，都表現出人真實的極致情感。“哀”與“樂”，〔作爲其顯發的〕本質是相同的，因此，〔使它們如此現的〕用心也是相近的。

【申論】

簡文此處，說明“樂”、“悲”兩種“情”。所謂“至樂必悲”、“哭亦悲”，似進一步發揮簡文第一“凡例”之“喜怒哀悲之氣，性也”的思想。這也與楚簡《語叢二》“慍生於性，憂生於慍，哀生於憂”有關。在楚簡《五行》簡5-6，也提到與簡文此處內容相關的問題，云：“君子無中心之憂則無中心之智，無中心之智則無中心〔之悅，無中心之悅則不〕[1]安，不安則不樂，不樂則無德。”另外馬王堆帛書《五行》篇，除見於楚簡本的上段文字外，也有一段文字云：“〔君子〕(缺文據龐樸校注本補)无中心之憂則无中心之聖，无中心之聖則无中心之說，无中心之說則不安，不安則不樂，不樂則无德。”綜合這些資料，顯示出“悲”、“憂”爲楚簡儒家所重視的重要問題，它說明人處於“天”“人”之際的憂思悲戚情境，對此的處置是“情”的存在性問題。

---

[1] 缺文據《校讀記》補。

我們將相關資料結合起來可圖示為：

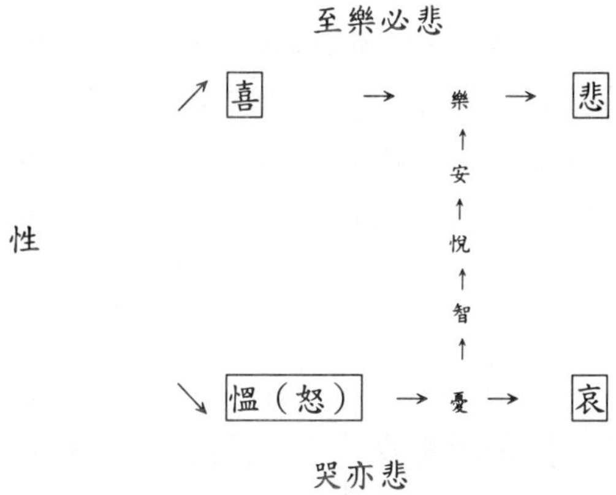

上列圖示顯示早期儒家對於“情”之存在處境的處理方向。楚簡“性情說”第一“凡例”著重在說明“喜怒哀悲”四種人情的表現。《語叢二》則解說這些人情發展衍生的關連。而《五行》篇則針對人情緒的真實處置，以“中心之憂”作為“智、聖”形成的本質情愫。“憂”涉及哲學的根源處境，而不是一般感發的情緒。“憂”是身處“天”與“人”間對人存境遇產生的悲戚，並由此凝聚成人義探尋之“智”，或“天”與“人”溝通之“聖”。有“智”、“聖”為根基的人義建構，然後才能有“悅”而“安”，以致於“樂”，“樂”是人義的完成與美和，故成就了“德”，即人義本質的獲得與圓滿。相對於此，簡文此處說“至樂”則“必悲”，是一種由“樂”至“悲”的回溯性說法。“至樂”是對“樂”邊際性的思索。“樂”指涉人義的完成，人存限界的問題也以此而發生。“樂”的邊際指向於“死亡”的面對。“死亡”的警示，重新使人義的探索被倒返至孑然獨存的憂悲之域。故“至樂必悲”。“哭亦悲”之“悲”，顯示人服喪時的真情，而“至樂必悲”之“悲”，呈現出人存現實極致的實情。

又，“至樂”一詞，未見於先秦儒家典籍，但多次出現於《莊子》，另兩見於《呂氏春秋·季夏記》。簡文思想似與《莊子》相近。“至樂”之“樂”的意含：1. 可訓為“音樂”，如：“夫至樂者，先應之以人事，順之以天理，行之以五德，應之以自然，然後調理四時，太和萬物。”（《莊子·天運》），“欲觀至樂，必於至治。其治厚者其樂治厚，其治薄者其樂治薄，亂世則慢以樂矣。”（《呂氏春秋·季夏記·制樂》）“故亂世之主，烏聞至樂？不聞至樂，其樂不樂。”（《呂氏春秋·季夏記·明理》），2. 也可訓爲“喜樂”，如“天下有至樂無有哉？有可以活身者無有哉？今奚爲奚據？奚避奚處？奚就奚去？奚樂奚惡？”“至樂無樂，至譽無譽。”（《莊子·至樂》），“得至美而遊乎至樂，謂之至人。”（《莊子·田子方》）簡文“至樂必悲”之“樂”，似指喜樂。

哭之動心也，濈溰，其剌戀戀女也，憖肰以終。樂之動心也，（簡30）濬深鬱舀，其剌則流女也以悲，條肰以思。	哭之敳心也，▪浸焊▪，丌（簡18）□累累戀＝女也，慼肰吕冬。樂之敳心也，濬深贅慆，丌臬瀘女也吕悲，攸肰吕思。

【辨析】

“濈溰”，上博簡作“浸焊”。上博簡釋文：“焊，讀作‘悍’。”黃錫全云：“上海《性情論》簡18‘浸是’之，釋文爲‘悍’。郭店簡《性自命出》30簡對應的字句作‘濈溰’。今按，此字下面非从心。楚文字的心多作，與此不同。我們以爲其形有可能是‘是’字，與包山、郭店楚簡的是及从是之字類似。是，在此讀爲‘弒’。……典籍弒、殺義近互作習見。是，禪母支部。弒，書母職部。書、禪二母相近（同屬舌音）。”

“剌”，上博簡作“圛”，並注釋云：“臬，此字殘，與下文‘丌臬流女也吕悲’的‘丌’下一字同，本簡首字雖殘，但‘丌’下一字很清楚作‘臬’，因此，此字當是‘拔’，也與第十四簡‘臬（拔）人之心也’之‘臬（拔）’字型同。”上博簡《校讀記》云：“上缺一字，應補‘烈’，寫法同下面的‘烈’字。”又云：“烈，原作‘’，乃‘刺（烈）’字所從，與‘臬’無關。”劉釗《札記》云：“‘剌’應釋爲‘刺’。‘刺’字古文和典籍中多爲‘烈’。簡文中的‘刺’也用爲‘烈’，訓爲

‘甚’。”

“縊縊”，郭店簡裘案：“即‘蠻’，疑讀爲‘戀’。”上博簡讀爲“累”，並云：“縊、累，上古同屬微部韻。下第二十九簡‘居喪必有夫縊縊（累累）之哀’，與《禮記·玉藻》‘喪容累累’意相相合。”

“惑肰以終”，上博簡作“戚肰㠯冬”。上博簡注釋云：“戚，當爲‘戚’之異體。《說文》：‘戚，戉也。从戉，尗聲。”上博簡《校讀記》讀作“慼然以終”，並云：“‘慼’，下半從見，上半不清，不一定從戉，估計是從戚。”又，郭店簡《校讀記》云：“原作‘惑’，釋文作‘戚’，舊作從之，今改爲‘慼’。案簡文‘戚’見《尊德義》簡7、《語叢一》簡34，無草字頭和心旁；簡文‘慼’，又見《性自命出》簡34，也無草字頭，但有心旁，彼此的寫法不太一樣。最後一種寫法與簡文用爲‘察’字者有點相像。”

“濬深臧舀”，上博簡作“濬深朁慆”，上博簡《校讀記》讀作“濬身鬱陶”，並云：“‘鬱陶’，上字原從肉從雙戈，下字原從心從舀從金（金夾在舀中，心在其下），前者是‘臧’字的異體，後者從心，並不直接作‘慆’。”

“流女”，上博簡作“澅女”，上博簡注釋讀作“流如”。廖名春《校釋》云：“疑‘流’應讀爲‘憀’，二字古音同。”

“條”，上博簡作“攸”。

今讀作“哭之動心也，浸殺，其刺戀戀如也，戚然以終。樂之動心也，濬深鬱陶，其刺則憀如也以悲，悠然以思”。

【解義】

此段與下段，分別從“哭”與“樂”來闡述前文因“哀、樂，其性相近”，故“其心不遠”。“其心”之“用心”是對“情”之極致表現所顯示人之存在的徹底反思。

“哭之敨心也，瀸濲”，“瀸濲”二字，劉釗《札記》云：“《禮記·

樂記》云：‘是故其哀心感者，其聲噍以殺。’文中‘噍以殺’正相當於簡文‘浸殺’。”廖名春《校釋》云：“案：‘濈’當讀爲‘侵’。……‘侵殺’與‘噍殺’義近。……都是形容音急促而遞減轉爲深沈的樣子。”黃錫全云：“我們認爲，這是描寫悲傷到極點，猶如刀絞一般，類似於上曾太子般殷鼎支‘哀哀利錐’。所以，浸殺，當是悲傷欲絕之狀。”

“其剌𢇍𢇍女也”，劉釗《札記》云：“‘其烈戀戀如也’是說哭聲過甚就會戀戀然。用‘戀戀’形容哭聲，與《性自命出》：‘居喪必有夫戀戀之哀’，用‘戀戀’形容‘哀’同。”李天虹《集釋》云：“按：劉說可從，後文三一、六〇號簡‘剌’字同。《性自命出》三〇－三一號簡分三個階段，描述哭及樂兩種情緒影響下的人心如何變化——開始→高潮→終結。‘烈’指其中高潮、極致的階段。”“𢇍”字，郭店簡裘案讀爲“戀”。李天虹《集釋》云：“按：裘按可從。下篇六七號簡‘居喪必有夫𢇍𢇍之哀’，‘𢇍’，整理者亦讀作‘戀’。‘戀戀’，于簡文似具哀思縷縷，不絕於心之意。”郭店簡《校讀記》云：“似是一種悲哀的情緒。”廖名春《校釋》云：“‘戀戀’，趙見偉云：“‘𢇍𢇍’讀爲‘攣攣’、‘綿綿’，繫聯不斷之貌。”劉信芳云：“《性情論》18：‘哭之動心也，浸焊；其烈變變如也，戚然以終。’‘浸焊’《性自命出》30作“浸殺”，‘焊’字存疑。‘烈’字從李零釋。‘變變’原簡字形從‘車’作，整理者讀爲‘累累’，論者多讀爲‘戀戀’。按字應讀爲‘變變’。‘烈’之本義謂火猛，《方言》卷十三：‘烈，暴也。’凡哀凡樂，至於最強最激處爲‘烈’，烈則聲音、臉色爲之變矣。‘變變’又見於《性情論》29、《性自命出》67‘居喪必有夫變變之哀’，變者，敬也。《禮記・奔喪》：‘丈夫婦人之待之也，皆如朝夕哭位，無變也。’注：‘於賓客以哀變爲敬。’疏：‘禮以變爲敬。’郭店簡《五行》21‘不變不悅’，32：‘顏色容貌溫，變也。’聲、色之變，變爲溫則爲文、爲愛也，此《五行》之變也；變爲哀、則敬也，此居喪哭之‘變’也。若將該連語釋爲‘戀戀’，恐爲不類。”“𢇍𢇍”二字，雖然有不同的釋讀，但此處文意釋形容哭聲的情狀。

“惪肰以終”，“惪肰”，郭店簡釋文作“戚然”。段玉裁《說文解字注·戈部》："戚，又引申訓憂。"《詩·小雅·小明》："心之憂矣，自詒伊戚。"毛傳："戚，憂也。"簡文說明哭之悲傷之情的展露，它在人心中蘊育、勃發而盡於淒然之痛悲。

"濬深賊舀"，"濬"字，郭店簡裘案："'深'上一字疑是'濬（濬）'。""賊舀"二字，郭店簡《校讀記》作"鬱陶"，並云："'鬱陶'一詞見於《書·五子之歌》、《孟子·萬章上》等古書，是形容憂思積聚。"廖名春《校釋》云："案：'濬深'，複詞同義。《爾雅·釋言》：'濬，深也。''賊'，讀爲'䧿'，'䧿'爲'鬱'異體。'舀'可讀爲'滔'。'䧿滔'文獻亦作'鬱陶'……'濬深賊舀'，形容樂打動人心之深，引發感情之強烈。"李天虹《集釋》云："按：將'賊舀'讀作'鬱陶'，可從，後文四四號簡同。《汗簡》卷中之一有部引《古論語》鬱字作'䧿'，當出自《論語》之《八佾》篇：'鬱鬱乎文哉！吾從周。'郁、䧿古音相同，皆影母職部字，故得以通借。《說文·有部》謂䧿從或爲聲，則鬱與或音亦相近。如此，簡文賊似可視爲鬱或䧿字的異體。郁、鬱古通。《方言》：'鬱悠，思也。'郭注：'鬱悠，猶鬱陶也。'《尚書·五子之歌》：'鬱陶乎予心。'孔傳：'鬱陶，憂思也。'……鬱陶當有兩層相關的含義：其一訓思；其二，思是內在的心理活動，故鬱陶亦具'涵而未發'之意。三一號簡中的鬱陶，即心思鬱積未暢之意，指樂深深打動人心，使人情思激蕩。四四號簡云：'目之好色，耳之樂聖（聲），賊舀之熨（氣）也。'據傳世文獻，'目之好色，耳之樂聲'，屬於性的範疇，如《 孟子·盡心下》：'口之於味也，目之於色也，耳之於聲也，鼻之於臭也，四肢之于安佚也，性也。'《荀子·王霸》：'夫人之情，目欲綦色，耳欲綦聲，口欲綦味，鼻欲綦臭，心欲綦佚。此五綦者，人情之所必不免也。'等。而且在《性自命出》裏，性是以'氣'的形式涵養於人體之內的。因此，四四號簡所謂的'鬱陶之氣'，應該就是內含於人體之中的性。這裏的'鬱陶'，'涵而未發'、'鬱積'的意味要重於'思'。"

"其剌則流女也以悲"，"剌"，讀爲"烈"，"流如"，廖名春《校釋》云："'流如'，即'憀如'，傷悲貌。""烈"，指樂的亢奮，超越而完成存身的整體感觸。“悲”，即面對存身絕滅的惶惑。

“條”，上博簡作“攸”，郭店簡《校讀記》作“悠”。《說文・心部》：“悠，憂也”。‘悠然’，憂思貌。“思”，悲也。《詩經・小雅・雨無止》：“鼠思泣血。”“思”，上博簡注釋云：“簡文中的‘思’，似讀成‘息’。這樣上述對句在最後二字（終、息）意上更相應些。”但簡文之“思”似指深沈之憂思，是對人之存在意義的深刻反思。是在“樂”之邊際處，面臨存身的憂悲反思。

簡文此數句，似謂：〔喪悲〕之痛哭，震動人心，聲調急促，遞轉而深沈，至於悲痛之極點，則聲嘶而力竭，殘音綿連，悲戚以終。〔生存〕之喜樂，也振動人心，感人肺腑，蘊聚激盪，至於亢奮之極點，則漫渙而生悲，憂然以哀思。

【申論】

簡文此數段的結構，可圖示爲：

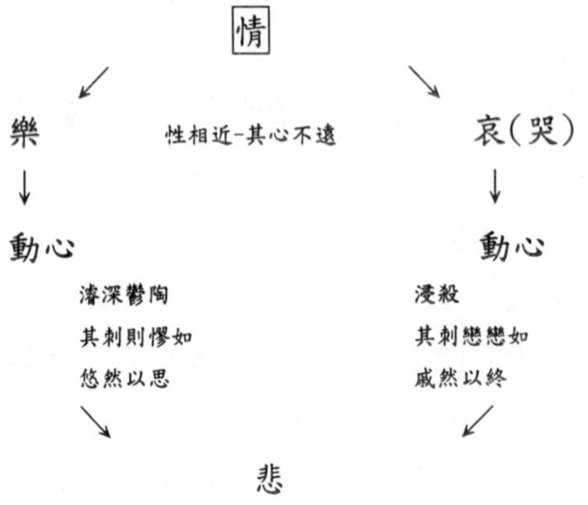

從“性情說”的整體結構來看，簡文此處仍是對“情”問題的探析。作爲哲學觀念的“情”，其本質的含意是指“性”的展現實況，而“樂”與“悲”，則是“情”的生存性現實表現。簡文稱“至樂”與“哭”，均“至其情”，指二者均爲實情的展現，爲人的真實處境。二者“性相近”，指“樂”與“哭”的本質相近，均來自人的本性。“其心不遠”，說明對二者處置的用心是相近的，均與人存的事物有關。

“樂”與“哭（哀）”，作爲人存之情的兩種極致，均動撼著人心，各自表現出不同的情態。喜樂之情，感入深刻，在心中激盪而奮發，蘊積至極處，則頓然感傷人存之有無，茫然而生悲，憂然以哀思。喪痛之哭，哽咽聲急，漸轉深沈，而聲嘶力竭，殘音不斷，盡情以悲戚。“樂”與“哭”在其極致處，均歸趨於“憂、悲”之存在的實情。

“悲”並非一般“悲、喜”情緒之“悲”，而是一種人存之有限性的本然實情。因此，不論人生之“樂”或是喪痛之“哭”均必然導致此人存之終極實情的面對。“悲”是“生存”與“死亡”間的中介，屬於“人”之真情，也是“天”之自然運作與“人”之價值取擇間中介之實情。簡文的結構是以“情”爲始而終於“悲”。

東西方的古典哲學的產生，均來自對人文自覺的重新反思。“憂”、“悲”就是在人的此種自覺中，徹底返源的人存本然情狀。它不但是一切人文規劃的起始之處，同時也是一切人義探索的根源性主導因素。在“悲”的情懷中，建立起人之“意義”與“價值”，這是古典哲學探索的最大考量。同時，這也是今日哲學探索的最終依憑。

十二

【郭店簡】

凡悥（憂）思而句（後）悲（簡三十一），凡樂思而句（後）忻。凡思之甬（用）心爲甚。戁（難），思之方也。其聖（聲）叓則□□□（簡三十二），其心叓則其聖（聲）亦肰（然）。譣遊㥩（哀）也，喿遊樂也，啾遊聖（聲），𡔷遊心也（簡三十三）。憙（喜）斯慆，慆斯奮，奮斯羕（咏），羕（咏）斯猷，猷斯迮）。迮，憙（喜）之終也。恩（慍）斯悥（憂），悥（憂）斯戁，戁（簡三十四）斯戁，戁斯𡨄，𡨄斯通。通，恩（慍）之終也（簡三十五）。

【上博簡】

凡悥（憂）思而句（後）悲，□（簡 19）樂思而句（後）忞（忻）。凡思之甬（用）心爲甚。戁（難），思之方也。丌（其）聖（聲）叓（變）則心㞷（從）之矣。丌（其）心叓（變），則丌（其）聖（聲）亦肰（然）。（簡 20）□，□□□；喿（燥），﨑（遊）樂也；啾，﨑（遊）聖（聲）也；敳，﨑（遊）心也▌ 。

凡悥思而句悲，（簡 31）凡樂思而句忻。凡思之甬心爲甚。戁，思之方也。	凡悥思而句悲，□（簡 19）樂思而句忞。凡思之甬心爲甚。戁，思之方也。

【辨析】

上博簡缺字，上博簡《校讀記》云：“簡 20，上缺‘凡’，原書誤補在簡 19 下。”

“𢝊”，郭店簡釋文讀作“憂”。

“而”字，原誤寫作“亓”，上博簡釋文隸定作“而”。

“忻”，上博簡讀爲“𠪚”。

今讀作“凡憂思而後悲，凡樂思而後忻。凡思之用心為甚。難，思之方也”。

【解義】

此段承接上段“悠然以思”，講述“思”在“心”操持中的作用。三句均以“凡”起首，似強調“憂思”、“樂思”與用“心”三者結構性的排比，而非依據“性情說”資料中的“凡例”形式。

簡文此處使用的三個“思”字，先提到“憂思”、“樂思”兩種“思”的重要型態，再論及“思”的作用本身。“思”是指“用思”，以“思”作爲哲學探析的方式，是“心”的重要作用。“凡思之用心爲甚”句，疑當於“用”字下逗點。“思之用”是以“心爲甚”，“思”爲“心”的極致表現。

“思”，可指一般的思慮，或思念，《廣韻·之韻》：“思，思念也。”《詩·周南·關雎》：“求之不得，寤寐思服。”但在中國古典哲學中，“思”具有特殊的作用，它藉諸人之心靈的省思，而逐漸形成思辨觀念探索的哲學領域。《論語》中即有多處強調“思”的作用，如：〈爲政〉：“子曰：學而不思則罔，思而不學則殆。”〈季氏〉：“孔子曰：君子有九思：視思明，聽思聰，色思溫，貌思恭，言思忠，事思敬，疑思問，忿思難，見得思義。”〈子張〉：“子夏曰：博學而篤志，切問而近思，仁在其中矣。”這是以“思”作爲心靈導源的方式，提出以“反思”作爲哲學探索的重要依憑。《孟子·告子上》云：“耳目之官不思……心之官則思；思則得之，不思則不得也。”《孟子》認爲“思”來自於“心”，而確立以“心”中之“思”作爲哲學探討的主要功能。在《管子》中，“思”就成爲思辨觀念探析的運作根源，〈內業〉云：“摶氣如神，萬物備存。能摶乎？能一乎？能無卜筮而知吉凶乎？能止乎？能已乎？能勿求諸人而得之己乎？思之思之，又重思之。”“思”深入地涉及了“道”觀念的思辨意含。

“凡悳思而句悲”，“悳”字，讀作“憂”。《玉篇·心部》云：“悳，愁也。”“憂思”，指對“憂”的思索，即在“憂”的情境中，思索人存現實的真義。“悲”，並非一般悲傷的感觸，而是指“悲”的本義。簡文之義似謂：在人性悲懷的感悟中，領會“悲”的實存真義。

“凡樂思而句忻”，“樂思”，指對“樂”的思索，在“樂”的情境中，思索人存價值的企盼。郭沂云：“忻，《說文》：‘闓也。’段注：‘闓者，開也。’……忻謂心之開發，與欠部欣謂笑喜也異義。”“忻”，並非一般歡欣的情緒，而是指“忻”的本義，簡文之義似謂：在人義建構的要求中，領會“忻”的實存真義。

“凡思之用心爲甚”，《經傳釋詞》云：“之，猶‘於’也。‘諸’‘之’一聲之轉，‘諸’訓爲‘於’，故‘之’亦訓爲‘於’。”簡文似謂：“凡思，於用心爲甚”。李天虹《集釋》意釋此句云：“凡人之思慮，以用心爲甚。”按上下文意，此句似指“思”所呈現的哲學思索作用，是來自於“用心”的極致發揮。

“戁，思之方也”，“戁”字，郭店簡《校讀記》作“嘆”，但以“嘆”爲“思之方”，恐與文義不合。疑“戁”仍讀如本字，表達敬畏之義。釋義見前文注。“戁，思之方”與“凡憂思……凡樂思……凡思之用，心爲甚”構成一段完整的講述，闡發前文“悠然以思”。“方”，廖名春《校釋》云：“‘方’，當訓爲品類、輩類，引申爲‘表現’。”“戁，思之方”，似指敬畏是“思”呈現的運作情狀。

從“戁，思之方”的文意中，我們也可領會中國古典哲學思辨形式的特殊性徵。“憖”字從心，而有敬、肅、恐懼之義。它爲思辨探討方式的重要內涵。簡文思想是以“心”作爲人道規劃的操持，所謂“凡道，心爲主”（簡 7-8）而“心”的作用表現在“用心”，是對“情”的約制。因此，在“憂思”與“樂思”中，“心”所思及的“悲”、“忻”，是人情的極致表現，也就是人之存在的邊際性感知。而生存與死亡，是人之存在性邊際的兩極。心中的敬肅與恐懼，就是對此種存在問題的最終回應。人敬肅“存在”的事實，同時也恐懼“存在”的拘限。以“憖”作爲“思之方”，是在此種“存在”的領悟中，重新思索人義面對的可能。相對周文禮樂的現實制度，以“思”所建立的思辨觀念世界，是中國古典哲學完成的一個嶄新的探索領域。

簡文此數句，似謂：隨著“憂”的興起而深刻地思索，方可體認“悲”的真義。隨著“樂”的興作而能深刻地思索，方可體認“忻”的真義。“思”的表現，來自於“心”的極致運作。而敬畏〔之心〕，是“思”呈現的本質性內涵。

其聖㝵圚□□□，（簡 32）其心㝵則其聖亦肰。𢡺遊恷也，喿遊樂也，湫遊聖，𡩜遊心也。（簡 33）	丌聖㝵則心坐之矣。丌心㝵，則丌聖亦肰。□（簡 20）□，□□□；喿，𡳿樂也；湫，𡳿聖也；敨，𡳿心也▌ 。

【辨析】

“其聖㝵圚□□□”，郭店簡裘案：“簡文‘㝵’字似將‘叓（使）’、‘弁’二字混而爲一，疑此句‘㝵’字當釋爲‘弁’，讀爲‘變’。下句‘㝵’字同。據下句，‘則’下所缺三字可能是‘其心㝵（變）’。”郭店簡《校讀記》補作“其聲變，則其心變”。此句上博簡作“丌聖㝵則心坐之矣。”原釋文讀作“其聲變，則心從之矣。”

“訡”，郭店簡《校讀記》讀爲“吟”。

“遊”，郭店簡《校讀記》云：“‘遊’，疑同‘流’，是流露的意思。劉釗《札記》云：“‘遊’字應讀爲‘由’。”“遊”字，上博簡作“㳺”。

上博簡缺字，原釋文補“訡（吟），㳺（遊）哀也”。上博簡《校讀記》云：“簡21，上缺五字，原書漏補‘凡’，只補四字。”

“喿”，郭店簡《校讀記》讀爲“噪”，云：“‘噪’，喧呼，原無口旁。”劉釗《札記》云：“‘喿’字應讀爲‘譟’，意爲歡呼。《周禮·夏官·大司徒》：‘車徒皆譟。’鄭玄注：‘譟，讙也，亦謂喜也。’”

“訬”，上博簡注釋：“訬，同‘啾’，通‘噍’。《集韻》：‘噍，通作啾。’‘噍，聲急也。’”郭店簡《校讀記》讀爲“啾”，云：“聲音細碎嘈雜，原從言旁。”

“䜌”，上博簡作“敼”，注釋讀爲“粗”。郭店簡《校讀記》讀爲“嘔”，云：“原從亡從豆從戈。‘嘔’影母侯部字，‘豆’是定母侯部字，讀音相近。”“嘔”，似讀爲“謳”。

“也”下，有一粗橫條標誌，上博簡注釋云：“‘也’下有粗橫條，稱之爲墨節，這一粗橫條墨節通常可表示章節符，有時也可表示篇結束符。”

今讀作“**其聲變，則其心變。其心變，則其聲亦然。吟，遊哀也，譟，遊樂也，啾，遊聲也，謳，遊心也**”。

【解義】

“丌聖貞則心從之矣，丌心貞，則丌聖亦肰”，兩“聖”字，均讀爲“聲”，“其聲”與“其心”之“其”，是指稱此處提到的“哀”、“樂”之事。它一方面回應前文所言“哭之動心”與“樂之動心”，另一方面開啓下文“凡吟，遊哀也”等四句，恐非直接承續上句“戁，思之方”，因此，“戁”似不讀爲“歎”。“其聲變”與“其心變”事說明“哀”、“樂”所表現的聲音，與“心”中操持之間的關係。前文說“哭之動心”的變化是“聲調急促，遞轉而深沈，至於悲痛之極點，則聲嘶而力竭，殘音綿連，悲戚以終。”而“樂之動心”的變化是“感人肺腑，蘊聚激盪，至於亢奮之極點，則漫渙而生悲”。聲音的變化觸動人心而隨之變化，而人心的變化也直接影響聲音所抒發的情感變化。

李天虹《集釋》云：“按：簡文此句與上句言心情與音聲相互影響，可參《樂記》之《樂言》：‘志微　殺之音作，而民思憂；嘽諧、慢易、繁文、簡節之音作，而民康樂；粗厲、猛起、奮末、廣賁之音作，而民剛毅；廉直、勁正、莊誠之音作，而民肅敬；寬裕、肉好、順成、和動之音作，而民慈愛；流辟、邪散、狄成、滌濫之音作，而民淫亂。’《大戴禮記·文王官人》：‘心氣華誕者，其聲流散；心氣順信者，其聲順節；心氣鄙戾者，其聲斯醜；心氣寬柔者，其聲溫好。’《說苑·脩文》：‘鐘鼓之聲，怒而擊之則武；憂而擊之則悲；喜而擊之則樂。其志變，其聲亦變。’”

“訡遊忟也”，“訡”字，讀爲“吟”，郭店簡《校讀記》解釋云：“吟，淺嘆。原從心從言從金。”李天虹《集釋》云：“按：訡，當系‘唫’字異體。《汗簡》卷上之一口部及《古文四聲韻》卷二侵韻引《古尚書》吟字並作‘唫’。《玉篇·口部》：‘唫，古吟字。’《楚辭·九章》：‘孤子　而抆淚兮，放子出而不還。’洪興祖補注：‘唫，古吟字，歎也。’”“遊”字，《校讀記》云“疑同‘流’，是流露的意思。”劉釗《札記》認爲“遊”字應讀爲“由”，云：“古‘遊’‘由’二字皆在喻紐幽部，故可相通。”廖名春《校釋》云：“從文意看，‘吟，遊哀也’云云與‘喜斯陶’云云相應，‘遊’讀爲‘由’，正與‘斯’義相符。”“遊”字，上博簡作“斿”，原注釋云：“斿，亦‘遊’字，《集韻》：‘遻、迂、遊，行也。或从子、从斿。通作遊。’有放縱、放任義。《尚書·大禹謨》：‘罔由于逸，罔淫于樂。’孔穎達疏：‘無遊縱於逸豫，無過耽於戲樂。’”“遊”字，似指一種任放的表現。“吟遊哀”，是說低吟而歎是心之哀傷的自然流露。

"喿遊樂也"，"喿"字，郭店簡《校讀記》云："噪，喧呼。原無口旁。"劉釗《札記》云："'喿'字應讀爲'譟'，意爲歡呼。《周禮·夏官·大司徒》：'車徒皆譟。'鄭玄注：'譟，讙也，亦謂喜也。'"上博簡注釋引《說文》云："'喿，鳥群鳴也。'段玉裁注：'此與集同意，俗作噪。'""譟由樂也"，是說歡呼是人欣樂之情的自然流露。

"𧫯遊聖"，"𧫯"字，上博簡注釋讀爲"噍"，並引《禮記·樂記》云："'其哀心感者，其聲噍以殺。'鄭玄注：'噍，踧急也。'"郭店簡《校讀記》讀爲"啾"，並云："啾，聲音細碎嘈雜。"廖名春《校釋》云："案：'𧫯'當讀爲'愁'。這是說憂愁是由於聲音（的影響）。此即'其聲變則〔其心變〕。""𧫯"字，似當讀爲"啾"，《說文·口部》："啾，小兒聲也。"《廣韻·尤韻》："啾，啾唧，小聲。"《文選·班固〈答賓戲〉》："夫啾發投取，感耳之聲。"李善注引項岱曰："啾，口吟也。""啾"字爲象聲詞，似指口所發出的微弱的聲響。"啾游聲"似謂任何微弱的聲響都是聲音的自然流露。

"鼔游心"字，郭店簡《校讀記》作"嘔"，並云："'嘔'，歌唱。"廖名春《校釋》云："'嘔'言語和悅。《集韻·遇韻》：'嘔，和悅貌。'……這是說言語和悅是由於心情（的影響）。此即'其心變，則其聲亦然。""嘔"字，通"謳"，"謳"，指歌唱。歌唱則非單純發出的聲響，而是心中感觸的自然流露。

上博簡注釋解析簡文此段的文意云："本簡文'𡴎（遊）哀'、'𡴎（遊）樂'、'𡴎（遊）聖（聲）'、'𡴎（遊）心'，與上兩簡'憂思'、'樂思'、'聖（聲）變'、'心變'呼應，憂（哀）與樂並舉，聲與心並舉，兩兩分別遞進論述，如：

第一組　凡憂思而後悲　　　　吟遊哀也

　　　　凡樂思而後忻　　　　噪遊樂也

第二組　其聲變，則其心從之矣　　𧫯遊聲也

　　　　其心變，則其聲亦然　　　鼔遊心也

第一組對句首字用‘凡’，第二組對句首自用‘其’以事區別，另在第一組之後還做了說明，即‘凡用思之甬（用）心爲甚。難（戁），思之方也。”

上博簡注釋者對簡文結構提出說明，是理解此處文意的一項參考，但其中思想結構的分析與排列，似值得商榷。我們若從哲學論述上來分析其中結構的意義，則：“凡憂思而後悲”、“凡樂思而後忻”、“凡思之用，心爲甚”三者是不可分的，共同構成“思”與“心”的關連，而“憂思”與“樂思”是對“哀”、“樂”之情的反思。“其聲變，則其心從之矣”、“其心變，則其聲亦然”是對“聲”、“心”關係的一般說明，並不是與所謂第一組呼應。“吟遊哀也”、“噪遊樂也”、“啾遊聲也”、“謳遊心也”四者似分兩層交互說明“哀樂聲心”的關係，並不能安置在兩“凡”與兩“其”的句式下。它們四者的關係似爲：

哀→	吟（低吟）	啾（微聲）	←聲
樂→	噪（歡呼）	謳（高歌）	←心
		‖	
（心）		（聲）	

簡文此數句，似謂：聲音有變化，心也隨之而變化；心有變異，聲音也同樣隨之改變。低吟是哀傷的流露；歡呼是欣樂的流露。低沈的微聲是聲音的展露；高亢的歌唱是心靈的暢發。

憙斯慆，慆斯奮，奮斯羕，羕斯猷，猷斯迮。迮，憙之終也。恩斯戚，戚斯戁，戁（簡 34）斯戁，戁斯𡂓，𡂓斯通。通，恩之終也。乚（簡 35）	（缺）

上博簡注釋云：“在《店楚墓竹簡·性自命出》中，在‘遊心也’句下衍出二整簡，如下‘憙（喜）斯慆，慆斯奮，奮斯羕（咏），羕（咏）斯猷，猷斯迮）。迮，憙（喜）之終也。恩（慍）斯憂（憂），憂（憂）斯慼，慼斯戁，戁斯𢝊，𢝊斯通。通，恩（慍）之終也。’而《性情論》篇中，明確無上二簡內容。”上博簡“𡉚心也”下有一粗橫條，表示一章的結束，而下接“凡人情為可兑也”章。郭店簡此一部分，當屬此篇資料流傳中不同文本的增添。

【辨析】

“慆”，彭林《補釋》[1]云：“慆，今本作‘陶’……今郭店簡出，知‘陶’字當作‘慆’。”

“羕”，郭店簡釋文讀爲“咏”。

“猷”，廖名春《校釋》云：“《禮記·檀弓下》作‘猶’。鄭玄注：‘猶當作搖，聲之誤也。搖，謂身體搖動也。秦人猶、搖聲相近。”

“迮”，郭店簡裘案：“末一字也有可能當釋爲‘迮’。簡文中用作偏旁之‘乍’，其形往往混同於‘亡’，本篇一八及二五號簡的‘复’字即其例。”饒宗頤先生云：“按《說文·攴部》：‘㱙，撫也·讀與撫同。’又《手部》：‘撫，古文迮。’與簡形相同，故釋爲‘撫’，而讀爲‘舞’。甲骨文舞字異體作㚇形（《合》21417），从大从二亡，由此可證簡以舞之作迮例之。簡文从亡之亡，讀爲無；故迮字得釋爲舞。”彭林《補釋》云：“按：迮、舞可通。《說文》：‘舞，从舛，無聲。’‘迮’字从辵、亡聲。古音無、亡通。”郭店簡《校讀記》讀爲“舞”。

“恩”，郭店簡釋文讀爲“慍”

“慼”，彭林《補釋》云：“此字當以‘戚’字當之。”

[1] 彭林：《郭店楚簡·性自命出》補釋，收入《中國哲學》第二十輯，頁315-320，以下簡稱“《補釋》”。下引書同，不另註出。

"\"，郭店簡《校讀記》讀作"辟"，並云："'辟'原作'\'，龐文引孔穎達疏謂'撫心爲辟'，讀爲'撫'，是取亡聲，但此字下半與'敝'字所從同，仍有可能讀爲'辟'（'辟'是幫母錫部字，'敝'是並母月部字，讀音相近），這裡讀'辟'。"饒宗頤先生云："以義推之，當指擗。"

"通"，郭店簡《校讀記》讀爲"踊"，並云："是身體上踊的意思，指悲痛時的身體狀態。字本作'通'，釋文不破讀。"

今讀作"**喜斯慆，慆斯奮，奮斯咏，咏斯猷，猷斯舞，舞，喜之終也。慍斯憂，憂斯慼，慼斯難，難斯辟，辟斯踊。踊，慍之終也**"。

【解義】

"憙斯慆"，"慆"字，《說文》：'慆，說（悅）也。從心、舀聲。'《尚書大傳》'師乃慆。'注：'慆，喜也。'"廖名春《校釋》云："從簡文看，'喜斯慆'，'慆'義應較'喜'更進一層……'慆'當是喜之大者。"《禮記集解》注云："陶者，喜心鼓盪於心而欲發也。""憙斯慆"，"憙"、"慆"二字均從"心"，簡文從"心"中之喜情來說明其展發的過程。簡文謂由心中之"喜"而轉換爲動心之"慆"。

"慆斯奮"，郭店簡裘案："末一字疑是'奮'之別體。""奮"，振奮，《廣雅·釋言》："奮，振也。"簡文謂由動心之"慆"而轉換成激揚之"奮"。

"奮斯羕"，"羕"字，郭店簡釋文讀爲"咏"，"咏"同"詠"，指歌詠。《禮記·樂記》："詩言其志，歌咏其聲。"簡文謂由激揚之"奮"發聲爲歌詠之"咏"。

"羕斯猷"，"猷"字，廖名春《校釋》云："《禮記·檀弓下》作'猶'。鄭玄注：'猶當作搖，聲之誤也。搖，謂身體搖動也。秦人猶、搖聲相近。"簡文謂由歌詠之"咏"而喚起身動之"猶"。

"猷斯迮"，"迮"，郭店簡《校讀記》讀爲"舞"，並云："'舞'，是手舞足蹈的意思，指高興時的身體狀態。字本從辵從亡。簡文‘亡’、‘乍’形近易混，但比較簡文‘亡’、‘乍’二字的寫法，可知釋文的隸定本來是正確的（參看張守中等《郭店楚簡文字編》，文物出版社，2000年，173頁‘亡’字和174頁‘乍’字），裘案釋‘迮’反而是錯誤的。最近，裘先生自己也承認，這是誤釋（《中國古典學重建中應該注意的問題》，《北京大學中國古文獻研究中心集刊》2，北京燕山出版社，2001年，1-14頁）。”《禮記·檀弓下》作“猶思舞”，鄭玄注“猶”云：“謂身搖動也。”簡文謂由身動之“猶”而展現爲手足的並舞。

“迲，憙之終也”，“喜之終”是人之喜情發展的極點，此時手舞足蹈而表現全身感奮的運作。

“恩斯悥”，郭店簡釋文讀爲“慍斯憂”，“慍”，《集韻·迄韻》：“心所鬱積也。”《孔子家語·辨樂解》云：“南風之薰兮，可以解吾民之慍兮。”簡文“恩”、“悥”二字均從“心”，“慍斯憂”，似指心不得舒發而鬱結，因而轉換爲憂傷。心所鬱結而不得抒發者是對人之存身的不解。人之不得解者，莫甚於喪亡之事。

“悥斯戁”，“戁”字，彭林《補釋》云：“此字當以‘戚’字當之。《書·盤庚》：‘率籲衆慼出矢言’，《說文》引此經作‘戚’。慼或作‘慽’，《說文》：‘慽，憂也，从心、戚聲。’”李天虹《集釋》云：“按：戁，簡文本作‘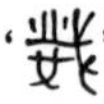’。古戚字《語叢一》三四號簡作‘’；馬王堆帛書《老子》甲後一八八作‘’，可證此‘’字當釋爲‘慽’，‘慽’同‘戚’。《說文·心部》：‘慽，憂也。’《廣雅·釋詁三》：‘慽，悲也。’”饒宗頤先生云：“‘戁’字，从心頁聲，增戈旁，可釋爲㦍，《集韻·三十一業》：‘㦍，懼也。”“㦍”有危懼之義，因惶惑不安而怯懼，《篇海類篇·身體類·心部》：“㦍，懼也，危也。”“慽”字仍從“心”，指心中憂悲之積蘊。簡文似謂由心中傷悲之“憂”而沈陷於悲痛凝聚之“慼”。

“戁斯難”，“難”字，郭店簡《校讀記》讀爲“嘆”。《禮記·檀弓下》云：“戚斯歎，歎斯辟”，亦作“嘆”。簡文“難”似仍當讀如本字，作“敬懼”解。饒宗頤先生云：“戁亦訓恐。”簡文似謂：由心中悲痛凝聚積之“慼”而絞纏於恍惑敬懼之“戁”。

“戁斯㝔”，“㝔”字，李天虹《集釋》云：“㝔，趙建偉疑釋爲‘辟’。龐樸以字從‘亡’而釋爲‘撫’。李零：此字下半與‘敝’字所從相同，仍有可能讀爲‘辟’（辟、敝古音相近）。陳偉讀爲‘撫’，謂：原從亡從米。亡、無相通；從‘米’之字有‘敉’，亦作‘侎’，《說文》曰：‘撫也。’此字下部的‘米’也許讀爲‘敉（侎）’，爲義符。按：此字下部所從究爲何形尚存爭議，但上部從‘亡’似可確定，故目前來看字以讀‘撫’爲宜。鄭注《檀弓下》：‘辟，拊心。’拊、撫音義均同。《說文·手部》：‘拊，揗也。’段注：‘揗者，摩也。古作拊揗，今作撫揗，古今字也。’”《禮記·檀弓下》作“辟”，鄭玄注：“辟，拊心”。“拊心”，指搥胸。簡文似謂：由恍惑敬懼之“戁”而激發搥胸痛悲之“辟”。

“㝔斯通”，“通”，郭店簡《校讀記》原作“慟”，後改作“踴”。饒宗頤先生云：“今按此字當釋爲‘踊’，从走从辵从足同義。《說文·走部》：‘踊，喪擗踊。从走，甬聲。’又，《足部》：‘踊，跳也。’今《儀禮》、《禮記》皆作‘踊’。楚簡不作踊，而作‘踊’，即《說文》之踊。《儀禮·士喪禮》、《禮記·雜記》及《喪大記》中，列出禮節，‘成踊’、‘不踊’，都有所規定。”彭林《補釋》云：“按當從今本作踊。《說文》：‘通，从辵、甬聲。’‘踊，从足、甬聲’。二字同聲，从辵與从足亦可通。踊爲悲痛之最高狀態，正與喜之最高狀態之舞相對。”簡文似謂：由搥胸痛悲之“辟”而演變成蹦跳之“踴”。

“通，恩之終也”，“踴”是全身悲痛徹底的展露。與“舞”之全身起舞一樣，是憂戚之情的完整體現。

郭店簡文於句末記有“乚”號，似表示一篇的結束。

郭店簡《校讀記》云：“這幾句的意思是說喜悅就會快樂，快樂就會興奮，興奮就會身搖，身搖就會手舞足蹈，手舞足蹈是喜悅的高峰；不快就會憂愁，憂愁就會悲哀，悲哀就會喟歎，喟歎就會撫心，撫心就會身體上踴，身體上踴是不快的高峰。”

簡文此數句，似謂：〔人對生命〕有喜悅之情時則會歡欣，歡欣繼之以會感奮，感奮則歌詠，歌詠則擺動，擺動則舞蹈，舞蹈是喜悅的最終表現。〔人對生命不解而心情〕鬱結時則會憂悲，憂悲繼之以惶惑，惶惑則驚懼，驚懼則搥胸，搥胸則踊躍。踊躍是悲痛的最終表現。

【申論】

我們將此“凡例”的論述結構，圖示如下：

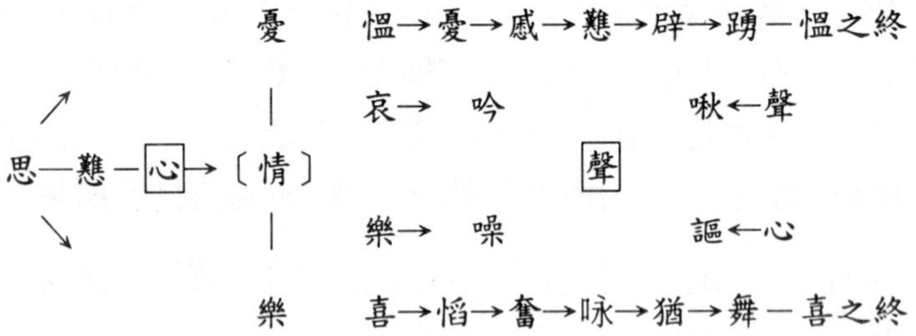

此“凡例”包括三個部份，第一部分：“凡憂思而後悲……戁，思之方也。”說明在“憂”與“樂”中，用心之“思”是一種敬肅之情。“憂”與“樂”是人情的兩種極致，簡文以“思”作爲對此二事的“用心”方式，是闡釋本篇前文“情”之展現的內容。第二部分：“其聲變……謳，遊心也。”簡文以“其”字關連著第一部分所提到的“憂”、“樂”之“情”。“憂”、“樂”之“情”表現爲“聲”，而與“心”交相呼應。簡文舉出“吟”、“譟”、“啾”、“謳”四種聲響，以說明它們與“哀”、“樂”、“聲”、“心”的關係。第三部分：“喜斯慆……舞，喜之終也。慍斯憂……踴，慍之終也”，此部份說明“憂、”“樂”之“情”表現的過程。二者均以人整體的貫注與投身，以呈現“情”的極致。上博簡缺此部份文字，顯見此部份是在編整過程中所加予的推衍性闡發。此部份文字，見於《禮記·檀弓》。《禮記·檀弓下》云：

“有子與子游立，見孺子慕者，有子謂子游曰：‘予壹不知夫喪之踊也，予欲去之久矣。情在於斯，其是也夫？’子游曰：‘禮：有微情者，有以故興物者；有直情而徑行者，戎狄之道也。禮道則不然，人喜則斯陶，陶斯詠，詠斯猶，猶斯舞，舞斯慍，慍斯戚，戚斯歎，歎斯辟，辟斯踊矣。品節斯，斯之謂禮。’”“喜則斯陶”等數句，與此處簡極爲相近。

簡文此段資料，與《禮記．檀弓下》詞句，對比如下（楷體字爲《禮記》資料）：

喜斯陶－陶斯奮－奮斯咏－咏斯猶－猶斯舞－舞，喜之終

人喜則斯陶－　陶斯詠　－詠斯猶－猶斯舞－（舞斯慍）

慍斯憂－憂斯戚－戚斯歎－歎斯辟－辟斯慟－慟，慍之終

慍斯戚　　　　－戚斯歎－歎斯辟－辟斯踊。〔品節斯，斯之謂禮〕

簡文的論述與《禮記》所言，在哲學說明的方向上是有差異的。簡文此處是說明“喜”、“慍”兩種人情的表現與發展。而《禮記》所言則是對較“直情而徑行”之“戎狄之道”，而說明“禮”對人情的處置。故稱“品斯節，斯謂之禮”（謂：對哀樂之情的節制，謂之“禮”）。因此，《禮記》之文，以“舞斯慍”句，將“人喜則思陶”等過程，串接起“慍斯戚”等句，與簡文分兩層，分別歸結於“舞，喜之終”、“踴，慍之終”不同。簡文的敘說，可能早於《禮記》，或許是孔子的說樂之文，子游加以引申以回答有子對“喪之踊”的疑惑。

又，簡文以“喜”、“慍”分別論述，而各自終結於“舞”與“踴”。若就人的這種身體表現來看，“舞”與“踴”均是人整體的動作，顯示出人存身完整地回應所處之域。“舞”動作的本質是在惚晃忘形的詠唱中，欲將自身融會於周遭無形力量的感通，而“踴”動作的本質是在哀痛錐心的踊躍中，欲將自身投向於生存之域不可知的彼岸。

又，據李天虹《集釋》引述，與簡文、《檀弓下》相近的字句又見於：

《詩大序》：“情動於中，而形於言。言之不足，故嗟歎之。嗟歎之不足，故永歌之。永歌之不足，不知手之舞之足之蹈之也。”

《樂記》之《師乙》：“故歌之為言也，長言之也。說之，故言之。言之不足，故長言之。長言之不足，故嗟歎之。嗟歎之不足，故不知手之

舞之，足之蹈之也。”

《淮南子·本經》：“凡人之性，心和欲得則樂，樂斯動，動斯蹈，蹈斯蕩，蕩斯歌，歌斯舞，歌舞則禽獸跳矣。人之性，心有憂喪則悲，悲則哀，哀斯憤，憤斯怒，怒斯動，動則手足不靜。”

＊ ＊ ＊ ＊

以上簡文資料，郭店簡與上博簡句序基本完全相同。郭店簡簡35“通，恩之終也”下有篇尾結束符號“乚”，其後並留有半支簡的空白，表明以前資料為一個別的單元。

以下簡文資料，郭店簡與上博簡有較大差異。若僅以“凡例”來看，他們之間章序的差異為：

郭店簡	上博簡
A.凡學者求其心為難……	D.凡人情為可悅也……
B.凡用心之躁者，思為甚……	I.凡身欲靜而勿羨……
C.凡人偽為可惡也……	E.凡悅人勿吝也……
D.凡人情為可悅也……	F.凡交毋烈，必使有末。
E.凡悅人勿吝也……	G.凡于道路毋思……
F.凡交毋烈，必使有末。	H.凡憂患之事欲任，樂事欲後。
G.凡于道路毋思……	A.凡學者求其心有偽也……
H.凡憂患之事欲任，樂事欲後。	B.凡用心之忭者，思為甚……
I.身欲靜而勿羨……	C.凡人偽為可惡也……

郭店簡A、B、C的排序，上博簡同，但置於末三章。郭店簡D，上博簡置於首段，郭店簡E、F、G、H的排序，上博簡同，但置於第3至第6段，郭店簡I前脫“凡”字，上博簡置於第2段。

郭店簡的資料，編輯者似分為兩篇，各以“鉤形符”作為標記，而上博簡則無分篇。上博簡有橫粗條的符號，上博簡注釋稱之為“墨節”，云：“這一粗橫條通常可以表示章節符，有的時候也可表示篇結束符。”上博簡以上文字在““敔，㞢心也”下有一“墨節”，而此後文字另有四個。上博簡的第一個“墨節”前的文字，與郭店簡前一“鉤形符”相當，不但文字的字數最多（均佔全文字數的一半以上。郭店簡第一“鉤形符”前字數約808，後約781字，相應上博簡的文字約為717與698），而且內容豐富完備，思想結構完整。郭店簡第一至第二“鉤形符”的文字，內容較為鬆散，多就“情”與“用心”之事，加以闡發，並摘錄關於禮樂人格規範的箴言。

十三

此“凡例”郭店簡包括簡50-59前段，上博簡包括簡21-27前段。上博簡直接寫於“敳，𡉚心也”句下之粗橫條符號後，顯見上博簡的編排是與郭店簡的文本不同。

此“凡例”的內容較為複雜，論述的重心強調“情”的可貴，然後加以輾轉推衍陳述。

又，本書以下“凡例”的文句次序，按上博簡排列。

【郭店簡】

凡人青（情）爲可兌（悅）也。句（苟）以其青（情），唯（雖）怂（過）不亞（惡）；不以其青（情），唯（雖）難不貴（簡五十）。句（苟）又（有）其青（情），唯（雖）未之爲，斯人信之壴（矣）。未言而信，又（有）媺（美）青（情）者也。未斆（教）（簡五十一）而民亙（恆），眚（性）善者也。未賞而民懽（勸），含福者也。未型（刑）而民愄（畏），又（有）（簡五十二）心愄（畏）者也。戔（賤）而民貴之，又（有）悳（德）者也。貧而民聚安（焉），又（有）衍（道）者也（簡五十三）。蜀（獨）処而樂，又（有）內䜿者也。亞（惡）之而不可非者，達（？）於義者也。非之（簡五十四）而不可亞（惡）者，篙（篤）於急（仁）者也。行之不怂（過），智（知）道者也。昏（聞）道反上，上交者也（簡五十五）。昏（聞）衍（道）反下，下交者也。昏（聞）道反吕（己），攸（修）身者也。上交近事君，下交得（簡五十六）眾近從正（政），攸（修）身近至悬（仁）。同方而交，以道者也。不同方而□□□□（簡五十七）。同兑（悅）而交，以悳（德）者也。不同兑（悅）而交，以猷者也。門內之絧，谷（欲）其（簡五十八）髗也。門外之絧，谷（欲）其折（制）也。

【上博簡】

凡人青爲可兑（悅）也。句（苟）㠯（以）丌（其）情，唯（雖）怂（過）不亞（惡）；不㠯（以）（簡 21）□情，唯（雖）難不貴。未言而信，又（有）岀（美）情者也。未孪而民恆，眚（性）善者也。□□□□□，□□□□。（簡22）□□而民愄（畏），又（有）心愄（畏）者也。戔（賤）而民貴之，又（有）悳（德）者也。貧而民聚安（焉），又（有）道者也■。蜀（獨）居而樂，又（有）內𢾕（動）（簡 23）者也。亞（惡）之而不可非者，胃（謂）於宜者也。非之而不可亞（惡）者，篙（篤）於悬（仁）者也■。行之而不怂（過），智（知）道者（簡 24）□。□□□□，□□者也。昏（聞）道反己，攸身者也■。上交近事君，下交得（㝵）眾近㣈（從）正■，攸（修）身近至悬（仁）。同方而（簡25）交，㠯（以）道者也。不同方而交，㠯（以）古（故）者也。□□而交，㠯（以）悳（德）者也。不同悅而交，㠯（以）猷（猷）者也。門內之絧（治），谷（欲）丌（其）𪍿也。（簡26）□□之絧（治），谷（欲）丌（其）折也。

凡人青爲可兌也。句以其青，唯怂不亞；不以其青，唯難不貴。(簡 50) 句又其青，唯未之爲，斯人信之壴。	凡人青爲可兌也。句㠯丌情，唯怂不亞；不㠯(簡 21) □情，唯難不貴。

【辨析】

“兌”，郭店簡釋文讀爲“悅”。

“句”，郭店簡釋文讀爲“苟”。

“唯怂不亞”，郭店簡釋文讀爲“雖過不惡”。

上博簡缺字，原釋文據郭店簡補“丌（其）”。

“句又其青，唯未之爲，斯人信之壴”，上博簡原釋文無，上博簡《校讀記》於原書附一殘簡二與殘簡三釋出，見下文第十三章【辨析】。

今讀作“**凡人情為可悅也。苟以其情，雖過不惡；不以其情，雖難不貴。苟有其情，雖未之為，斯人信之矣**”。

【解義】

“凡人青爲可兌也”，“人情”，指人的真實。“可悅”，指默會神通而令人欣悅。簡文此章首先論述“人真實之情”的作用，然後旁及以“情”所施展於爲政的效果與作爲道德本質的意義。“凡人情爲可悅”是一個普遍的斷言，謂人本諸內在的真實即能產生與人心靈溝通而悅服的效果。因此，簡文此處的“情”字，說明在“情感”的普遍意含中所特別顯出之誠摯信實的特質。簡文稱“情生於性”，“情”是人自然本性的流露。雖然受到外物引動而呈現多向的展發，但它作爲人本性的運作，具有一種在人之本性間溝通的內在作用。此種作用並不因外在事物的影響或任何約制的要求，而失去其特殊溝通的性徵。在“情”之中，人與人之間仍顯發著默會神通的溝通作用。"悅"之可爲欣悅之情，就是來自於這種溝通的效果。

"句以其青，唯怢不亞"，"怢"，讀作"過"，指行爲處事的過失。"亞"，讀作"惡"，指外人產生的嫌惡。簡文謂：假使人本諸誠摯之真情來行事，雖有過失，也不會受別人的嫌惡。

"不以其青，唯難不貴"，"難"，艱也，指舉措的艱難。《荀子·不苟》云："君子行不貴苟難，說不貴苟察，名不貴苟傳，唯其當之爲貴。""雖難"，似指雖克服艱難而終能成功。"情"既然是內在真情的溝通，"不以其情"就應指僅靠有形的規定來處理人世間的事物，或只是依從律法的要求來行事。相對"情"的溝通，必然有"難"。因此，即便能克服這些艱難的阻力而有成功，也不得給予正面的評價。《淮南子·繆稱》云："情繫於中，行形於外。凡行戴情，雖過無怨；不戴其情，雖忠來惡。"《淮南子》所稱"雖忠來惡"，顯示出失去真情的悅服，心中的嫌隙即不能免除。儒家重視人之真情的信服，"禮"的本源與其施行的完美，就是要保持並達至此種真情的效果。

"句又其青，雖未之爲，斯人信之亖"，此三句上博簡原書無。郭店簡是對上文"苟有其情"四句的申述，與上博簡所載文本不同。廖名春《校釋》云："斯，即、就。'斯人信之矣'即'人斯信之矣'。"簡文提到"情"、"爲"與"信"三觀念，以現代語言來說，即"真實"、"作爲"與"信服"。由"誠摯之真情"表現，而得到別人心悅的誠服，這是儒家根基心性說所建立起禮樂教化的原始本義。

《淮南子·繆稱》云："同言而民信，信在言前也；同令而民化，誠在令外也。聖人在上，民遷而化，情以先之也。"〈繆稱〉篇思想與簡文此處相近。又，《意林·卷一》引子思子曰："言而信，信在言前；令而化，化在令外。聖人在上，而遷其化。"《後漢書·宣稟王良傳》論章懷注引《子思子·累德》曰："同言而信，則信在言前；同令而行，則誠在令外。"簡文資料或與子思學派有所關連。

簡文此數句，似謂：人之真情的表露，是令人欣悅的。假使以真情來行事，雖有過失，也不會受到嫌惡。若是非出於真情，即便能〔克服〕艱難〔以成功〕，也不顯得珍貴。若是體現出真情，就是尚未實際行動，別人也會信服。

未言而信，又媺青者也。未夃（簡51）而民亙，眚善者也。未賞而民懽，含福者也。未型而民愄，又（簡52）心愄者也。	未言而信，又㜲情者也。未孝而民恆，眚善者也。□□□□□，□□□□。（簡22）□□而民愄，又心愄者也。

【辨析】

“媺”，上博簡作“㜲”，均讀爲“美”。

“亙”，上博簡作“恆”。

“懽”，郭店簡裘案：“‘懽’當讀爲‘勸’。”

“含”，“含”字，郭店簡《校讀記》讀爲“貪”。按簡文文義，恐非作“貪”，似讀爲“含”。

“型”，讀爲“刑”。

“愄”，讀爲“畏”。

上博簡缺字，原釋文補“未賞而民懽（勸），含福者也。未型（刑）”。上博簡《校讀記》云：“簡 22，是由三枚殘簡拼成，‘未賞’以下模糊不清，但‘未賞’兩字還有痕跡。”

今讀作“未言而信，有美情者也。未教而民恆，性善者也。未賞而勸，含福者也。未刑而民畏，有心畏者也”。

【解義】

此段列舉出四種治民的不同效果，來說明統治者當依循“真情悅服”的準則。

“未言而信，又娓青者也”，“言”，指“政令”之類。“娓”字讀爲“美”。前文簡20云：“君子美其情。”“美情”，指人淳真本性的抒發，是對“凡人情爲可悅”之“情”加以明確的界說。簡文似指不以言說的政令，就取得民眾的信服，這是因爲有醇美的真情。《周易·繫辭上》云：“不言而信，存乎德行。”《繫辭傳》以“德行”闡釋簡文的“美情”。《淮南子·繆稱》云：“未言而信，弗召而至，或先之也。”“或先之”之“先”是強調“情”先於政令的施行。“存乎德性”、“或先之”，與“美情”所指涉的意含相近。

“未叅而民亙，眚善者也”，“叅”字，郭店簡釋文讀爲“教”，指施政的教化。“恆”，《說文·二部》：“恆，常也。”“民恆”，似指人民保持其恆常之性。《周易·繫辭下》云：“恆，德之固也。”“善”，指價值的取向。“未教而民恆，性善者也”，指未施予教化，人民能保持其恆常本性者，這是來自於人本然的性向。簡文此處所言，恐亦非“性善”之論。《荀子·性惡》云“所謂性善者，不離其朴而美之，不離其資而利之也。”“朴”、“資”似與簡文之“恆”義近。郭店楚簡《尊德義》云：“凡動民必順民心，民心有恆，求其永，重義集禮，言此章也。”“民心有恆”似即此處“未教而民恆”之義，“求其永”之“永”與簡文“性善”相近。“求其永”，指設法延續人民之恆常之性，《尊德義》認爲這種措施在於“重義集禮”。“重義即禮”，屬與“人道”，本篇簡3云：“道始於情，情生於性”，“情”仍然復歸於“性”。又，孟子對公都子提出“性”之爲“善”，爲“不善”的種種辯詰，回答說：“乃若其情則可以爲善矣，乃所謂善也。”（《孟子·告子下》）“乃若其情”的“情”，指“性”的實情，也可說是“民恆”的“恆”。

“未賞而民懽，含福者也”，郭店簡裘案：“‘懽’當讀爲‘勸’，‘福’疑當讀爲‘富’。”《呂氏春秋·長利》云：“當堯之時，未賞而民勸，未罰而民畏，民不知怨，不知說，愉愉其如赤子。”又《禮記·中庸》亦云：“是故君子不賞而民勸。”“勸”，《說文·力部》：“勸，勉也。”《小爾雅·廣詁》：“勸，力也。”“含”字，郭店簡《校讀記》讀爲“貪”，並補注云：“‘未賞而民勸，貪富者也’（16 章：簡 52）。意思是說，雖賞未加而民盡力，是因爲他們在心裏盼望得到財富。‘貪’，原作‘含’。簡文‘貪’、‘含’互假，可參看《語叢三》。《語叢三》簡 18-19‘物有理而地能含之生之者’，‘含’原作‘貪’。”。按簡文文義，似當讀爲“含”。上文提到“情”、“性”等核心的觀念，“含福”之“福”字也應具有哲學的意含，而非指一般的福祐，或福享。《禮記·祭統》對“福”有特殊解釋，云：“福者，備也。備者，百順之名也。無所不順謂之備。”“含福”，似指含容在彼此信服人之整體價值的規劃之中。《呂氏春秋·具備》云：“故誠有誠乃合於精，精有精乃通於天。乃通於天，水木石之性，皆可動也，又況於有血氣者乎？”“誠”之合於“精”，“精”之通於“天”，故能動服天下。而“誠”就對人文價值的一種極致表達。又，廖名春《校釋》云：“按：‘含福’當與‘含德’義同。楚簡《成之聞之》：‘民不從上之命，不信其言，而能含德者，未之有也。’楚簡《老子》甲本：‘酓悳之厚者，比於赤子。’”“含福”之與“含德”義同，也可說明“福”的人文價值意含。

“未型而民愄，又心愄者也”，“未刑”指未施刑罰。“愄”，讀作“畏”。“心畏”指在心中所形成的敬畏之情，它來自於人心之自反。《論語·爲政》云：“子曰：‘道之以政，齊之以刑，民免而無恥；道之以德，齊之以禮，有恥且格。’”羞恥產生於內心，簡文“心畏”之義，似指“心存羞恥之敬畏”。

李天虹《集釋》云：“按：未賞而民勸，未刑而民畏，《左傳·襄公二十六年》：‘古之治民者，勸賞而畏刑，恤民不倦。’《中庸》：‘故君子不賞而民勸，不怒而民威於鈇鉞。’《莊子·天地》：‘昔堯治天下，不賞而民勸，不罰而民畏。’《荀子·彊國》：‘賞不用而民勸，罰不用而威行。’語意均與簡文相近。”

簡文此段似謂：不施政令而民眾信服，是因爲發自爲政者淳美的真情。不施教化而民恆常，是因爲順導人民本性的歸向。不施賞賜而民眾勸勉，是因爲彼此含容至德的感通。不施刑罰而民眾知畏，是因爲使民知恥而產生敬畏的心志。

【申論】

此段涉及“性情說”一些觀念的聯繫，具有如下的結構：

言——信——有一美情

教——恆——性善

賞——勸——含福

刑——畏——有一心畏

“言”、“教”與“賞”、“伐”是指在上者爲政所採取的措施。“信”、“恆”、“勸”、“畏”是指施政得到的效果。“美情”、“性善”、“含福”、“心畏”是指本乎誠摯實情的爲政根基。“美情”所表達的是人“情”之誠摯的真實，“性善”一詞是強調“善”之導引自“性”的本源，“含福”是指包容於信服之中，“心畏”是說明在“心”中形成的敬“畏”。因此，這四個觀念的核心是“情”、“善”、“福”與“畏”，而“美”、“性”、“含”、“心”是對此核心所加的形容，以明確表現四者的特殊意含。“性善”需就“善”與“情”、“福”、“畏”所指涉的歸念內容來理解。簡文稱“未教而民恆，性善者也”，這與“未言而信，有美情者也”表達的句法不同。這種不同的句法也表現在“未賞而勸，含福者也”與“未刑而民畏，有心畏者也”兩句中。“性善”與“含福”之前未有“有”字，均說明它們對前句所述說的效果，是來在於因順引發的作用。簡文所言的“善”是指人文教化的價值，而此價值的導向是引發自人之爲“人”之本性的意義。如同“福”之爲人文制度的完美是來自於人之整體價值的要求一樣。因此，簡文“性善”一詞的作用，並非界定“性善”，當與“性善論”無關，而後者是中國古典哲學發展中形成的推衍論題。

戔而民貴之，又悳者也。貧而民聚安，又衍者也。（簡 53）蜀処而樂，又內𧰨者也。	戔而民貴之，又悳者也。貧而民聚安，又道者也▪。寚居而樂，又內𢾊（簡 23）者也。

【辨析】

“戔”，郭店簡釋文讀爲“賤”。

“安”，郭店簡釋文讀爲“焉”。

“蜀”，上博簡作“寚”，均讀作“獨”。

“処”，讀爲“處”，上博簡作“居”。

“𧰨”，上博簡作“𢾊”。郭店簡《校讀記》云：“‘內𧰨’，不釋。案此字與‘禮’字的聲旁相似。參看上文簡 15‘禮’字。《六德》簡 40、41、43 有三個字從此，似應讀爲‘體’。”郭店簡《校讀記》補注云：“上博簡從攴從童（其‘動’字如此作），似讀‘內動’。”

今讀作“賤而民貴之，有德者也。貧而民聚焉，有道者也。獨處而樂，有內動者也。”。

【解義】

此段列舉出“賤”、“貧”、“獨居”、三種不同的處境，來說明本諸於真情之“有德者”、“有道者”、“內動者”的持守。

“戔而民貴之，又悳者也”，“戔”字，讀爲“賤”，指身分的低下。“貴”，指尊敬。

“貧而民聚安，又衍者也”，“貧”，指財富的困窮。裘按：“‘民’下一字應是‘聚’字，但書寫有誤。”李天虹《集釋》云：“《禮記·大學》》：‘財聚則民散，財散則民聚。’語意與簡文接近。”

此處簡文以“賤”、“貧”與“德”、“道”對言。“賤”指社會的身份與地位，“貧”指生計的貧窮狀態。人雖低賤，“而民貴之”，說明他具有精神人格的地位，即有德者；人雖貧窮，“而民聚焉”，說明他操持人義的歸向，即“有道”者。

“蜀处而樂，又內豊者也”，“蜀”字，讀爲“獨”。“豊”字，郭店簡《校讀記》讀爲“禮”。廖名春《校釋》云：“‘入’當訓爲合，契合……‘內禮’即入禮，入禮即合禮。”李天虹《集釋》云：“按：《六德》四三號簡有字作“僊”，整理者未釋，劉國勝釋爲‘徧’，謂：此字右旁係‘冊’繁寫，從二冊從曰。《一切經音義》：‘曹，古文冊。’冊寫作冊，類似古文曹寫作䡴。古文扁是一個從冊的字。《說文》：‘扁，從戶冊。戶冊者，署門戶之文也。’此字可隸作‘徧’，釋爲‘徧’。《廣韻·線韻》：‘徧，周也。’朱駿聲《說文通訓定聲》：‘徧，字亦作遍。’，即周遍、周全之義。簡文云：‘道不可徧也，能守一曲焉。’意思是說：道不可明其全體，能知其一也就行了。《莊子·天下》云：‘不該不徧，一曲之士也。’莊子之說與簡文所表述的思想不同。（劉國勝：《郭店竹簡釋字八則》，《武漢大學學報》1999年第5期，第43頁。）陳偉從其說，將《六德》四O、四一號簡的𢿰釋爲‘編’（認爲字從‘攴’指編連竹簡、柵欄一類物品），讀爲‘徧’。（陳偉：《郭店楚簡〈六德〉諸篇零釋》，《武漢大學學報》1999年第5期，第32頁。）按：從字形及文義看，劉、陳的釋讀可信。《性自命出》豊字與《六德》僊、𢿰所從形體相同，當釋爲‘冊’，或可讀作‘策’，指謀略。”“豊”字，上博簡作“𢾊”，讀爲“動”。簡文或作“豊”，或作“𢾊”，若非其中有誤字，當係不同文本所致。實際上二者所表達的意思應是相通的。

“獨處”指私人家居的生活。《韓非子·難三》云“或曰：廣廷嚴居，眾人之所肅也；晏室獨處，曾、史之所僈也。”“廣廷嚴居”與“晏室獨處”的情境不同。一般認爲“禮”的效用在倫常的關係中，郭店簡簡文卻稱“獨處而樂，有入禮者”，顯見簡文所強調的“禮”，指人存價值的生活準據，而不是禮儀制度的外在形式。《論語·雍也》云：“子曰：賢哉！回也。一簞食，一瓢飲，在陋巷。人不堪其憂，回也不改其樂。賢哉！回也。”顏回可稱爲是“獨處而樂，有入禮者”的典範。若“韭”讀爲“策”，則指規劃或約制，當指遵循禮制。上博簡“內韭”讀作“內動”，則指內在的要求，“獨處”而能“樂在其中”，是因爲有內在的精神要求所致。《荀子·儒效》云：“窮處而榮，獨居而樂”，這也是儒者存身處世的準則。“入禮”與“內動”，均指內在的作爲，思想是一致的。

簡文此數句，似謂：人雖然出身低下，但人民卻尊敬他，這是因爲他具有卓絕的德性；人雖然財富不足，但人民卻歸附他，這是因爲他體現人道的指向。人雖然獨處〔不爲人知〕而能自樂，這是因爲他有內在推動的精神力量。

【申論】

“賤”、“貧”、“獨處”是人居下位時的三種不同處境，“而民貴之”，指得到人民的敬重；“而民聚焉”，指得到人民的歸附。前者的效果來自於“德”，後者的成效是在“道”，“有德”指具有存身的操持，“道”指具有行爲的指向。前文簡 15-18 云：“聖人比其類而侖會之，觀其先後而逆順之，體其義而節文之，理其情而出入之，然後復以教。教所以生德於中者也。”因此，“德”指禮樂教化之德，“有德者”是在“情”之處置中，體現出人道的價値，故爲人所貴。而作爲人道之“道”是“始於情”。因此，“道”指人道規劃的相向，“有道者”是在此種規劃的方向中，能確立人義的指向，故爲人所聚。“而樂”，指返身自省時的精神感受，它來在於內在的精神動力。此種動力促成“有德”與“有道”的內在操持。

亞之而不可非者，達（？）於義者也。非之(簡 54)而不可亞者，篙於㥯者也。行之不佁，智道者也。	亞之而不可非者，筫於宜者也。非之而不可亞者，篙於㥯者也▪。行之而不佁，智道者(簡 24)□。

【辨析】

“亞”，郭店簡釋文讀爲“惡”。

“達”，上博簡作“胃”，原注釋云：“胃，讀爲‘謂’。”

“管”，上博簡作“篙”，均讀爲“篤”。

“悬”，讀爲“仁”。

“行之不怂”，上博簡作“行之而不怂”。

末字，上博簡缺，原釋文補“也”。

今讀作“惡之而不可非者，達於義者也。非之而不可惡者，篤於仁者也。行之不過，知道者也”。

【解義】

“亞之而不可非者”，“亞”字，讀爲“惡”。“惡”，嫌惡，《廣韻·慕韻》：“惡，憎惡也。”《論語·里仁》云：“唯仁者，能好之，能惡之。”簡文指雖然舉事的作爲會被別人所嫌惡，但卻不能對他的行爲加以非議。“嫌惡”指心理不喜歡，而非議是價值性的評斷。

“達於義者也”，“達”字，李天虹《集釋》云：“達，整理者於釋文後加問號，表示對釋文不能肯定。李零釋爲‘達’。劉昕嵐從李說，訓爲通曉、明白。趙平安認爲該字比一般的‘達’字多加了‘月’旁。古音達、月同屬月部，該字所加月旁很可能是用以表音，整理者所釋不誤。”《玉篇·辵部》：“達，通也。”“達於義者”，指通達於義理。人依循義理的準據，雖然所爲決斷之事不爲人所喜，但卻無可非議，因爲以義理爲準則的作爲，是不得不如此。“達”字，上博簡作“胃”，讀爲“謂”。《說文·言部》：“謂，報也。”段玉裁注：“凡論人論事得其實謂之報。謂者，論人論事得其實也。”“謂於義”，指得義之實，與“達於義”意通。

“非之而不可亞者，篙於悬者也”，指雖然舉事的作爲可被非議，但卻不會受到嫌惡。“篤”，篤厚。“篤於仁者”，指篤守仁惠的體恤。愛人而包容，雖然所採取的措施爲人所非議，但卻不會被人嫌惡，因爲施行的用意是本於仁道的體恤，不得不如此。

“行之不怸，智道者也”，“怸”字，讀爲“過”，“智”字，讀爲“知”。“行之不過，知道者也”，指能舉事而無過失，這是通徹知曉大道。《論語·爲政》云：“子曰：吾……七十而從心所欲、不踰矩。”

簡文此數句，似謂：〔雖然舉事〕會被別人嫌惡，但卻不能對他有所非議，這是因爲他通達義理決斷的所需。〔雖然舉事〕可被非議，但卻不會受到別人的嫌惡，這是因爲他篤守仁惠的體恤。舉事而無過失，這是通徹知曉大道的緣故。

【申論】

“惡之而不可非”、“非之而不可惡者”、“行之不過”是人行爲所表現的情況。前二者指來在於外在的評斷，嫌惡之“惡”與非議之“非”不同，“惡”是情緒左右的感受，“非”指事實本身的論斷。簡文稱“受到嫌惡但不可非議”是因爲“達於義”，“雖被非議但不會嫌惡”是因爲“篤於仁”，這說明“義”與“仁”的意含或作用有所不同。“義”是人道價值的規範，它爲制約人情的準據，簡 2 云：“始者近情，終者近義。”簡 8 云：“義也者，群善之蕝也。”“仁”是人道所蘊涵的恩情，它源自於“道始於情”之“始出”。簡 37 云：“唯性愛爲近仁”，“性愛”是由人本質之性所流露出的惠愛之情，它在人之真情的展現下得到充實，更在人道的規劃中，保持著對人性始源的聯繫。“行之不過”指保持行爲的正道，是因爲能領會人道的真義。

昏道反上，上交者也。（簡 55）昏衍反下，下交者也。昏道反吕，	□□□□，□□者也。昏道反己，

攸身者也。上交近事君，下交得(簡56)眾近從正，攸身近至悳。	攸身者也▪。上交近事君，下交得眾近㚇正▪，攸身近至悳。

【辨析】

《上海博物館藏戰國竹楚書（一）》附一：殘簡二有釋文"……□智□者不□□□□□□……"，原釋文云："本簡長二十四釐米，上下縱殘，現存三字，八字無法辨認。"殘簡三作"……□□□□□□□□□……"，原釋文云："本簡長十四．五釐米，上下縱殘，九字無法辨認。"上博簡《校讀記》云："簡 24，下有脫簡，今補入補 C。'不知己者不怨人，苟有其情，雖未之'（'知'原作'智'，'己'原從己從口，'怨'原作'悁'，'苟'原作'句'），即附一的殘簡二和殘簡三（殘簡二爲其左半，殘簡三爲其右半），原書只釋'智'、'者'和第二個'不'字，於所釋'不'字下空六字。這兩枚殘簡，我見過原簡，編號爲 B69/2 和 C 殘 14-14，其'雖未之'三字已看不淸楚，但其他字均可辨認，共十四字。"並補作"不知己者不怨人，苟有其情，雖未之爲，斯人信之矣，▌未言〔而信也。聞道反上，上交者也〕。補 C〔聞道反下，下交〕者也。"郭店楚簡簡 51 有"句(苟)又(有)其青(情)，唯(雖)未之爲，斯人信之壴(矣)"，並下接"未言而信"句。郭店簡簡 51 上承"凡人情爲可悅……雖難不貴"，文意似較爲連貫。

"昏"，郭店簡讀爲"聞"。

上博簡缺字，原釋文補"昏（聞）道反下，下交"。但郭店簡前有"昏道反上，上交者也"二句，上博簡無，原釋文云"此簡文前還缺一整簡，該簡尾應有'昏（聞）道反上，上交者'句。"

"攸"，讀作"修"。

"從"，上博簡作"㚇"。

今讀作"**聞道反上，上交者也。聞道反下，下交者也。聞道反己，修**

身者也。上交近事君，下交得衆近從政，修身近至仁”。

【解義】

此段講述秉持著“道”而體現在各種人存交往中的情況。簡文文義承續前段“行之不過，知道也”的“道”。“行之不過”，指一切行事均無所過失，這是“知道者”。而此段是就學者來說，故稱“聞道”。“聞道”則要返觀“上”、“下”與“己身”的問題。三者，均要立基在“道”的考量上。

“昏道反上，上交者也；昏衍反下，下交者也；昏道反吕，攸身者也”，“反”，返也。簡文此處三“反”字，均具有“聞道，則轉而思索……”的表達方式。“反上”指思索與君主交往之事，“反下”指思索與下民交往之事，“反己”指思索自己處身之事。“交”，指與人交往，是儒家爲學重要的事項之一。《論語·學而》云：“曾子曰：吾日三省吾身：爲人謀而不忠乎？與朋友交而不信乎？傳不習乎？”“爲人謀事”、“與朋友結交”與“傳授之講習”，三者爲學者反省之要務。“交”則爲三者之一。簡文“上交”、“下交”，分別指“交於君主”與“交於人民”，是對《論語》所說“與朋友交”事項的擴大。《周易·繫辭下傳》云：“子曰：知幾其神乎？君子上交不諂，下交不瀆，其知幾乎？幾者，動之微，吉之先見者也。君子見幾而作，不俟終日。《易》曰：‘介于石，不終日，貞吉。’介如石焉，寧用終日，斷可識矣！君子知微知彰，知柔知剛，萬夫之望。”“上交”、“下交”與簡文義同，“知幾”與“聞道”義近，也就是“知微知彰，知柔知剛”。

“上交近事君，下交得眾近從正，攸身近至悬”，“事君”似指侍奉君主得當。《孟子·告子下》云：“君子之事君也，務引其君以當道，志於仁而已。”《禮記·祭統》亦云：“是故君子之事君也，必身行之，所不安於上，則不以使下；所惡於下，則不以事上。”“近”，指接近，表達一種指向的要求。“下交得眾”，指與下交往在於能使眾人信服。“得眾”，必當本乎仁德，《論語·陽貨》云：“子張問仁於孔子。孔子曰：

'能行五者於天下，爲仁矣。'請問之。曰：'恭、寬、信、敏、惠。恭則不侮，寬則得衆，信則人任焉，敏則有功，惠則足以使人。'"“正”字，郭店簡釋文讀爲“政”。“近從政”義近於“得國”。《禮記·大學》云：“道得衆則得國。”“攸”字，郭店簡釋文作“修”。“修身近至仁”，《論語·顏淵》云：“顏淵問仁。子曰：'克己復禮爲仁。一日克己復禮，天下歸仁焉。爲仁由己，而由人乎哉？'"“由己”即在於修身。李天虹《集釋》云：“聞道反己，修身者也；修身近至仁，《中庸》云：'修身以道，修道以仁。'語意與簡文相當。”

簡文此數句，似謂：聞道而能返觀事上，是與在上位者交往的準則；聞道而能返觀事下，是與在下位者交往的準則；聞道而能返觀己身，是返恭修身的準則。〔聞道而能〕返顧到與上交往，則趨近於事君的得當；〔聞道而能〕返顧到與下交往，則能獲得衆人的信賴，趨近於政務的妥善；〔聞道而能〕返顧到修身，則趨近於仁德的達成。

同方而交，以道者也。不同方而（簡 57）□□□□。同兌而交，以悳者也。不同兌而交，以猷者也。	同方而（簡 25）交，㠯道者也。不同方而交，㠯古者也。□□而交，㠯悳者也。不同悅而交，㠯猷者也。

【辨析】

郭店簡缺字，上博簡作“交，㠯古者也”，可據補。

“古”，上博簡釋文讀爲“故”。

上博簡缺字，原釋文補“同悅”。

“兌”，上博簡作“悅”。

“猶”，上博簡作“猷”，讀爲“猶”。

今讀作“同方而交，以道者也。不同方而交，以故者也。同悅而交，以德者也。不同悅而交，以猷者也”。

【解義】

此數句說明不同的交往方式，均來自於不同“用心”的考慮。

“同方而交，以道者也”，上博簡注釋云：“同方，志向同，法則同。方，嚮，志之所嚮。”“方”釋爲“方向”是指一般的意含，此處當指道術的指向。楚簡《尊德義》云：“爲故率民向方者”。“同方而交”，指在相同道術的追求中，而相互交往。《禮記·儒行》云：“儒有合志同方，營道同術。並立則樂，相下不厭，久不相見，聞流言不信。其行本方立義，同而進，不同則退，其交友有如此者。”鄭玄注：“同方、同術，等志行也。”孔穎達疏云：“營道同術者，謂經營道藝，同齊於術。同術，則同方也。”《逸周書·官人》亦云：“合志而同方，共其憂而任其難，行忠信而不疑。”儒家強調同道間的切磋，《論語·衛靈公》云：“子曰：‘道不同，不相爲謀。’”

“不同方而□□□□”，據上博簡補“交以故者也”。廖名春云[1]：“缺文上海簡簡27做‘交，以古者也’。‘古’即‘故’。當訓爲巧詐。”李天虹《集釋》云：“按：‘古’即‘故’，亦即‘有爲也者’之故，謂事理、法則……道與故含義接近，但‘道’之義偏重于自然，‘故’之義偏重於人爲。”簡文“故”字，似原有其特殊的意含，《郭店楚簡校讀記·餘論》云：“‘故’是按一定目的來設計，用作教化手段的典章文物或文化傳統，則可藉以交流，溝通其本性。”並認爲是指“詩書禮樂”。簡文“故”字有此種含意的用法，但此處的“故”字，似指“故舊”。《周禮·秋官·小司寇》：“議故之辟。”鄭玄注：“故，謂舊知也。”不同方而交，謂雖然道術不同，但因故舊的情誼而交往。劉信芳云：“郭店簡《性自命出》57‘不同方而’，以下殘斷，句意不明。《性情論》26‘不同方

[1] 廖明春：《新出楚簡試論》，台灣古籍出版有限公司，2001年5月。

而交，以故者也’，句意完整。對《性自命出》的闕文，學者有各種補字意見，似乎未見有人能補出‘故’字。……‘故’謂故舊也。若借用王國維的表述方式，可謂交友之道，著一‘故’字，則境界全出。《論語·微子》：‘故舊無大故，則不棄也。’邢疏：‘大故，謂惡逆之事也。故舊朋友無此惡逆之事，則不有遺棄也。’此周公戒魯宮之語，夫子所身體力行者。《禮記·檀弓下》：‘孔子之故人曰原壤，其母死，夫子助之沐槨。原壤登木曰：久矣予之不託於音也，歌曰：狸首之班然，執女手之卷然。夫子爲弗聞也者而過之。從者曰：子未可以已乎？夫子曰：丘聞之，親者毋失其爲親也，故者無失其爲故也。’孔子不記原壤有失禮之處而與之相交往，是遵循周公不棄故舊之教也。”

“同悅而交，以德者”，陳偉認爲“悅”讀爲“說”，指學說。簡文以“悅”聯繫著“德”，“同悅”，似指心意相通而彼此悅服，而“以德者”，指爲了涵養彼此的品德。

“不同兌而交，以猷者也”，上博簡注釋云：“猶，即‘慉’，《玉篇》：‘慉，慠也。’《方言》第十三：‘慉，惡也。’‘惡’有不睦意。”簡文此處論述不同情況的“交”，各有其維繫的必要。“猷”字具有正面的意含，上博簡注釋恐與此不合。“猷”，似指謀劃。《爾雅·釋詁上》：“猷，謀也。”“不同悅而交，以猷者”，意謂：爲著一起參予共同的謀劃，雖然彼此心意不合，也要有所交往。

簡文此數句，似謂：道術相同而彼此交往，是爲著〔切磋而同往〕大道的緣故；道術不同而彼此交往，是爲著故舊情誼得以聯繫的緣故；心意相合而彼此交往，是爲著涵養相互的品德；心意不和而彼此交往，是爲著共同籌謀的緣故。

門內之絧，谷其（簡 58）䏿也。門外之絧，谷其折也。（……下接第十五章）	門內之絧，谷丌𦤎也（簡 26）。□□之絧，谷丌折也。

【辨析】

“紿”，郭店簡讀爲“治”。

“谷”，讀爲“欲”。

“餶”，上博簡作“⿱胥⿰胥胥”，讀爲“逸”。

上博簡缺文，原釋文補“門外”。

“折”，上博簡《校讀記》讀爲“制”。

今讀作“門內之治，欲其逸也。門外之治，欲其制也”。

【解義】

“門內之紿，谷其餶也”，“紿”字，裘先生認爲“可能應讀爲‘治’。”郭店簡《校讀記》云：“‘逸’，照片模糊不清，從釋文隸定的字形看，讀爲‘逸’字。”上博簡作“⿱胥⿰胥胥”，原釋文讀作“逸”。廖名春《校釋》云：“按：‘逸’字，《禮記·喪服四制》作‘揜’，《大戴禮記·本命》作‘掩’，《六德》作‘弇’，可知當訓爲隱。《正字通》：‘逸，隱遁也。’”上博簡注釋云：“門內，指親戚。紿，讀爲‘治’。⿱胥⿰胥胥，讀爲‘逸’。《說文》：‘逸，失也。’《廣雅·釋詁二》：‘逸，去也。’意爲門內之親，多恩情，存在私恩，所欲去公義。”“逸”，有“閒逸”、“安逸”、“樂逸”等義。李天虹云[1]：“‘餶’是整理者的隸定，李零據而認爲應是逸字。今按該字圖版模糊不清，但左旁上半筆劃尚可辨認，作[illegible]形，與‘兔’字相合，結合整理者的隸定，可以將該字隸定爲“鵵”。……《性自命出》的‘鵵’，相當於《六德》的‘弇’、《禮記》的‘揜’、《大戴禮》的‘掩’。結合《詩論》‘⿱兔⿰肙肙’字的音讀，‘鵵’似乎可以讀作‘匽’，匽古音與宛相同。《說文·匚部》：‘匽，匿也。’段注：‘匽之言隱也。’又，如果不從《六德》及二戴《禮記》，‘鵵’

[1] 李天虹：〈文字考釋二篇·釋鵵〉。本篇爲《郭店竹簡性自命出研究》，第二章。湖北教育出版社。

也許就讀作‘宛’。《說文·宀部》：‘宛，屈艸自覆也。’徐灝《注箋》：‘宛者，屈曲之義，宛從宀，蓋謂宮室窈然深曲，引申爲凡圓曲之稱，又爲屈折之稱。’《說文通訓定聲·乾部》：‘宛，猶屈也。’《史記·司馬相如列傳》：‘宛虹拖於楯軒。’張守節《正義》：‘ 云：宛虹，屈曲之虹。’‘宛’之義與‘折’正好相對。”“門內之治”重“情”，故欲其“逸”或“隱”。

“門外之綱，谷其折也”，“折”字，郭店簡《校讀記》作“制”。“折”有裁斷之義，《法言·吾子》云：“眾言淆亂，則折諸聖。”上博簡注釋云：“門外，百官、朝廷之間。折，有‘斷’意。……既爲朝廷百官，當稟公辦事，執公義，斷私恩。”

“門內之治”與“門外之治”見於楚簡《六德》，《六德》簡 30-31 云：“門內之治，恩掩義，門外之治，義斬恩。”《禮記·喪服四記》云：“門內之治，恩揜義；門外之治，義斷恩。”孔穎達疏：“‘門內之治恩揜義者’，以門內之親，恩情既多，揜藏公義，言得行私恩，不行公義。若《公羊傳》云，有三年之喪，君不呼其門是也。‘門外之治義斷恩者’，門外謂朝廷之間，既仕公朝，當以公義斷絕私恩，若曾子問父母之喪，既卒哭金革之事，無辟是也。”“門內之治”重在安和而以恩爲貴，而“門外之治”重在裁斷而以義爲貴。但簡文此處所提到的“門內”與“門外”當與前文的論述有關。所謂“門”似廣汎從人的私人之事與公眾之事的區分來說。“門內”涉及“不同方”、“同悅”的情況，而“門外”涉及“同方”、“不同悅”的情況。

簡文此數句，似謂：對私情事物的處置，要能（體恤而有所）隱匿。對公眾政事的處置，要能（按義理而明確）裁斷。

【申論】

此段簡文論述“交”，這仍然是由“情”推衍出來的問題。所謂“聞道反……”的語試，表現一種轉折的關係，由所聞知“人道始於情”的始源，返觀人世事物的處置。“交”，汎指自身與別人的交往關係，而“修身”也是一種自我反省的內心交往。因此，這種交往的關係，外在表現爲“與在上位者”的關係和“與在下位者”的關係，內在則表現爲“自我與反省之修身”的關係。簡文的說明，實際上包含人間一切交往的行爲，具體呈現爲“事君”、“得眾－從政”與“至仁”。“上交近……”、“下交近……”與“修身近……”，“近”指“切近”，“迫近”，也就是指最終的指向，同時也顯示出“交”的必然的要求。這種指向的來源是“聞道”，對“人道”的領會。因此，就人道的體現來說，外在的是“事君”與“從政”，內在的爲“至仁”。“事君”與“從政”爲“義”的展現，也就是遵循人道價值規範，而“至仁”之所“致”，則是對人道根源的領會與執守。這與簡文前文所言“始者近情，終者近義”是相聯繫的。

簡文接著從“同方”、“不同方”與“同悅”、“不同悅”來近一步說明“交”的關係。“方”是就心志的指向來說，“悅”是就內心的溝通來說。“道”是人文價值之義理的方向，因而有“同方而交”者，共同向於人道的修習。但人有故舊的情誼關係，因此，雖不同“方”而有“交”，是對情誼的維繫。“同悅而交”，“悅”，指志向相通而心意彼此悅服，“同悅”的交往所著重的是學習的所得，彼此品德的涵養，故簡文稱“以德者”。“不同悅”，指所爲道術的不同，此種交往是爲著能共同對事務的籌謀。因此，交往性質的不同，會產生不同的取擇。簡文云：“門內之治，欲其逸也。門外之治，欲其制也”，“門內”與“門外”可指“宗親之內”，與“朝野之間”，也可指“私門之內”與“群聚之中”。簡文似以“門”作爲“情感”與“義理”所施予的不同境地。前引《禮記·喪服四制》關於“門內”、“門外”的文字，也見於《大戴禮記·本命》與《孔子家語·本命解》。所謂“門內之治”與“門外之治”的差別在於“恩掩義”與“義斷恩”的不同考慮。“恩”的本質是“情惠”，“義”的表現在“約制”。因此，“同方而交”是以“道義”相聯繫；“不同方而交”是以“故舊”的情誼相牽連；“同悅而交”，是受到彼此德業的感通；“不同悅而交”，是受到政事謀劃的約束。“情誼”與“德業”的根基在“情”，而“道術”與“政事”的準據在“義”，“情”可以“安逸”，“義”必須“裁斷”，故簡文說“門內之治，欲其逸也。門外之治，欲其折也。”

又，此“凡例”的資料較爲複雜，其重心先是在“情”上，然後輾轉推衍陳述，其中的關連如下：

凡人情為可悅也。

苟以其情，雖過不惡；不以其情，雖難不貴。苟有其情，雖未之為，斯人信之矣。

‖

未言而信，有美情

者也。未教而民恆，性善者也。未賞而勸，含福者也。未刑而民畏，有心畏者也。賤而民貴之，有德者也。貧而民聚焉，有道者也。獨處而樂，有內動者也。惡之而不可非者，達於義者也。非之而不可惡者，篤於仁者也。行之不過，知道者也。

‖

聞道反上，上交者

也。聞道反下，下交者也。聞道反己，修身者也。

‖

上交近事君，

下交得眾近從政，修身近至仁。

‖

同方而交，以道者也。

不同方而交，以故者也。同悅而交，以德者也。不同悅而交，以猷者也。

門內之治，欲其逸也。門外之治，欲其制也。

簡文這種陳述由“情”到“信”，再由“知道”到“聞道”，由“上交”至“同方而交”，這種層層遞衍的表達方式，是相當特殊的。楚簡“性情說”資料的編輯，若“凡例”爲其原初編輯之所本，則其述說的方式各有不同。此處這種因著重某個相關事項的論點，而輾轉派生的論述，應當是此“凡例”原始記錄者的闡釋與發揮，其內容相當雜沓。但若就其思想的內在關連來看，也可視爲在禮制的規範下，對人倫事務的處理及其呈現各種狀態的說明。它包含：

就“施政”而言：

未言而信，有美情者；未教而民恆，性善者；未賞而勸，貪富者；未刑而民畏，有心畏者

就“處世”而言：

賤而民貴之，有德者；貧而民聚焉，有道者

就"為學"而言：

獨處而樂，有內動者；惡之而不可非者，達於義者；非之而不可惡者，篤於仁者；行之不過，知道者。

就"交往"而言：

聞道反上，上交者；聞道反下，下交者；聞道反己，修身者

上交近事君，下交得眾近從政，修身近至仁。（按簡文此數段表達的體例，似對"聞道反上"等句文義的解說。）

同方而交，以道者；不同方而交，以義者；同悅而交，以德者；不同悅而交，以猷者

門內之治，欲其逸；門外之治，欲其制。（補充說明"同方而交"等句中的"論交"之說。）

"施政"、"處世"、"爲學"、"交往"是人生存所面對的四項重要事物。也是在人倫關係中所涉及的存身重要問題。儒家哲學將"人義"的價值，安置在人之存在事實與真實處境的關連上，這不但重新建立了周文所開啓的人文世界形態，同時也影響中國後續人文創造的基本指向。簡文此段的闡釋，在儒家思想的哲學要求下，必然涉及此種範域的問題。

十四

此“凡例”上博簡簡文寫於簡 27 中段，其文字與郭店簡簡 62 中段對應，郭店簡簡 62 前有“凡悳患之事谷妊，樂事谷後”兩句。郭店簡此兩句寫於簡首，因此，其後必定接“身谷靑而毋訞”之後文句。郭店簡此兩句，於上博簡見於簡 31。上博簡 27 前段寫有“□外之治，欲其制也”，而此兩句則見於郭店簡簡 59，顯見二者抄寫文本的句序不同。郭店簡“身谷靑而毋訞”句，句前無“凡”字，似因接“凡悳患之事谷妊”二句之後，因前有“凡”字而省略。

此“凡例”似就人之一切行為表現所涉及的多向因素，如“身”、“慮”、“行”、“貌”、“心”、“喜”、“樂”、“憂”、“怒”、“進”、“退”、“言”、“居”等，來論述人之操持的正當型態。同時，更舉出以君子的行為舉止來作為遵循禮樂的典範。這可視為是簡文“性情說”之“禮樂”實踐的說明。

【郭店簡】

身谷（欲）靑（靜）而毋訞，慮谷（欲）㴸（淵）而毋憍（簡六十二），行谷（欲）恿（勇）而必至，宙谷（欲）壯而毋果（拔），谷（欲）柔齊而泊，憙（喜）谷（欲）智而亡末（簡六十三），樂谷（欲）睪而又有志，慐（憂）谷（欲）僉（儉）而毋惛，惹（怒）谷（欲）浧（盈）而毋[illegible]，進谷（欲）孫（遜）而毋攷（巧）（簡六十四），退谷（欲）[illegible]而毋巠（輕），谷（欲）皆度而毋憍。

君子執志必又（有）夫圭圭之心，出言必又（有）（簡六十五）夫柬柬之信。賓客之豊（禮）必又（有）夫齊齊之頌（容），祭祀之豊（禮）必又（有）夫齊齊之敬（簡六十六），居喪必又（有）夫䜌（戀）䜌（戀）之依（哀）。君子身以爲宔（主）心乚（簡六十七）。

【上博簡】

凡身谷（欲）青（靜）而毋遣，甬（用）心谷（欲）德（悳）而毋茍，慮谷（欲）困而毋異■，退谷（欲）緊而毋翌（輕）（簡27）□谷（欲）□而又（有）豊（禮），言谷（欲）植（直）而毋澅（流），居仉（處）谷（欲）膌（逸）蕩而毋曼■孠＝埶（執）志必有夫柽＝（注注）之心■，出言必有夫柬＝（簡28）□□，賓客之豊（禮）必又（有）夫齊＝之頌■。祭祀之豊（禮）必又（有）夫臍＝之敬■。居喪必又（有）夫䜌＝（累累）之哀。

（……上接第十八“凡例”）身谷青而毋訙，慮谷困而毋憍（簡62），行谷恿而必至，宙谷壯而毋杲，谷柔齊而泊，憙谷智而亡末，（簡63）樂谷睪而又有志，恴谷僉而毋惛，惹谷浧而毋𦐂，進谷孫而毋攷，（簡64）退谷𣳚而毋巠，谷皆度而毋憍。	凡身谷青而毋遣，甬心谷德而毋茍，慮谷困而毋異■，退谷緊而毋翌，（簡27）□谷□而又豊，言谷植而毋澅，居仉谷膌蕩而毋曼■

【辨析】

此段郭店簡與上博簡文字差異較大，比較如下：

身谷青而毋訙　　　慮谷囦而毋愧　　　行谷恿而必至

凡身谷青而毋遖　　慮谷囦而毋異

箘谷壯而毋果　　　谷柔齊而泊　　　憙谷智而亡末

　　　　　　　　　甬心谷德而毋㭁

樂谷罤而又有志　　恴谷僉而毋惛　　惹谷浧而毋

進谷孫而毋敓　　　退谷　而毋坙　　谷皆廈而毋愧

□谷□而又豊　　　退谷緊而毋翌

（言谷植而毋潰，居仉谷膌募而毋曼）

上博簡《校讀記》云：“‘凡身欲靜而勿羨’等七句，郭店本沒有‘居處欲逸易而毋緩，言欲直而毋流’，多出‘行欲勇而必至，貌欲莊而毋伐’，‘喜欲智而無末，樂欲懌而有志，憂欲斂而毋昏，怒欲盈而毋希’、‘欲皆敏而毋僞’，並且前面還有‘憂患之事欲任，樂事欲後’（此本在下簡31），彼此文字不同，順序也不同，差距較大。”

“青”，郭店簡釋文讀爲“靜”。

“訙”，上博簡作“遖”，讀爲“動”。上博簡《校讀記》讀作“羨”，並云：“簡 27，‘凡身欲靜而勿羨’，‘羨’，原作遖，字應釋‘遣’，此字也見於郭店楚簡《語叢四》簡 21，作‘若四時，一遣一來’，原書釋‘動’，蓋誤以所從爲‘童’。此句，郭店本相同，唯末字從言從欠，我亦讀爲‘羨’。”黃錫全云：“上海《性情論》簡 27‘身谷青而毋遣’之遣，釋文爲‘遖（？）’。郭店簡从言从欠。今按：其字作 ，應是从 ，與曾侯乙編鐘、編磬‘遣’字作  形同，即遣字。遣、欠音近可通。”

“囦”，郭店簡釋文讀爲“淵”。

“恿”，郭店簡釋文讀爲“勇”。

“箘”，讀爲“貌”。

“果”，郭店簡釋文讀爲“拔”，郭店簡《校讀記》讀爲“伐”。

“谷柔齊而泊”句前，郭店簡《校讀記》補“心”字。

“睪”，郭店簡《校讀記》讀爲“懌”。

“僉”，郭店簡釋文讀爲“儉”，郭店簡《校讀記》讀爲“斂”。

“惛”，郭店簡《校讀記》讀爲“昏”。

“惹”，郭店簡釋文讀爲“怒”。

“浧”，郭店簡釋文讀爲“盈”。

“”，郭店簡釋文未釋，郭店簡《校讀記》讀爲“希”。

“孫”，郭店簡釋文讀爲“遜”。

“攷”，郭店簡釋文讀爲“巧”。

“”，郭店簡釋文未釋，郭店簡《校讀記》讀爲“肅”。

“巠”，郭店簡釋文讀爲“輕”。

“度”，郭店簡《校讀記》讀爲“敏”。

今讀作“凡身欲靜而勿訡，慮欲淵而毋僞，行欲勇而必至，貌欲壯而毋伐，心欲柔齊而泊。喜欲智而無末，樂欲懌而有志，憂欲斂而毋昏，怒欲浧而毋希，進欲遜而毋巧，退欲肅而毋輕，欲皆敏而毋僞”“言欲植而毋流，居處欲逸易而毋縵”。

【解義】

“身谷青而毋訡”，“身”，指人之存身。“青”字，郭店簡釋文讀爲“靜”。“訡”字，《郭店簡校讀記·補注》云：“‘羨’，原從言從欠，與‘羨’字同從欠得聲。《史記·太史公自序》引《六家要指》說道家的精神是‘去健羨，黜聰明’，這裏的‘羨’與‘靜’相反，應即‘健羨’之義，舊作猜測是‘煩義’，不對。”“訡”，上博簡作“違”，讀爲“動”。劉釗《札記》云：“‘訡’從言欠聲，古欠聲與感聲可以相通。如今本《周易·繫辭》：‘情僞相感’之‘感’，馬王堆帛書《周易·繫辭》作‘欽’可證。疑簡文‘訦’應讀爲‘感’或‘撼’，訓爲動。”“訦”，今讀作“羡”，“羡”有過度之義，《淮南子·精神》：“無天下不虧其性，有天下不羡其和。”高誘注：“羡，過也。”《史記·司馬相如列傳》：“德隆乎三皇，功羡於五帝。”司馬貞《索隱》引司馬彪云：“羡，溢也。”簡文似謂：人的存身應當嚮往清淨的安寧而切莫健動而過溢。

“慮谷困而毋僞”，“慮”，指思慮，“困”字，郭店簡釋文作“淵”。《說文·水部》：“困，古文淵。从口、从水。”《文選·郭璞〈江賦〉》云：“澄澹汪洸，瀇滉困泫。”李善注：“皆水深廣之貌。”“僞”字，上博簡作“異”，原注釋云：“異，指異心。”上博簡《校讀記》云：“‘慮欲淵而毋’，‘淵’原作‘’，末字原作‘’，字形與郭店本簡64‘怒欲盈而毋’的最後一字相近，並非‘僞’字，也非‘異’字，疑與‘息’字有關（郭店本‘怒欲盈而毋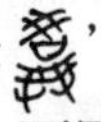’句的末字則可能和‘希’字有關）。”“憍（僞）”與“希”的意含不同，“希”雖有散亡之義（如下文“怒欲盈而毋希”之“希”），但此處或指竭盡。《周禮·春官·序官》：“澤虞，每大澤大藪。”鄭玄注：“水希曰藪。”賈公彥疏：“希，乾也。”上博簡簡文似謂：人的思慮應當指向如淵泉般厚實，而切莫乾涸竭盡。

“行谷恿而必至”，“行”，指行動。“恿”，郭店簡釋文讀爲“勇”。“勇”，指勇毅。“至”，指貫徹到底，《玉篇·至部》：“至，極也。”簡文似謂：人的行動要朝向勇毅果敢而有貫徹到底的決心。

“畗谷壯而毋臬”，“畗”字，郭店簡裘案：“‘畗’似當讀爲‘貌’。”“壯”字，《郭店簡校讀記·補注》云：“‘莊’，原作‘壯’，破讀爲‘莊’。”莊”，莊敬。《玉篇·艸部》：“莊，敬也。”《論語·爲政》云：“臨之以莊，則敬。”“臬”字，郭店簡釋文讀爲“拔”，郭店簡《校讀記》作“伐”。“伐”，指誇耀。《玉篇·人部》：“伐，自矜曰伐。”《荀子·仲尼》云：“功雖大，無伐德之色。”簡文似謂：人的容貌要表現莊敬的禮容而切莫有矜驕的姿態。

“谷柔齊而泊”，郭店簡《校讀記》於句前補“心”字，作“心欲柔齊而泊”。又，上博簡《校讀記》認爲上博簡“甬心谷德而毋茍”句，與郭店簡此句相當，並云：“‘用心欲德而毋僞’，末字照片已看不清，我曾目驗原簡，是從心從爲，原書釋‘茍’，並不正確。此句，郭店本作‘心欲柔齊而泊’。”上博簡注釋認爲“茍”即“憄”，釋爲“困”。“谷柔齊而泊”與下文“谷皆度而毋憍”重複說到“欲”，恐有誤，或兩“欲”字的指涉不同。郭店簡《校讀記》於“欲”前補“心”字，並認爲與上博簡“用心欲德而毋僞”句相當，可備一說。又，廖明春《校釋》云：“案：疑此句當讀爲‘欲務齊而泊’，‘柔’讀爲‘務’。……‘柔’、‘務’同矛得聲，故可通用。”今據廖明春校訂解義。簡文“欲”字，此處似指意向。《老子》第一章：“故常無欲以觀其妙，常有欲以觀其徼。”“無欲”、“有欲”指心表現的意向，而非情欲的欲望。“齊”，同“齋”。《莊子·達生》云：“必齊以靜心。”《莊子·人間世》云：“唯道集虛，虛者心齋也。”《說文》曰：“齋，戒潔也。”“泊”，恬靜無爲貌。“欲務齊而泊”，是針對“心有意向”時說的，指心有所意向時，當致力於齋淨與恬淡。上博簡簡文“用心”實際上是對“心之意向”的操持，故稱必須“德而毋僞”，即包持著德性的要求而不僞飾，思想與郭店簡相通。

以上五種行爲的舉止是針對人存身處世的表現來說，涉及“身”、“慮”、“行”、“貌”、“用心（欲）”的層面。“身”、“行”、“貌”是表現於外者，“慮”與“用心（欲）”則是內在的行動。

“憙谷智而亡末”，“憙”字，郭店簡釋文讀爲“喜”，“谷”，讀爲“欲”。“末”，有淺小之義。《淮南子·精論》云：“淺智之人，所爭者末也。”高誘注：“末，小也。”“喜欲智而無末”，是針對“欣喜”說的，指欣喜時，不可沈溺於淺薄的歡愉。又，趙建偉云：“‘末’終也，極也。……謂喜當明智而勿窮極。”可備一說。

“樂谷睪而有志”，“睪”字，《校讀記》作“懌”。《詩經·大雅·板》云：“辭之懌矣，民之末矣。”毛《傳》：“懌，說也。”“樂欲懌而有志”，是針對“晏樂”說的，指晏樂時，當表現出真情的愉悅，更要顯出向道的心志。

“悥谷僉而毋惛”，“悥”字，郭店簡釋文讀爲“憂”，“僉”字，讀爲“儉”，郭店簡《校讀記》讀爲“斂”。《說文·攴部》：“斂，收也。”《爾雅·釋詁下》：“斂，聚也。”“惛”指心亂。《大戴禮記·曾子立事》云：“怒之而觀其不惛。”盧辨注：“惛，亂也。”“惛”，《校讀記》作“昏”，劉信芳云：“‘惛’應讀爲‘悶’，‘惛’字從昏聲，‘悶’字從‘門’聲，馬王堆漢墓帛書《老子》甲 30‘啓其悶’，傅奕本‘悶’字作‘昏’，可知從‘昏’聲與從‘門’聲無別。”[1]“惛”通“悶”，《集韻·慁韻》：“悶，《說文》：‘懣也’或作‘惛’。”“惛”似有鬱結煩亂之義。“憂欲斂而毋惛”，是針對“憂悲”說的，指憂悲時，需知有所收斂而切莫使心情鬱結煩亂。

“惹谷浧而毋”，“惹”字，郭店簡釋文讀爲“怒”，“浧”，讀爲“盈”。“浧”字，似當讀如本字。《玉篇·水部》：“浧，泥也，澱也。”《字彙·水部》：“浧，沈也。”“浧”，似有沈著之義。“”字，郭店簡釋文未釋，郭店簡《校讀記》讀爲“希”，並云：“案此字上半部從丞，下半部從共，這裡似可讀爲‘希’。”《玉篇·巾部》：“希，散也。”“怒欲浧而毋希”，是針對“憤怒”時說的，指憤怒時，要沈著應對，不可使怒氣發散。

以上四種行爲是針對“情”的顯露來說。簡文強調“情”的表現，需要受到“禮”的約制。

“進谷孫而毋攷”，“進”，指出仕，《孟子·公孫丑上》云：“治則進，亂則退，伯夷也。”“孫”，通“遜”，《說文通訓定聲·屯部》：“孫，假借爲遜。”《周禮·考工記·輈人》云：“凡揉輈，欲其孫而無弧深。”鄭玄注：“孫，順理。”“考”通“巧”，《國語·越語下》云：“上帝不考，時反是守。”王引之《經義述聞》：“考，當讀爲巧，反猶變也。言上帝不尚機巧，惟當守時變也。”“進欲遜而毋巧”，是針對“出仕”說的，指出仕爲官時，當依順義理，切莫機巧行僞。上博簡《校讀記》認爲“□谷□而又豊”與此句相當，讀爲“進欲隨而有禮”，並云：“簡

[1] 劉信芳：《郭店竹簡文字考釋拾遺》。

28，‘進欲隨而有禮’，第一字殘損，但從文義判斷，應是‘進’字；第三字，照片不太清楚，我曾目驗原簡，是上從差下從心，此以音近讀爲‘隨’，原書缺而不釋，今補之。此句，郭店本作‘進欲遜而無巧’，‘遜’與‘隨’含義相近。”郭店簡簡文“進欲遜而毋巧”，“毋巧”也就是上博簡所說“有禮”，按照禮制的定規。二者文意相通。

“退谷而毋巠”，“”字，郭店簡《校讀記》作“肅”。此句，上博簡作“退谷緊而毋巠”，上博簡《校讀記》云：“第三字，照片已無法辨認，我曾目驗原簡，是作‘繡’，這裏讀爲‘肅’，原書釋‘緊’，括注問號，其實是‘繡’字。此句郭店本作‘退欲肅而毋輕’，第三字，過去有種種猜測，對照此字所從的‘肅’，其實正是‘肅’字。”“肅”，指莊重而有威儀。《禮記·玉藻》：“言容諮諮，色容嚴肅。”“巠”字，郭店簡釋文讀爲“輕”，指輕率。“退欲循而毋輕”，是針對“隱退閒居”說，引退閒居時，當有保持莊重的威嚴而不可輕忽隨意。

以上兩種行爲的舉止是針對“出仕”與“退隱”來說，是人面對天下之事的處理態度。上博簡此章文字較郭店簡簡略，而以下兩句不見於郭店簡，二者抄寫所據的文本不同。

“谷皆度而毋僞”，“欲”，似指前文“欲任”、“欲靜”、“欲淵”、“欲勇”、“欲莊”、“欲柔齊”、“欲智”、“欲懌”、“欲斂”、“欲盈”、“欲遜”、“欲尋”之“欲”，故此處“欲”字，指“要求”，即要求上述諸事並以之爲準據，而非一般的“嗜欲”。“度”字，郭店簡《校讀記》作“敏”，並云：“‘敏’，舊作從衺說讀‘度’，不對，但讀‘文’亦誤，這裏讀爲‘敏’。‘敏’是機敏、勤勉、盡心盡力之義，古書常以‘敏’形容人的精明幹練，並以‘不敏’爲謙辭。”“欲皆敏而毋僞”，似針對上述各種事務的處置整體來說的，指上述的行爲均須勤勉而盡力，不可掩飾與欺瞞。

“言谷植而毋澅”，上博簡注釋云：“植，讀爲直。……‘毋澅（流）’，不流言。”“言”，指言說，或論述。“直”，伸也。《孟子·滕文公下》：“志曰：‘枉尺而直尋，宜若可爲也。’”“流”，指虛浮。《說文通訓定聲·孚部》："流，假借爲孚。"《荀子·致仕》："凡流言、流說、流事、流謀、流譽、流愬，不言而衡至者，君子慎之。"楊倞注："流者，無根源之謂。"簡文似謂：言說需將心意直述，而切莫做無謂之談。

"居仉谷牂葛而毋曼"，上博簡注釋云："居仉，即居處，指日常儀容舉止。牂，讀爲'莊'。葛，待考。曼，通'慢'，驕慢，傲慢。"上博簡《校讀記》讀作"居處欲逸易而毋縵"，並云："'逸'，原從爿從兔從肉，乃古文字常見的'逸'字，原書讀'壯'；'易'，原從艸從易，原書隸定爲從艸從易，括注問號。'逸易'是簡單隨便的意思，原文是說，居處最好簡單隨便，但不要輕率無禮。"李天虹[1]云："'牂'原文作A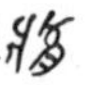。A右旁所从，見於《詩論》八、二三、二五號簡，字當釋爲'兔'。因此A應該隸定作'䏲'。越器者汈鐘銘文也有一個从'爿'的字，其右半殘泐，殘餘筆畫與'兔'有接近之處，郭沫若先生據三體石經古文讀作'逸'，於文義可通。三體石經'逸'字古文作'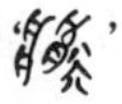'，比照A形只是缺少了'兔'旁下面的部份。由此來看A及汈汈鐘銘文之字的確可以釋爲'逸'。古'逸'與'佚'通，有閒適、安樂之義。《周禮·夏官·廋人》：'教以阜馬佚特'，鄭元注：'度子春云：佚當讀爲逸。……玄謂逸者，用之不使甚勞，安其血氣也。'《文選·張衡〈東京賦〉》：'猶謂爲之者勞，居之則逸'，李善注引薛綜曰：'逸，樂也。'""葛"字，李天虹《集釋》認爲應作"葛"，並云："下旁最早見於信陽楚竹書，作''（1-1）''（1-7）李家浩釋爲'易'，讀作'狄'，可從。若此當應爲'葛'，於簡文可能應該讀作'易'。古'易'與'逸'義近。《詩·小雅·何人斯》毛傳：'易，說（悅）。'《中庸》：'故君子居易以俟命，小人行顯以僥幸'，鄭玄注：'易，猶平安也。'""逸"，似指安逸。"易"，指平易。"縵"，指疏慢。簡文似謂：平時居處的生活要閒逸而平易，切莫疏忽怠慢。

簡文此數句，似謂：處身必當清靜而不躁動；思慮必當深沈如淵而不

[1] 李天虹：《性情論》文字雜考（四則），收入《新出楚簡與儒家思想國際學術研討會論文集》，北京，2002年4月。

淺薄；行動必要勇敢堅毅而貫徹到底；容貌必當莊敬而不矜誇。心意應盡力保持齋淨與恬淡。欣喜時，要能知曉大道而不可沈溺於虛浮。享樂時，當表現出愉悅，不忘向道的心志。憂悲時，當知有所收斂而不心亂。憤怒時，要沈著，不可使怒氣發散。出仕時，必當順理而切莫機巧。退而閒居時，當莊重嚴肅而不可輕率。上述各種事務的處置，都須合乎法度而不可有掩飾與欺瞞。

【申論】

簡文此段似配合“性情說”思想的解說，摘錄前人對行事爲人所當依循準擇的告誡。整個“凡例”均以“……欲……而……”句法來表述，呈現出行爲舉事的內在調節作用。它的結構形式爲：

身　慮　行　貌　心	喜　樂　憂　怒	進　退
欲		
静　淵　勇　壯　柔齊	智　懌　斂　浧	遜　肅
而		
勿訧　勿僞　必至　毋伐　泊	無末　有志　毋昏　毋希	毋巧　毋輕
欲皆敏而毋憍 （言谷植而毋濇，居仉谷臍蓦而毋曼）		

郭店簡的內容分成三類，“身、慮、行、貌、心”是人自身的操持，“喜、樂、憂、怒”是展現的情緒，“進、退”是爲政的取擇。上博簡整段作：“凡身谷青而毋遣，甬心谷德而毋苟，慮谷囦而毋異，退谷緊而毋翌，□谷□而又豊，言谷植而毋濇，居仉谷臍蓦而毋曼”，僅說及“身、心、慮、退、（進）、言、居”，內容較爲簡樸，欠缺文句的排比，此也顯示郭店

簡文本似曾加以整理補述。

對於人存身的應對，郭店簡列出三類十一項不同的事例，分別的要求是“靜（清靜）、淵（淵深）、勇（堅毅）、壯（莊重）、柔齊（柔敬）”，“智（明智）、懌（欣悅）、斂（收斂）、涅（沈著）”與“遜（順理）、肅（敬肅）”。這些“用心”的方式，表現出深沈、嚴謹、澹默、承受、堅決的態度。

簡文對這些應對提出一種提醒，用“……而……”的語式來表達。“而”是轉折詞，表現出對於前者反向的思索。簡文分別稱：“勿訬（勿躁動）、勿僞（勿虛淺）、必至（貫徹到底）、毋伐（勿矜誇）、泊（要恬淡）”，“無希（淺薄）、有志（保持志向）、毋昏（勿心亂）、毋希（勿發散）”，“毋巧（勿機巧）、毋輕（勿輕率）”。這些“而”字後的提醒，是“用心”中的自我調節與校正。

類似的說法也見於儒家其他典籍，如：

《論語·季氏》云：“孔子曰：君子有九思：視思明，聽思聰，色思溫，貌思恭，言思忠，事思敬，疑思問，忿思難，見得思義。”

《尚書·皋陶謨》云：“皋陶曰：都！亦行有九德……寬而栗，柔而立，愿而恭，亂而敬，擾而毅，直而溫，簡而廉，剛而塞，強而義。”

《尚書》的九德也是以“而”字來表述，與簡文的說法相同。

君子執志必又夫峑峑之心，出言必又夫（簡 65）柬柬之信。賓客之豊必又夫齊齊之頌，祭祀之豊必又夫齊齊之敬，（簡 66）居喪必又夫繺繺之依。	孯= 埶志必有夫柱= 之心■，出言必有夫柬= □□，賓客之豊必又夫齊= 之頌■。祭祀之豊必又夫臍= 之敬■。居喪必又夫繺=（簡 28）之哀。

【辨析】

“君子”，上博簡“䇂”下有合文符。

“執”，上博簡作“埶”，讀爲“執”。

“皇皇”，郭店簡《校讀記》讀爲“廣廣”。上博簡作“柱=”，原注釋讀作“注注”。上博簡《校讀記》云：“‘柱柱’，郭店本作‘皇皇’，疑郭店本是，而此本誤，原書讀‘注注’。”

“柬柬”，上博簡“柬”下有重文符。

“齊齊之頌”，讀爲“齊齊之容”。

“齊齊之敬”，上博簡作“臍臍之敬”，上博簡注釋讀爲“濟濟”。

“䜌䜌”，上博簡注釋讀爲“累累”。

今讀作“君子執志必有夫廣廣之心，出言必有夫柬柬之信。賓客之禮必有夫齊齊之容，祭祀之禮必有夫濟濟之敬，居喪必有夫戀戀之哀”。

【解義】

“君子執志必又夫皇皇之心”，“執志”，指志向的持守。“皇皇”，郭店簡《校讀記》作“廣廣”，並云：“‘廣廣’，原只隸定，實即‘往往’（‘往’是影母陽部字，‘廣’是見母陽部字，讀音相近）。案：‘廣廣’是遠大之義，見《莊子·天運》、《荀子·解蔽》等書。”《莊子·天運》云：“夫道……廣廣乎其無不容也。”成玄英疏：“廣廣，嘆其寬博。”又，廖明春《校注》云：“‘皇’字從止王聲，‘往’之初文。王弼本《老子》第四十一章‘廣德若不足。’‘廣’字馬王堆帛書《老子》乙本同，楚簡《老子》作‘皇’。”“廣廣之心”，指寬大廣博的心靈。“執志”是保持志向的專一，此專一的志向需要安置於廣博的心懷之中。簡文是以“心”來統“志”。

“出言必又夫柬柬之信”，上博簡注釋云：“柬柬，讀爲‘堅堅’，也可讀爲‘簡簡’。《爾雅·釋訓》：‘柬柬，大也。’”“柬柬”，郭店簡《校讀記》云：“疑讀‘謇謇’。”劉昕嵐《箋釋》認爲是“正直忠誠貌”。、郭店簡簡 45 上博簡簡 37 均有“不又夫柬柬之心則采”句，陳偉《零釋》認爲應讀爲“簡簡”，指質樸、平易。簡文前云：“言欲直而毋流”，此謂“出言必有夫柬柬之信”，“柬柬之信”應指“直而毋流”，因此，“柬柬”，當讀“簡簡”，指質樸之信實。“執志必有夫廣廣之心”與“出言必有夫柬柬之信”，兩句有對應的結構：“信”與“心”對言，“執志”在“心”，爲“心”之所向；“出言”在“信”，爲“人”與“言”的通達。此種通達於外者，是質樸真誠的心意。簡文此兩句均就針對人內心的持守來說，就“志”的所向，需要保持廣大的心懷，就“言”的表達，則必須顯露心意的真誠。

“賓客之豊必又夫齊齊之頌，祭祀之豊必又夫齊齊之敬”，“齊齊”，郭店簡《校讀記》云：“兩‘齊齊’，是恭敬之義，見《大戴禮記·四代》和《禮記》的《玉藻》、《少儀》、《祭義》。”上博簡後“齊齊”作“臍臍”與前“齊齊”不同。上博簡注釋云：“根據‘祭祀重，故主敬’句，‘臍臍’讀爲‘濟濟’。《廣雅·釋訓》：‘濟濟，敬也。’《國語·楚語下》：‘肅肅濟濟。’《禮記·玉藻》：‘朝廷濟濟翔翔’，鄭玄註：‘濟濟，莊敬貌。’”上博簡《校讀記》云：“‘臍臍’，郭店本作‘齊齊’，同上文‘齊齊’，似乎不同，原書讀‘濟濟’，以爲莊敬之義，但古書中的‘齊齊’也是這個意思。問題還值得研究。”彭林《郭店楚簡中的禮容》[1]云：“撿諸典籍，‘齊齊’與‘濟濟’似不甚區分。……‘濟濟’既可以指盛大之容，也可以指敬肅之容。朝廷儀典，盛大之必然整肅；宗廟祭禮，整肅之必然盛大。所以，兩者都得以‘濟濟’稱之，但在行文中可以各有側重。郭店楚簡均作‘濟濟’，以更近於古。”《禮記·玉藻》云：“凡行，容愓愓，廟中，齊齊；朝庭，濟濟、翔翔。”鄭玄注：“齊齊，躬慤貌。”《正義》云：“齊齊，自收持嚴正貌。”又云：“濟濟，有威儀矜莊也。”《禮記·玉藻》以“齊齊”言“廟中”持守的容貌，以“濟濟”言“朝廷”應有的容貌。簡文“賓客之禮”行於“朝廷”，“齊

[1] 彭林：〈論郭店楚簡中的禮容〉，《郭店楚簡國際學術研討會論文集》，頁 134-142。

齊”當讀作“濟濟”，後“臍臍”涉及祭祀之禮，當讀“齊齊”。“齊齊”與“濟濟”，可通假，古籍常因不做分辨，而有所含混。

“居喪必又夫䜌䜌之㤅”，“䜌䜌”，郭店簡《校讀記》作“戀戀”，指一種悲哀的情緒。“戀戀之哀”，依依難捨的哀情。“哀”與“戚”常連言，《禮記·檀弓下》云：“喪禮，哀戚之至也。”“戀戀之哀”，似指“哀戚”。

簡文此兩句，似謂：君子“執志”需要有寬博的心靈，“出言”必要有真誠的信實。賓客相見之禮，必要顯出威儀矜莊的禮容；宗廟祭祀之禮，必要顯出肅穆盛大的崇敬，居喪守持之禮，必要顯出痛惜悲戀的哀戚。

君子身以爲宔心乚。（簡 67）	缺

【辨析】

此句，上博簡無。郭店簡後有“鉤形符”，似作爲第二篇的結尾符號。上博簡簡 29 無此句，而下接“凡悅人勿吝也句，顯見二者文本的編排不同，而郭店簡似對原有資料加以增補。

今讀作“**君子身以為主心乚**”。

【解義】

此句似總結“凡憂患之事欲任”等句（前兩句不見於上博簡）表達實踐行爲典範的要求，而提出“心”是這些行爲的主導。

“宔”字，郭店簡釋文讀爲“主”，“身以爲主心”，趙建偉云：“此蓋即以心主身之義，與《管子·心術》‘心之在體，君之位也’之說相近。”劉釗認爲此句字序抄寫有誤，本當作“君子身以心爲主”，與帛書《五行》“耳目鼻口手足六者，心之役也”，《劉子·專務》“心爲身之主”含義相當。劉昕嵐：“君子身以爲主心”，即指“君子著意于自己的儀容行止以端正內心”。龐樸認爲此句也許是“心以體廢”、“心以體興”的意思。李天虹《集釋》云“按：古人既有‘心爲身主’之說，又有‘心以體廢’之說。簡文本章主要講述君子應有的儀容舉止，‘君子身以爲主心’似是對全章的總結，這樣看來‘君子身以爲主心’很可能是講儀容舉止對心的影響、作用。……‘主’於此也許可以訓爲‘守’。《廣雅·釋詁三》：‘主，守也。’”但，簡文“身”與“心”似保現著哲學觀念結構的意義與作用。《淮南子·繆稱》云：“身君子之言，信也；中君子之意，忠也。”“身”與“中”是相應來說的，“中”指內在之“心”，而“身”則指表現於外的實踐。簡文稱“身以爲主心”，認爲“心（內在的持守）”是作爲“身（實踐）”的“主（主導）”。

簡文此數句，似謂：君子藉諸於親身的踐行，以作爲以“心”爲主導的徵驗。

“∟”，郭店簡《校讀記》認爲是表示此篇結束的篇號。

十五

第十五“凡例”至第十八“凡例”，仍然說明在禮制規範下，行為舉止的實踐。文句的形式，同樣具有箴言或告誡的性質。這四章章序的排列，郭店簡與上博簡雖然相同，但與此四“凡例”等體構成部份之前、與之後的文字排列，則不相同。

【郭店簡】

凡兌人勿㥂也，身必從之，言及則（簡五十九）明㪯（舉）之而毋僞。

【上博簡】

凡悅人毋䍜（吝）（簡29）□，身必𨑨（從）之，言及則明，舉（舉）之而毋𢡺（僞）。

凡兌人勿㥂也，身必從之，言及則（簡59）明㪯之而毋僞。	凡悅人毋䍜（簡29）□，身必𨑨之，言及則明，舉之而毋𢡺。

【辨析】

“兌”，上博簡作“悅”。

“㥂”，上博簡作“䍜”，讀爲吝。

“㪯”，上博簡作“舉”，讀爲“舉”，讀爲“舉”。

今讀作“凡悅人勿吝也，身必從之，言及則明舉之而毋僞”。

【解義】

“凡兌人勿㥶也”，郭店簡裘案：“疑此句當讀爲‘凡悅人勿吝也’。”“悅”，《爾雅·釋詁上》：“悅，樂也。”上博簡注釋云：“悅，讀爲‘說’，《莊子·天下》：‘上說下教’，陸德明釋文：‘說，猶教也。’《孟子·盡心下》：‘說大人，則藐視之，勿視其巍巍然。’𨻰，讀爲‘吝’，勿吝，不吝惜。簡文意爲對人要不吝賜教。”並云：“舉之，即舉止。……簡文意爲要以身作則，言行一致。”《禮記·緇衣》：“《兌命》曰。”鄭玄注：“兌，當讀爲‘說’。”《墨子·公孟》：“子墨子曰：仁義鈞。行說人者，其功善亦多，何故不行說人也！”《韓非子·顯學》：“今或謂人曰：‘使子必智而壽’，則世必以爲狂。夫智、性也，壽、命也，性命者，非所學於人也，而以人之所不能爲說人，此世之所以謂之爲狂也。”“說人”，似指勸說，說服別人。

“吝”，劉昕嵐認爲是“恨惜”劉釗則訓爲“吝嗇”。“吝”，似指吝惜，引申有“猶豫不前”之義。“𦥑”字，郭店簡釋文讀爲“舉”。

“身必從之”、“言及則明”，“身”指行動，“言”指言說，“身”、“言”均爲人行爲的表現。“舉”，指行動、舉動。

此處，李天虹釋意云：“凡欣賞某人就應不吝付出，必須付之行動。言談及之就要磊落地舉薦，沒有一點虛僞。”

簡文此數句，似謂：凡是勸說別人，不要猶疑不定，但也要能必須以身作則，所說的要能明確，舉動不能有任何虛僞之處。

十六

【郭店簡】

凡交毋剌（？），必㕢（使）又（有）末。

【上博簡】

凡交毋㓷（拔），必㕢（使）又（有）末■。

凡交毋剌，必㕢又末。	凡交毋㓷，必㕢又末■。

【辨析】

"剌"，上博簡作"㓷"，上博簡《校讀記》讀爲"烈"，並云："'烈'，原作'刺'，不是'杲'字。郭店本把它的左旁寫得好象'央'字，與此對照，可知是'刺'字。"

"㕢"，讀爲"使"。

今讀爲"凡交毋烈，必使有末"。

【解義】

"剌"字，李天虹《集釋》云："按：當釋爲'剌'，讀作'烈'，訓爲'甚'。""烈"字，有剛猛、嚴厲之義。

"末"，指終結，《小爾雅·廣言》："末，終也。"《玉篇·木部》：

“末，盡也。”“有末”，指善終。

劉釗釋解此兩句文意：與朋友交往不能太過，要有始有終。

簡文前有大段（郭店簡簡 55-58，上博簡簡 25-26）說明“交”的問題，此處僅提到兩句，顯見其抄寫的原始資料本為語錄或箴言的輯錄。

簡文此數句，似謂：與人交往，切莫剛烈〔粗暴〕，一定要能有好的結局。

十七

【郭店簡】

凡於逄毋愄（畏），毋蜀（獨）言。蜀（獨）（簡六十）処則習父兄之所樂。句（苟）毋（無）大害，少枉內（入）之可也，已則勿復言也（簡六十一）。

【上博簡】

凡於道逄（路）毋愄，毋蜀（獨）言▪。蜀（獨）居則習（簡30）□兄之所樂。句（苟）毋害，少枉內（納）之可也，已，則勿（物）逿（復）言也。

凡於逄毋愄，毋蜀言。蜀（簡60）処則習父兄之所樂。句毋大害，少枉內之可也，已則勿復言也（簡61）。	凡於道逄毋愄，毋蜀言▪。蜀居則習（簡30）□兄之所樂。句毋害，少枉內之可也，已，則勿逿言也。

【辨析】

“逄”，上博簡作“逄”，並於字前有“道”字。上博簡《校讀記》云：“簡 30，‘路’，郭店本從辵從夂，據此可知是‘路’字之誤，但原書認爲是對應於‘道’字。。”簡文似使用“道路”一詞，郭店脫“道”

字。

“愄”，上博簡釋文同，上博簡《校讀記》作“思”，並云：“‘畏’，郭店本作‘思’，字形相近，必有一誤，‘畏’當是‘思’字之誤。”裘先生云[1]：“從文義看，其說可從。‘愄’字的‘心’旁原來寫在下方，字形與‘思’相近。”

上博簡簡31簡首缺字，上博簡釋文補“父”字。

“大害”，上博簡無“大”字，恐脫。

“內”，讀爲“納”。

今讀作“凡於道路毋思，毋獨言。獨處，則習父兄之所樂。茍無大害，少枉納之可也，已則勿復言也”。

【解義】

“凡於迻毋愄”，“迻”字，上博簡作“逄”，並於字前有“道”字。“道路”，原指天下的道路，《周禮·夏官司馬》：“合方氏：掌達天下之道路。”引申指鄉里的民間。《左傳·定公四年》：“衛侯使祝佗私於萇弘曰：‘聞諸道路，不知信否？’”“道路”也可引申表達“路上的眾人”，《史記·酈生陸賈列傳》：“道路皆言君讒，欲殺之。”“愄”，上博簡《校讀記》認爲當讀爲“思”字之誤。“思”指思慮。下文稱“毋獨言”，簡文之“思”或指“毋獨思”，謂：在群眾之間，不要過度自我思慮。

“毋蜀言”，“蜀”字，郭店簡釋文讀爲“獨”。“獨”，指專斷。《荀子·臣道》云：“故明主好同，而闇主好同獨。”楊倞注：“獨謂自任其智。”“毋獨言”，似指切莫專斷強言。

“蜀処則習父兄之所樂”，“獨處”，似指離群居家之時。上博簡《校讀記》“獨處”二字屬上讀，恐不確。“習”，通“襲”，因順也。《尚

[1]裘錫圭：〈談談上博簡和郭店簡中的錯別字〉。

書·大禹謨》云：“龜筮協從，卜不習吉。”孔穎達疏：“習，因也。”“獨處，則習父兄之所樂”，似指居家時，則要因順父兄所得以爲樂之事。

“句毋大害，少枉內之可也，已則勿復言也”，“枉”，指受到冤屈。“入”，容納，《玉篇·入部》：“入，納也。”上博簡注釋云：“引申爲原諒。”“句”字，郭店簡釋文讀爲“苟”。

簡文此章是就平時居家的操持來說。“毋獨言”、“獨居”、“習父兄之所樂”等事，表現家居生活的行爲。

簡文此數句，似謂：在人群之中，不要顧自思慮，也切莫專斷強言。在家中時，要因順父兄所得以爲樂之事。對少數的冤屈，若它們不會造成重大不好的影響，應當承受包容，事情過後，就不再提及。

十八

【郭店簡】

凡悥（憂）患之事谷（欲）妊（任），樂事谷（欲）後。

【上博簡】

凡悥（憂）惓（倦）之事谷（欲）任，樂事谷（欲）逡（復）▌。

凡悥患之事谷妊，樂事谷後。	凡悥惓之事谷任，樂事谷逡▌。

【辨析】

“悥”字，郭店簡釋文讀爲“憂”。

“患”，上博簡作“惓”。上博簡《校讀記》讀爲“患”，云：“‘患’，原作‘惓’，原書不破讀，以爲悶義，其實應從郭店本讀‘患’。”

“妊”，上博簡釋文作“任”。

“後”，上博簡作“逡”，讀爲“後”。

今讀作“凡憂患之事欲任，樂事欲後”。

【解義】

“悳”字，郭店簡釋文讀爲“憂”，“谷妊”二字，讀爲“欲任”。“任”，指承擔。《正字通·人部》：“任，負也，擔也。”《詩經·大雅·生民》云：“是任是負，以歸肇祀。”

“欲”，指一種約束性的要求。《文子·微明》云：“凡人之道，心欲小，志欲大。”（另見於《淮南子·主術》）

“樂事欲後”，指享樂之事不要居先。《老子》第七章云：“是以聖人後其身而身先，外其身而身存。”

上博簡注釋云：“簡文意爲以天下之憂爲己任，享樂之事要在後。這與《荀子·修身》篇中所說的‘勞苦之事則爭先，饒樂之事則能讓，端愨誠信，拘守而詳：橫行天下，雖困四夷，人莫不任。’相近。”

郭店簡此兩句寫於第六十二支簡，下接“身欲靜而勿羨”句。但“身欲”句，上博簡前有“凡”字，形成第十四個“凡例”統一形式的完整表達。郭店簡省略“身欲”前的“凡”字，而將第十四“凡例”歸於此兩句之後，在思想內容上，並不連貫。

又，上博簡此段後有粗條的墨節，當爲分章符號。上博簡前墨節在簡 25“斯人信之矣”句下。顯見“未言而信也”至此段的文字，上博簡是當作一個整體的論述，與郭店簡的文句編排不同。

簡文此數句，似謂：凡是遇到國家憂患時，需要積極去承擔；而碰到燕樂之事時，則要自制不去爭先。

十九

【郭店簡】

凡學者隶（求）其心爲難，從其所爲，𨑹（近）得之壴（矣），不女（如）以樂之速也（簡三十六）。唯（雖）能其事，不能其心，不貴。求其心又（有）爲也，弗得之壴（矣）。人之不能以爲也（簡三十七），可智（知）也。□怂（過）十𤔲（舉），其心必才（在）安（焉），戕其見者，青（情）安遊（失）才（哉）？訫，宜（義）之方也（簡三十八）。宜（義），敬之方也。敬，勿（物）之即也。筥（篤），悬（仁）之方也。悬（仁），眚（性）之方也。悬（仁），眚（性）或生之。忠，信之方也（簡三十九）。信，青（情）之方也。青（情）出於眚（性）。恋（愛）頪（類）七，唯眚（性）恋（愛）爲近悬（仁）。智頪（類）五，唯（簡四十）宜（義）衍（道）爲忻（近）忠。亞（惡）頪（類）參，唯亞（惡）不悬（仁）爲忻（近）宜（義）。所爲衍（道）者四，唯人衍（道）爲可（簡四十一）衍（道）也。

【上博簡】

凡斈者求丌（其）（簡31）心又（有）僞（爲）也，弗得之矣。人之不能㠯（以）愚（僞）也，可智也▪。不怂（過）直㪯（舉），□□□□□，□□□□，□□□□？（簡32）詘，宜

（義）之方也■。宜（義），敬之方也■。敬，勿（物）之即也。篙（篤），息（仁）之方也。息（仁），眚（性）之方也。眚（性）或生之。□，□□□□。□，□□□（簡 33）□。情出於眚（性）■。忎（愛）頪（類）七，唯（雖）眚（性）忎（愛）爲近息（仁）■。智頪（類）五，唯（雖）宜（義）道爲近忠。亞（惡）頪（類）參，唯（雖）亞（惡）不息（仁）爲□□。□（簡 34）□□□□，□□道爲可導（道）也■。

凡學者隶其心爲難，從其所爲，豈得之壴，不女以樂之速也（簡 36）。唯能其事，不能其心，不貴。求其心又爲也，弗得之壴。人之不能以爲也，（簡 37）可智也。□怣十昷，其心必才安，戣其見者，青安遊才？	凡孥者求丌（簡 31）心又僞也，弗得之矣。人之不能㠯僞也，可智也■。不怣直□，□□□□□，□□□□，□□□□？（簡 32）

【辨析】

“學”，上博簡作“孥”，郭店簡《校讀記》讀爲“學”，而上博簡《校讀記》則讀爲“教”。此處作“學”或“教”，雖文意均可通，但下文所言多涉及學習之事，今據郭店本釋文讀作“學”。

“隶”，郭店簡裘案：“‘者’下一字，從字形看是‘隶’字，但從文義看應是‘求’字，當是抄寫有誤。他篇亦有‘求’訛作‘隶’之例。”

“從”，讀爲“縱”。

“豈”，郭店簡釋文讀爲“近”。

“壴”，讀爲“矣”。郭店簡裘案：“‘壴’應讀爲‘矣’。《唐虞之道》篇以‘歖’爲‘矣’，此‘壴’字當音‘喜’，亦應讀爲‘矣’。”

“□怂十㪯”，郭店簡釋文讀爲“其過十舉”。郭店簡裘案：“‘過’上所缺一字據文義應爲‘其’字。”上博簡作“不怂直□”。上博簡《校讀記》讀爲“不過十舉”，並云：“簡 32，‘不過十舉’，‘十’原作‘直’，‘十’是禪母緝部字，‘直’是章母職部字，讀音相近，應據郭店本讀爲‘不過十舉’。”

“戠其見者”，郭店簡裘案：“句首之字，其左旁與《五行》篇當讀爲‘察’的從‘言’之字的右旁相似，據文義亦當讀爲‘察’。”

上博簡缺字，原釋文補“其心必才安，戠其見者，青安遊才”。

“遊”字，郭店簡釋文讀爲“失”。

此章前數句，郭店簡與上博簡文字簡略不同：

> 凡學者求其心為難，從其所為，丘得之壴，不女以樂之速也。
>
> 凡孷者
>
> 唯能其事，不能其心，不貴。求其心又為也，弗得之壴。
>
> 求亓心又偽也，弗得之矣

單純從二者文句比較，上博簡似有脫漏。但若就文意的表達來看，上博簡的思想似更爲精要清晰。若上博簡不是抄寫脫漏，則二者可能分屬不同文本。

此數句，《校讀記》作“凡學者求其心為難，從其所為，近得之矣，不如以樂之速也。雖能其事，不能其心，不貴。求其心有偽也，弗得之矣。人之不能以偽也，可知也。不過十舉，其心必在焉。察其見者，情焉失哉”。

【解義】

此段在編排上遠承前文諸多關於“心”的論述，闡釋“學者求其心”

的“用心”問題。

“凡學者隶其心爲難”，“學”，指學習人道禮樂教化之人。“隶”字，裘先生認爲是“求”字的誤寫。“其”指“學者”。“求其心”，可回應前文簡9“其用心各異，教使然也”之“用心”。《孟子·告子上》云：“孟子曰：仁，人心也。義，人路也。舍其路而弗由，放其心而不知求，哀哉！人有雞犬放，則知求之，有放心，而不知求。學問之道無他，求其放心而已矣。”孟子所謂的求“放心”是指求其“放逸之心”，簡文稱“求其心”是就“心”之多重導向的確立來說，故下文“從（縱）其所爲”云云，即指心之不能有定向而言。“求其心”之所以“難”，是因爲“心”之所以作爲人行爲的操持，原本就具有各種可能的指向，而對這些指向的抉擇是困難的。《論語·爲政》云：“子曰：攻乎異端，斯害也已。”所謂“攻乎異端”，或許就是對“心”的取擇來說。因爲，“心”之指向的確定，是學道的肇始。《禮記·中庸》云：“子曰：道之不行也，我知之矣：知者過之，愚者不及也。道之不明也，我知之矣：賢者過之，不肖者不及也。人莫不飲食也，鮮能知味也。”“智者”、“愚者”、“賢者”、“不肖者”均有所不能知“道”知真義，此即“學道”之難。

“從其所爲，丘得之壴”，“從”字，讀爲“縱”，《玉篇·絲部》：“縱，恣也。”按簡文此處前後文義，“縱”與“求”的意含正相反。“求其心”是約制“心”之多重指向的可能，因此“縱其所爲”當指放縱“心意”的發展。“近得之矣”，似指能得到眼前的小成就。如《論語·雍也》篇孔子告誡子夏，云：“子謂子夏曰：女爲君子儒，無爲小人儒。”程樹德《論語集釋》云：“子夏於時設教西河，傳《詩》傳《禮》，以文學著於聖門，謂之儒則誠儒矣。然苟專務章句訓詁之學，則褊淺卑狹，成就者小。”從簡文此兩句，也可見出所謂“求其心”之所以爲“難”。簡文思想中“心”觀念具有重要的哲學作用。“心”不但成爲人之本質的定義，也成爲人道探索與建構的操持與根基。從簡文中可看到“心”所涉及事物的複雜性：“心”指向於外，但“心亡正志”；“心”與自然之“性”不同，故稱“四海之內其眚弌也。其甬心各異，叁叀肰也”，“人之雖有性，心弗取不出”；人道的主導在“心”故稱“凡道，心述爲宔”；“心”爲思辨的運作，故稱“凡思之甬心爲甚”。又，“心”是立於人之內者，簡文以“中”表達“忠”的情狀，即強調“心”以“中”爲據點。“心”又是實踐的主導，故簡文稱“君子身以爲主心。”這些複雜的多向要求，使得“心”的確立成爲學者之最大困難。“心”具有外向導引的操持作用，稍有不慎，即“縱其所爲”。任何心意的指向必能專注於所得，故簡文說“近得之矣”。

“不女以樂之速也”，“樂”，似非指“欣樂”之“樂”，亦非單指“禮樂”之“樂”，而應如《禮記·樂記》“樂者樂也”之後一“樂”字，指“君子樂得其道”之“樂”。“樂”爲禮樂教化所達致的效果，即安定、祥和而中和。《五行》簡6云：“不安則不樂，不樂則無德。”“樂”即指安而後樂。《五行》簡50云“聞道而樂者，好德者也。”本篇簡20-21云：“君子……樂其道”，當謂君子安於所學而樂合於道。《禮記·文王世子》云：“樂，所以修內也。”簡文所謂的“速”，似指“修內”的作用。郭店簡裘案：“‘之’下一字其義爲速，可能就是‘速’的異體。”此字若爲“速”的異體，或不應訓爲迅速之速，疑當訓爲“敕”。《楚辭·九歌·大司命》云：“吾與君兮齋速，導帝之兮九坑。”洪興祖補注云：“齋速者，齋戒而自敕也。”《篇海類編·人事部·辵部》：“速，又約束之束。”清朱駿聲《說文通訓定聲·需部》：“速，假借爲束。”《國語·晉語一》云：“驪姬請使申生處曲沃以速縣。”俞樾《平議》：“速，當讀爲束。”“不如以樂之速”，是說“縱心之所爲”，不如以“樂”約束整飭“心”的取向。

“速”，也可解釋爲“迅速”之“速”。如此，簡文之意則爲：樂教能使人迅速得到教化。但此種了解需將前文“從”字，解爲“遵從”。如劉昕嵐《束釋》之釋譯：“遵從仿效聖賢君子之言行作爲，已經接近於得其內心之德了，然接受樂教之感化則能更迅速地讓人體會聖賢之心。”此可備一說，但似難以解釋簡文此段“其心”、“其所爲”、“其事”等“其”字的指涉。

“唯能其事，不能其心，不貴”，“能其事”，指能致力於以“心”學習之事，承上文“從其所爲”之“爲”。“不能其心”，指不致力於求其心之事，對“心”不能有妥當的調適。

“求其心又爲也，弗得之壴，人之不能以爲也，可智也”，郭店簡裘案：“此句‘有爲’及下句‘不能以爲’之‘爲’疑皆應讀爲‘僞’。”簡文以“僞”提出一種對“求其心”的警惕。“求其心”是人的作爲，指有所施爲加於“心”，也就是對“心”所本有之多重指向性的約束。這種施爲的舉動，必須排除以“僞”作爲“人爲”的型態。

以上郭店簡文字，上博簡作“凡孝者求丌心又僞也，弗得之矣。人之不能㠯憍也，可智也。”其中所缺文字，可能是抄寫的脫漏。但若就上博簡文字的記述來看，焦點似乎在“用心”之不得有“僞”的論說上，與郭店簡的論述有些差別。若上博簡並非有文字的脫漏，則郭店簡的內容似特別針對“用心”之事本身來說，“求其心有僞”是推衍性的論題，雖延續“用心”的說明，但所著重的層面不同。

“□怂十趸，其心必才安”，“□怂十趸”，郭店簡釋文讀爲“其過十舉”。“過”前缺字，上博簡作“不”，此句當讀爲“不過十舉”，爲“十舉不過”之倒裝句。《荀子·臣道》：“恭敬、禮也；調和、樂也；謹慎、利也；鬬怒、害也。故君子安禮樂利，謹慎而無鬬怒，是以百舉不過也。小人反是。”《荀子》以安於禮之恭敬、利於樂之調和，謹慎而無鬥怒，則雖百次舉事也無過失。另《荀子·君道》云：“行義動靜，度之以禮；知慮取舍，稽之以成；日月積久，校之以功，故卑不得以臨尊，輕不得以縣重，愚不得以謀知，是以萬舉而不過也。”“萬舉”、“百舉”、“十舉”，均指舉事之多。“其心必才安”，謂用心之意向必定隱含其中。“心”是人行爲的主導。人以“心”所具有的操持方式，是含藏在行爲的操持之中。能在屢次的舉事中，均不見任何的誤失，則“心”必定有所操持而據守著定向的準則。《孟子·公孫丑上》所謂“我四十不動心。”而孔子稱：“七十而從心所欲不踰矩。”（《論語·為政》）更是“用心”之事的極致展現。

“戠其見者，青安遊才”，郭店簡裘案：“句首之字，其左旁與《五行》篇當讀爲‘察’的從‘言’之字的右旁相似，據文義亦當讀爲

‘察’。”“見”，指行爲的表現。“青安遊才”，“青”字，郭店簡釋文讀爲“情”，指真實的情形。“遊”字，郭店簡釋文讀爲“失”。李天虹《集釋》引述云：“李家浩認爲該字所從的偏旁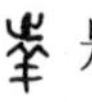是‘失’字初文的訛變，所以該字實際上應該釋爲‘疊’。《說文》說‘疊’從‘失’聲，故楚國文字的‘疊’可以讀爲‘失’。趙平安認爲該字當隸定爲’，與甲骨文的‘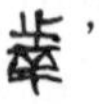’爲一字，可能是逸的本字，逸、失古音很近，故逸可以讀爲失。”[1]《論語·爲政》云：“子曰：視其所以，觀其所由，察其所安，人焉廋哉？人焉廋哉？”簡文“察其見者”，似綜合孔子所稱“所以、所由、所安”來說。“情”，指從外在的表現所顯露的人之真實狀況。從人的表現，可知其“用心”的指向。

簡文此數句，似謂：凡是學習之事，以能求其心的操持最爲困難。隨縱心意〔偏好〕的作爲，雖然易於有所近得，但不如〔以安定中和的〕樂教來約束謹敕。雖能完成〔學習之〕事，若不能操持其心，則不爲可貴。但如果探求其心而有所作僞，也不能有所得。人之不能作僞，這是眾所周知。舉事雖多而不犯過錯，必定有其操持的用心。觀察人的表現，真實的情況又怎不能掌握呢？

，宜之方也。（簡38）宜，敬之方也。敬，勿之即也。篙，㥣之方也。㥣，眚之方也。㥣，眚或生之。忠，信之方也。（簡39）信，青之方也。青出於眚。	詘，宜之方也▪。宜，敬之方也▪。敬，勿之即也。篙，㥣之方也。㥣，眚之方也。眚或生之。□，□□□□。□，□□□（簡33）□。情出於眚▪。

【辨析】

“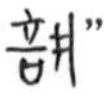”，郭店簡釋文未釋。上博簡云：“首字略殘，疑‘詘’字”。

[1] 李家浩說見《中國哲學》第二十期，趙平安說見《古文字研究》第二十二期。

上博簡《校讀記》云："簡 33，'☐'，從照片看，右半僅存殘畫，似是又旁或攴旁，我查筆記，原來就如此，原書釋'詘'，括注問號，與字形不符，而注釋說'略殘，疑詘字'，亦不可解，我很懷疑是受郭店本影響。郭店本作''，或注釋者以爲'詘'字？"

"勿"，郭店簡釋文讀爲"物"。

"即"，郭店簡裘案："疑當讀爲'節'或'次'。"上博簡釋文讀爲"則"。

"笃，息之方也"，郭店簡釋文讀爲"篤，仁之方也"。

上博簡簡 33 簡尾缺字，原釋文補"忠，信之方；信，情之方"，簡 34 簡首補"也"。上博簡《校讀記》補"忠、信者，情之方也"，並云："簡 33，下約缺七字，原書補'忠，信之方也；信，情之方'，太多；而把'也'字移置簡 34 的開頭，亦誤。"

今讀作"☐，義之方也。義，敬之方也。敬，物之節也。篤，仁之方也。仁，性或生之。忠，信之方也；信，情之方也。情出於性"。

【解義】

前兩段提到"心"所發揮的作用，此段則說明在"性"與"物"間，涉及"用心"之事的各種考慮。

"，宜之方也"，""字，郭店簡釋文未釋。龐樸與陳來兩先生均據帛書《五行》："東〈柬〉（簡），義之方也"，隸定爲"簡"。但帛書《五行》之〈說〉，解曰："言仁義之用心之所以異也。義之盡，簡也；仁之盡，匿。大☐加大者，大仁加仁小者，故義取間而仁取匿。"（三00、三0一行）《五行》篇"簡"字，似就"義之盡"而言，簡文此處是說"義之方"，當與"義"的作用有關，恐不能讀爲"簡"。劉昕嵐《箋釋》云："然考之原簡圖版，此字與'五行'簡 40 之'簡'字字型相差甚大，同時《五行》簡 41 又有'剛，義之方'之語，則此字又爲何不能同於'剛'字？"又，廖名春《校釋》引白玉藍說，認爲"字當從言從女，隸作'gx'，

讀爲‘恕’。”郭店簡《校讀記》舊作讀爲“察”，修訂本則未釋。

此字字型或殘或未能明確釋讀，學者多從簡文思想來判釋，如上博簡注釋云：“其句式見於《郭店楚墓竹簡五行》，如：‘柬〈柬（簡）〉，義之方也。匿，㤅（仁）之方也。𠢕（剛），義之方。矛（柔），㤅（仁）之方也。’柬，可讀爲‘堅’，‘柬’、‘堅’雙聲，可通。‘柬〈柬（簡）〉，義之方也’、‘𠢕（剛），義之方’句語《馬王堆漢墓帛書·五行》‘剛，義之方’，《郭店楚墓竹簡·六德》‘宜（義）剛而柬’，《荀子·法行》：孔子曰：‘堅、剛而不屈，義也’句近。”如劉昕嵐《箋釋》據郭店簡《校讀記》舊作讀作“察”，云：“……此處‘察’字之義，指對事物之明辨詳查，亦即《禮記·禮器》所謂：‘君子曰：無節於內者，觀物弗之察矣。欲察物而不由禮，弗得之矣’之‘察物’之義。”

此字所指，簡文稱爲“義之方”，“方”，指方向，引申爲依循的準據。如《周易·未濟》云：“君子以慎辨居方。”俞樾《平議》云：“居方者，處置其方位也。”因此，此字的字義或包含“堅定”、“剛直”、“不屈”、“審察”等意含，意謂保持堅定的信念以審視外在事物，並加以處置，這是“義”所取擇的樣式。“義”，本具價値之義，而簡文所強調的價値是人倫的規劃。此種人倫意義的規劃，表現直而不屈、細察而審定的性質。

“宜，敬之方也”，“宜”，讀爲“義”。《周易·坤卦·文言》云：“君子敬以直內，義以方外。”“敬”是對內而言，指內在的敬肅。簡文將“義”的外在規範回溯到內在心中的敬肅，表現出一種導源的指向。

“敬，勿之即也”，“勿”，郭店簡釋文讀爲“物”。《玉篇·牛部》云：“物，事也。”“即”字，郭店簡裘案：“疑當讀爲‘節’或‘次’。”郭店簡、上博簡《校讀記》均讀爲“節”。廖名春《校釋》云：“此‘物’當與‘仁’、‘性’等同類，應訓爲禮或制，指典章制度。《左傳·哀公元年》：‘復禹之績，祀夏配天，不失舊物。’《禮記·檀弓下》：‘禮有微情者，有以故興物者。’鄭玄注：‘（物）衰絰之制。’”“節”，指法度。“敬，物之節”，似指敬慎肅穆是處置人倫事務的態度。

“箮，急之方也”句，郭店簡釋文讀爲“篤，仁之方也”。“篤”，指敦厚。是“敬”的本質，而此種敦實淳厚的本質正是“仁”所依循而產生的根源。廖明春《校釋》對“急”字有極其詳盡的闡釋，云：“案：‘急’爲‘仁’之本字。郭店楚簡‘急’字六十七見，而無‘仁’字。其實‘仁’爲‘急’的異構。‘仁’從‘急’省變而來。身、仁音義皆近，可以通用。故可从身从心。義符‘心’簡省爲‘=’，則變成从人从=的‘仁’。‘=’作字的構件的簡省符號在郭店楚簡中習見，如：‘強’字郭店楚簡多寫作‘弫’，‘遲’字寫作‘迟’。馬王堆帛書易傳‘者’字寫作‘耂’，‘著’字寫作‘荖’，‘諸’寫成‘詫’。許慎《說文》將簡省符號‘=’誤釋成‘二’，說‘仁’字‘从人二’，實乃大誤。但他保留了‘急’字，說‘古文仁，从千心’。說‘急’是古文‘仁’，至確；說‘从千心’，則不確。古文‘千’與‘身’形近，許慎誤將‘身’看作‘千’。郭店楚簡的‘急’到馬王堆帛書變成了‘仁’，這一事實，充分證明‘仁’之本字當爲‘急’。”廖先生所說“急”爲“仁”的本字，提出我們哲學思索的新方向。本篇解析“性”、“心”與“情”的關係，以“心”來處置“性”、“情”的展現。“心”爲人內在的操持。而“身”表示一種實踐，指向於外。因此，“心”“身”的結合，似說明“內外”交沖之際，“急”當爲一種人文規劃的價值指向。也就是簡文所稱“急（仁），性之方”。

“急，眚或生之”句，廖名春《校釋》云：“按：‘或’爲不定詞，表示不肯定的意思。性不但生仁，也生其它，故曰‘或’。此與簡2‘好惡，性也’、簡4‘喜怒哀樂之氣，性也’義近。”“性”或可生“仁”，即清楚表明以“仁”的取擇作爲價值性人爲要求的本源。

“忠，信之方也；信，情之方也”，“忠”是有所確立於“中”而“信”是指內在的信實。此兩句，未見於上博簡，上博簡《校讀記》據所缺空位補作“忠、信者，情之方也”。可見“忠”、“信”是作爲“情”展現的一種準則。由“情”而“信”，由“信”而“忠”，這是以“仁”所確立人道的方向。

“情出於性”，簡 3 云：“情生於性。”“出”猶“生”也。兩處簡文均將“情”回歸於“性”。

簡文此數句，似謂：對外在事物處置如何得宜的審察，是義理的所在，而義理是敬慎依循的準據。以敬慎面對人倫事務，是處理“物事”的節度。敦厚淳實是仁德的準則，而“仁”是對“性”所採取價值的取向。心中的忠誠是以信實爲淵源，而信實是真情展露的準則，真情卻來自於本性的興發。

【申論】

簡文此“凡例”可分爲三段，第一段集中論述“用心”相關的問題，首言“凡學者求其心爲難”，似承接前文“其用心各異，教使然也”的解說。第二段，從“用心”的說明，延伸至人義價值規範的導源。第三段，則指出在不同的性向抉擇中，唯有“人道爲可道。”這種“凡例”的論說，同樣顯現出儒家後續發展中，資料記載時所具有的闡釋、推衍與編整的性質。整個思想內容，具有如下的結構：

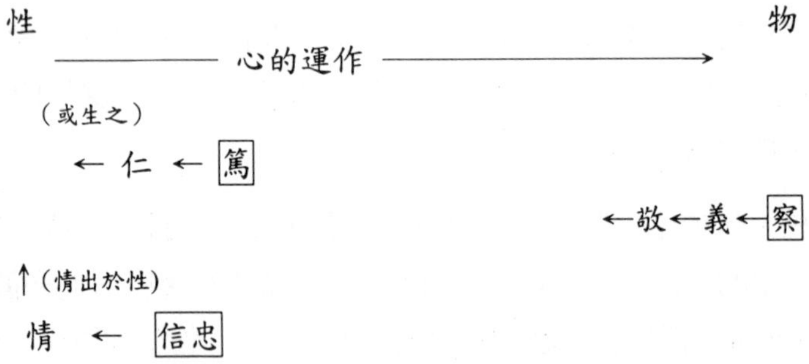

簡文似在“性”與“物”間，分三個層向說明“用心”所涉及的諸種事項，並以之導返並指向“性、”“情”的根源：

1.“察”、“義”與“敬”，是對“物”的處置方式，由審察事宜而知義理的所及，由知義理的所及而知敬慎的持守，並知以此作爲處置事物的準則。對於“物”，其“用心”在於敬慎，“敬”是確立在“人”、“物”之間所保持的態度。

2.“篤”、“仁”是接續著“敬”的態度，以“用心”的內涵指向“性”的根源。敦厚淳實是仁德的準則，“仁”指內心所含容的“德”，但簡文稱“仁，性或生之”，其中“或”字的轉圜作用，說明“性”是本然，而“仁”則爲人義的價值取向。

3.“忠”、“信”是指向於“情”的“用心”，“忠”顯示出“心”所確立於“中”的基點，而“信”則說明“心”之中所充實的真情。“忠信”同時也是“情”展現的依循，而“情”來自於“性”的興發，順導自然的樸質。

簡文此處的論述，雖然顯示出“用心”的準則，但實際上它也強調著由“義”到“性”、“情”的導源性回歸。其中述說的方式與《老子》第三十八章可以呼應。《老子》第三十八章云：

> 故失道而後德，失德而後仁，失仁而後義，失義而後禮。夫禮者，忠信之薄，而亂之首。前識者，道之華，而愚之始。

《老子》稱“夫禮者，忠信之薄，而亂之首”，“薄”字，馬王堆帛書《老子》作“泊”。“薄”、“泊”，雖可通假，但或許“泊”也有其特定的意含，作“停息”解。“禮”爲“忠信”之止，這是以否定的表達語式，隱含著對“忠信”之始源的回復。按《老子》之義，既然“忠信之薄”爲“亂之首”，則“忠信”之厚實處，當是發源於根基之“道”，或“德”。簡文稱“忠、信者，情之方也”，就是以“情”作爲“忠信”的始源。同時簡文又稱“情生於性”，“性”是“人”之自然的本質，這與《老子》強調“道”之自然，在本質上是相通的。只不過簡文是從“人”之自然本質來論說，而《老子》則是就萬物之本源來論述。

簡文所說的“義之方”、“敬之方”、“仁之方”是一種由外向內的回溯，作爲“義之方”的“戠”字，應與“禮”的規範有關。也就是說，簡文是從“禮”之用，回返於“禮”本身，而由“禮”而導源至“仁”，並提出“仁”是“性”的“或生之”。此一“或”字，清楚地辨析“仁”雖爲“性之方”，但卻隱藏著“或生”的人文取擇作用。

簡文說明“情”與“性”間的關係，不但“情”是生於“性”，而且“忠信”是生於“情”，這就顯示著早期儒家是以“情”作爲人倫價值規劃的關鍵問題。簡文“忠”字，並不從“心”，而作“中”，“情”字作“青”，正如上博簡注釋所云：“忠，本當从心，但簡文作‘中’，這樣中（忠）、信、青（情）三字都不从心，在書寫的形式上也有同樣的暗示。”“中”，是立於人之內者，“青”是一種顯明的實情，而“信”，是此種顯現的內涵。由“青”展現爲“信”，而“信”所形成的基點則爲“中”。原先不從“心”的“中”、“信”與“青”，即說明這種形式的結構。這種結構也同時組成了“心”的作用，故成爲“忠”與“信”的哲學觀念。就此來看，《老子》所說的“禮”是“忠信之泊”，也可說是消除周文重“心”的一種始源性回歸。

《郭店楚墓竹簡·六德》云：“忠與信憙（就）”，“忠”與“信”是相輔互補而構成，故又云：“忠，信也。”《郭楚墓竹簡·尊德義》亦云：“忠爲可信也”，“不忠則不信。”在古典哲學中，雖然“忠信”共組一個連稱的觀念，但其根源意義，仍是當時人所深知，如：《禮記·禮器》即云：“先王之立禮也，有本有文。忠信，禮之本也；義理，禮之文也。”簡文資料不但能解釋了“忠信”之爲“禮”之本的意義，同時也說明它們由“情”所形成的人文規劃程序，值得特別重視。

悉頪七，唯眚悉爲近息。智頪五，唯（簡 40）宜衍爲忻忠。亞頪參，唯亞不息爲忻宜。所爲衍者四，唯人衍爲可（簡 41）衍也。	悉頪七，唯眚悉爲近息■。智頪五，唯宜道爲近中。亞頪參，唯亞不息爲□□。□（簡 34）□□□□，□□道爲可導也■ 。

【辨析】

“悉頪”，讀爲“愛類”。

“忻”，上博簡作“近”。

“忠”，上博簡作“中”。

上博簡缺字，原釋文補“近宜，所爲道者四，唯人”。上博簡《校讀記》云：“簡34，下約缺二字，原書補‘近義。所’，多一字。”

今讀作“**愛類七，唯性愛為近仁。智類五，唯義道為近忠。惡類参，唯惡不仁為近義。所為道者四，唯人道為可道也**”。

【解義】

“忎頪七，唯眚忎爲近悬”，“愛類七”與下文“智類五”、“惡三類”、“道四術”，所指均不詳，此篇文字抄錄者，恐係扼要摘錄前人資料。上博簡注釋引《孔子家語·王言》，認爲“忎（愛）頪（類）七”，蓋指敬老、尊齒、樂施、親賢、好德、惡貪、廉讓”，恐不確。簡文稱“唯性愛爲近仁”，則“愛類七”應指“愛”的七種型態。“性愛”指發自於本性之愛。“愛”，以其施恩表現於外，是一種由內向外表現的根源方式。楚簡《語叢二》云：“愛生於性，親生於愛，忠生於親”，其中顯示出“忠－親－愛－性”的發生程序。“愛生於性”，簡文此處則結合爲“性愛”的觀念。“性愛近仁”，也承接前文“篤，仁之方也。仁，性或生之”的思想，“篤”的敦厚充實是“愛”得以展現的來源，它作爲“仁”的準則，而“仁”是對“性”所採取價值的取向，“性”或可生“仁”。因此，簡文以本性之“愛”作爲“性”與“仁”間本質性的銜接，也就是“仁”之出於“性”是因爲“愛”的本性展現。

“智頪五，唯宜衍爲忻忠”，“智頪五”，上博簡注釋“智”，讀爲“知”，認爲指五類感知，云：“如《荀子·天論》：‘耳、目、鼻、口、形能各有接而不相能也，夫是之謂天官。心居中虛，以治五官，夫是之謂天君。’或指《尚書·洪範》：‘一曰貌，二曰言，三曰視，四曰聽，五曰思。貌曰恭，言曰從，視曰明，聽曰聰，思曰睿。’這五類感知只有在宜（義）的基礎上才能近中（忠）。”“智”，當讀如本字，似非指單純認知之“知”，上博簡注釋所云恐不確。此處“義”與“智”相關連，“義”指價值的取擇，而“智”即指對此能有所知。《孟子·離婁上》云：

"仁之實，事親是也。義之實，從兄是也。智之實，知斯二者弗去是也。"所謂"知斯二者弗去"，即指能知"人道"所確立的價值。又，《孟子・離婁上》云："孟子曰：愛人不親，反其仁；治人不治，反其智；禮人不答，反其敬。"《孟子》以"仁"、"智"並舉，並且以"仁"作爲"愛"的本源，以"智"當作"治人"的權衡。〈盡心上〉又云："孟子曰：知者無不知也，當務之爲急；仁者無不愛也，急親賢之爲務。堯舜之知而不遍物，急先務也。堯舜之仁不遍愛人，急親賢也。"《孟子》所謂的"當務之急"似與首先建立"義道"的價值有關，而"急親賢"爲"仁愛"的體現。簡文的"愛類七"與"智類五"中其他的類別，可能是說非"義道"的"智"，與非"性愛"之"仁"的其他學派的哲學訴求。

"唯亞不悬爲忻宜"，郭店簡釋文讀爲"唯惡不仁爲近義"。"惡不仁"，《禮記・表記》云："子曰：無欲而好仁者，無畏而惡不仁者，天下一人而已矣。是故君子議道自己，而置法以民。"《論語・里仁》亦云："子曰：我未見好仁者，惡不仁者。好仁者，無以尙之；惡不仁者，其爲仁矣，不使不仁者加乎其身。""惡不仁"，是以導源的方式，說明"義道"的指向。簡文此兩句與前文"察，義之方也"、"忠，信之方也"有關。"察"，屬"智"類，"惡不仁"也是一種審察的結果。"智"是知見的能力，"惡"是價值的取擇。簡文以"智"、"惡"連接前文以"忠"、"義"所指涉的"性"、"物"兩個層向。

"所爲道者四，唯人道爲可道也"，本篇簡 14-15 云："凡道，心術爲主。道四術，唯人道爲可道也"，與此處文字相近，但二者表達的作用不同。彼處，強調以"心術"爲"主"之道，此處則說明"人道"之爲"可道"。而"人道"是回應前文"性愛"之近"仁"來說。

簡文此數句，似謂："愛"的類別有七種，只有發自本性的"愛"，切近於仁德。"智"的類別有五種，只有"義道"合於"忠"〔的準則〕。"厭惡"的類別有參種，只有厭惡不仁〔的行爲〕近於義理〔所取向的價值〕。作爲道術作用者有四種，唯有"人道"可以爲人的引導。

【申論】

配合《語叢二》“愛生於性，親生於愛，忠生於親”，簡文可表之：

		性		
愛類七	／	唯“性愛”為近仁		（愛生於性）
		↑		↑
惡類參	／	：	唯惡不仁為近義	（親生於愛）
		：		↑
智類五	／	：	唯義道為近中（忠）	（忠生於親）
道者四	／	唯人道為可道也		

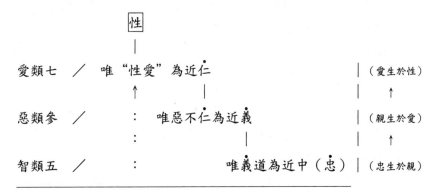

簡文是以“性愛”作爲“人道”的根源，也就是《語叢二》所稱“愛生於性”，並以“性”的此種“性愛”的指向與“人道”之爲“可道”，形成人倫價值建構“性”與“人道”的兩極。

“性”爲人之本然，也是人的本質。“人道”建立在由“性－愛”所展現的“仁”上，如此“仁”的根源即順導“性”之本然的顯發，並以“義”成爲規劃的準則。簡文的此種思想，必然發展成後續強調順導“性”之展現以爲“善”的價值要求。《中庸》首段“天命之爲性，率性之爲導”與《孟子》的“四端”之說，即是顯明的例證[1]。

在“愛”的不同取擇中，以“性愛”之本質性傾向爲近“仁”，在“惡”不同的取擇中，以“惡不仁”之根源性反顧爲近“義”。“仁”之“性愛”由內而起始，“義”的“惡不仁”由外而顯立。簡文從內外兩個方向，強調“仁”的原初始源作用。

“智”的作用，是完成此種“內”、“外”覺識的銜接。“智”領會

[1] 《孟子·公孫丑上》：“無惻隱之心非人也，無羞惡之心非人也，無辭讓之心非人也，無是非之心非人也。惻隱之心，仁之端也；羞惡之心，義之端也；辭讓之心，禮之端也；是非之心，智之端也。人之有是四端也，猶其有四體也。”以“仁義禮智”四端爲人之“四體”，應當是接續發展簡文以“性”爲“愛”之說。此“愛”字之義，在《孟子》書中似與其所謂“乃若其情，吾所謂善也”（〈告子上〉）之“情”相通。“愛”是人之真情之大者。

“義道”近“中”。“中”字，說明人所建立於內心的基點，也就是指有所確立於“中”的持守。“中”不但表現為“人道”的基礎，同時也展現為“人道”建構過程中以“心”所保持的依據，故可形成從“心”之“中”，也就是“忠”的觀念。

《語叢二》稱“中（忠）”生於“親”，“親”生於“愛”，“愛”生於“性”。《語叢二》的說明，完全由“外”至“內”，顯示著人文價值之本質的回歸，並指向“性”與“人道”發生的邊際。“愛”由“性”而生，與簡文此處“唯性愛為近仁”，這說明“語叢二”隱含著“愛”為“仁”的內容，同時也蘊涵“仁”之由“性”展發的必要關連。

從簡文此處文字，與《語叢二》相互形成的雙向環周說明，顯示“愛類（七）”、“惡類（三）”與“智類（七）”的諸多操持方式，均應以“性愛”之“仁”、“惡不仁”之“義”與“義道”之“忠”，來呈現“人道”為“性”的必然發展指向。

二十

【郭店簡】

凡甬（用）心之喿（躁）者，思爲甚。甬（用）智之疾者，患爲甚。甬（用）青（情）之（簡四十二）至者，依（哀）樂爲甚。甬（用）身之弁（弁）者，兌（悅）爲甚。甬（用）力之肁（盡）者，利爲甚。目之好（簡四十三）色，耳之樂聖（聲），賊舀之㔹（氣）也，人不難爲之死。又（有）其爲人之迎迎女（如）也（簡四十四），不又（有）夫柬柬之心則采。又（有）其爲人之柬柬女（如）也，不又（有）夫亙（恆）怡之志則縵。人之攷（巧）（簡四十五）言利訂（詞）者，不又（有）夫詘詘之心則流。人之遶肰（然）可與和安者，不又（有）夫懽（奮）（簡四十六）犷之青（情）則悉。又（有）其爲人之快女（如）也，弗牧不可。又（有）其爲人之菓女（如）也，（簡四十七）弗杈不足。

【上博簡】

凡甬（用）心之趮（燥）者，思爲甚■。甬（用）智之疾者，惓（倦）爲甚。甬（用）情之至（簡35）□，□樂爲甚■。甬（用）身之叓（弁）者，悅爲甚■。甬（用）力之聿者，利爲甚。目之好色，耳之樂聖（聲），𡿨百偺之㔹（氣）也，不（簡36）□爲之死。又（有）亓（其）爲人之俍=女也，不又（有）夫柬=之心則悉。又（有）亓（其）爲人之柬=女也，不又（有）夫恆忻（恁）之志則曼■。人之（簡 37）□言利詞（訂）者，不又（有）夫詘=之心則瀆（流）。人之 肰（然）可與和安者，不又（有）夫裛（奮）犯（猛）之情則悉（侮）■。又（有）亓（其）爲人之慧女（如）也，弗牧不可■。又（有）亓（其）爲人之（簡 38）□□也，弗枚不足■。

凡甬心之喿者，思爲甚。甬智之疾者，患爲甚。甬青之（簡 42）至者，依樂爲甚。甬身之皃者，兑爲甚。甬力之䢦者，利爲甚。	凡甬心之趠者，思爲甚■。甬智之疾者，惓爲甚。甬情之至（簡 35）□，□樂爲甚■。甬身之叀者，悅爲甚■。甬力之聿者，利爲甚。

【辨析】

“喿”，郭店簡釋文讀爲“躁”，上博簡作“趠”，注釋云：讀爲“趠，讀作‘躁’。”上博簡《校讀記》讀作“忭”，並云：“簡 35，‘忭’，原從走從弁，這裏應讀爲‘忭急’之‘忭’，‘忭’與‘躁’含義相近，郭店本作‘躁’，原書受郭店本影響，先已認定此字是‘躁’，所以才把它釋爲從走從卓，其實此字並不從卓。”

“患”，上博簡作“惓”，上博簡注釋云：“惓，从卷从心，當爲‘惓’字。”上博簡《校讀記》作“患”，並云：“‘患’，原作‘惓’，原書亦不破讀。”

“輕”，上博簡作“情”。

上博簡缺字，原釋文補“者，哀”。

“覍”，上博簡作“叓”。

“兌”，上博簡作“悅”。

“聿”，上博簡作“聿”。上博簡《校讀記》作“盡”，並云：“簡36，‘盡’，簡文多作‘聿’，此字並非‘聿’字。”

此數句，《校讀記》作“凡用心之躁者，思為甚。用智之疾者，患為甚。用情之至者，哀樂為甚。用身之便者，悅為甚。用力之盡者，利為甚”。

【解義】

此段簡文將“用心”與“用智”、“用情”、“用身”、“用力”四事加以比較，說明其極致表現時的差異。

“凡甬心之喿者，思爲甚”，“甬”字，郭店簡釋文讀爲“用”。“用心”汎指用心考慮之事。“喿”字，讀爲“躁”，上博簡原釋文作“趮”，上博簡《校讀記》訂正爲“忭急”之“忭”，認爲“忭”與“躁”含義相近。《廣雅·釋詁三》：“躁，擾也。”此處引申作激越的狀態。《荀子·勸學》：“蟹六跪而二螯，非蛇 之穴無可寄託者，用心躁也。”“凡甬心之喿者，思爲甚”，指心的運作達到激越的狀態，唯有表現在思而不得其解的時候。

“甬智之疾者，患爲甚”，“疾”，指急切。《廣韻·質韻》“疾，急也。”劉昕嵐認爲“急”字讀爲“亟”，指盡力。“用智之疾者，患爲甚”，指運用智力達到急切的狀態，唯有表現在面臨憂患困境的時候。

“用情之至者，哀樂爲甚”，指情感的舒發達到極致的狀態，唯有表現在哀痛不已或和樂圓融的時候。

“甬身之覍者，兌爲甚”，“覍”字，整理者釋爲“弁”。郭店簡裘案：“疑當讀爲‘變’。”郭店簡、上博簡《校讀記》均讀爲“忭”。張光裕認爲“覍”爲“弁”之或體[1]。劉昕嵐《箋釋》云：“弁，急也，《禮

[1] 張光裕：《郭店楚簡研究·文字篇》，藝文印書館，台北，1999年。以下引書，均出此篇。

記・玉藻》：‘端行，頤霤如矢，弁行，剡剡起屨。’鄭玄注：‘弁，急也。’‘變’，動也。《禮記・檀弓上》：‘夫子之病革矣，不可以變。’鄭玄注：‘變，動也。’竊以爲於此仍作‘弁’爲佳。”簡文似謂：身行動作急切，唯有表現在心懷欣悅的時候。

“甬力之聿者，利爲甚”，“聿”字，郭店簡釋文讀爲“盡”。“利”指謀求利益。“用力之盡者，利爲甚”，指追逐最爲盡力的狀態，唯有表現在貪圖大利的時候。

簡文此數句，似謂：凡用心的激越，唯有在思索時爲最。用智的急切，唯有在慮患時爲最。用情的極致，唯有在哀樂時爲最。舉止的急切，唯有在欣悅時爲最。追逐的盡力，唯有在謀思圖利時爲最。

目之好（簡 43）色，耳之樂聖，賊舀之㤅也，人不難爲之死。	目之好色，耳之樂聖，⿰耳曰俗之㤅也，不（簡 36）□爲之死。

【辨析】

“賊舀”，上博簡作“⿰耳曰俗”，上博簡《校讀記》讀爲“鬱陶”，並云：“‘鬱陶’，上字從耳從曰，應是‘聝’的異體，字同‘賊’；下字，原書隸定有誤，應釋‘仙’，估計是‘⿰亻臽’字的誤寫。”

“㤅”，讀爲“氣”。

“人不難”，上博簡作“不□”，無“人”字，缺字原釋文補“難”字。

今讀作“目之好色，耳之樂聲，鬱陶之氣也，人不難為之死”。

【解義】

“聖”郭店簡釋文讀爲“聲”。“聲”，似指悅耳之聲。

“賊舀”二字，郭店簡、上博簡《校讀記》均讀作“鬱陶”。李天虹《簡注》云：“《汗簡》卷中之一有部引《古論語》鬱字作‘䮋’……‘鬱’、‘䮋’古音相同，皆影母職部字，故得以通借。《說文·有部》謂‘䮋’從或爲聲，則‘鬱’與‘或’音亦相近。如此，簡文‘賊’似可爲‘鬱’或‘䮋’的異體。”劉昕嵐《箋釋》引王念孫《廣雅疏證》云：“喜怒未暢謂之鬱陶……憂思奮盈謂之鬱陶……暑氣蘊隆亦謂之鬱陶……事雖不同，而同爲鬱積之義。”

“燹”字，郭店簡釋文讀爲“氣”。李天虹《集釋》云：“當從整理者讀爲‘氣’。這句是說目之好色，耳之樂聲，是蘊涵於人體之內的天性。”簡文此處“氣”字，不僅指一種構成的基本質素，同時也說明此基本質素的興作。本篇簡 2 云：“喜怒哀悲之氣，性也。”此處所稱“目之好色”“耳之樂聲”均爲“鬱陶之氣”，是講述這兩種感官之所以如此喜好，是鬱積之“氣”的運作，是人性自然的表現。《孟子·盡心下》云：“口之爲味也，耳之於聲也，鼻之於臭也，四肢之於安佚也：性也。有命焉，君子不謂性也。”《孟子》稱一般人認爲這些感官的喜好爲天性，唯有君子不認爲它們是一種必然。簡文從感官喜好的組成與發作來說，稱之爲“鬱陶之氣”。

簡文此數句，似謂：耳目的感官喜好聲色，這是鬱積之氣〔的發作〕，人〔若是追逐於聲色，即〕不難爲之而死。

又其爲人之迴迴女也，（簡 44）不又夫柬柬之心則采。又其爲人之柬柬女也，不又夫亙怡之志則縵。	又丌爲人之伲₌女也，不又夫柬₌之心則悉。又丌爲人之柬₌女也，不又夫恆忻之志則曼■。

【辨析】

“迎迎”，上博簡作“伩$_=$”。劉信芳隸定爲“鳫鳫”。

“柬柬”，上博簡“柬”下有重文符。

“采”，上博簡作“悉”，上博簡《校讀記》作“采”，並云：“‘采’，原從心旁，但上半是‘采’字，並非‘悉’字，‘悉’字從釆。”

“亙怡”，上博簡作“恆忻”。上博簡《校讀記》云：“‘恒’，原從心從亟，屬形近混用。‘忻’，原從心從彳從斤，這裏讀爲‘忻’，郭店本從心從台省，釋爲‘怡’，二字含義相近。”

“縵”，上博簡作“曼”。

今讀作“有其為人之節節如也，不有夫柬柬之心則采。有其為人之柬柬如也，不有夫恆怡之志則縵”。

【解義】

“又其爲人之迎迎女也，不又夫柬柬之心則采”，“有其爲人”，提出一種假設的例證。“迎迎”，郭店簡《校讀記》讀爲“節節”，並認爲是“《大戴禮記·四代》之‘節節然’。”王聘珍《大戴禮記解詁》注云：“《釋名》云：‘節，有限節也。’”“節節然”，似指節制檢束之貌。李天虹《集釋》云：“按：‘節節’即行爲適度，合乎禮節。”上博簡作“伩$_=$”，原注釋云：“伩伩，似可讀爲‘惛惛’，專默精誠。”上博簡《校讀記》云：“簡37，‘伩’，原書釋文很正確（參看簡22‘民’字的寫法），此字，郭店本從⻍，聲旁寫法較怪，學者多以爲是‘即’字。”劉信芳云：“《性情論》37：‘有其爲人鳫鳫如也，不有夫柬柬之心則采。’原簡‘鳫’字從人鳫聲，‘采’字從心采聲。整理者將‘鳫’隸定爲‘民’（從人民聲），李零同其說，並舉出簡22‘民’之字形爲證。按簡22釋作‘民’的那個字，若就其字形而言，亦應隸作‘鳫’，乃‘民’之誤書。簡23‘而民畏’、‘民貴之’、‘民聚焉’，‘民’字三例，字形可資比較。天象觀卜筮簡：‘亯鳫大水一玉佩環。’原簡‘鳫’從示鳫聲，所從之‘鳫’與《性情論》‘鳫’（從人鳫聲之‘鳫’）同一構形，天象觀簡‘亯鳫’即‘享薦’。這種情況說明楚簡‘鳫’、‘民’兩字字形相近，且有混用之例。九店簡‘民’字幾乎與‘廌’同形。《性情論》‘廌廌’，郭店簡《性自命出》44 作‘豸豸’（字形從辵豸聲），整理者隸作從辵即聲，現可以依據《性情論》的辭例作糾正。僅將《性自命出》該字所從之‘豸’摹寫如下： 廌、豸古聲、韻同，如‘解豸’又作‘解廌’。‘廌廌’、‘豸豸’作爲連語，與‘簡簡’相對而言。《詩·周頌·執競》：‘降福簡簡。’毛傳：‘簡簡，大也。’《說文》：‘豸，獸長脊豸豸然，欲有所司殺形。’段注：‘《周禮·射人》：以貍步張三侯。注云：貍，善博者也，行貴止而儗度焉，其發必獲，是以量矦道法之也。許言獸者，謂凡殺物之獸也。《釋蟲》曰：有足謂之蟲，無足謂之豸。按凡無足之蟲體多長，如蛇蚓之類，正長脊義之引申也。’豸豸用以擬人，是指心爲物所牽，過於專著而不顧其他。凡人豸豸然而不取之於‘簡簡’之大，則‘采’。從心之‘采’《說文》釋爲‘姦也’，《廣雅·釋詁》釋爲‘恨也’，字即‘猜’也，《方言》十二卷：‘猜，恨也。’凡人因小失大，則生遺憾之‘恨’也。《性自命出》‘采’，陳偉釋爲從心之‘采’，今爲《性情論》所證實。”

“柬柬”，郭店簡《校讀記》云：“似是形容人的誠信，疑讀‘謇謇’（‘謇’、‘柬’都是見母元部字）。”《正字通·言部》：“謇，直言貌。”陳偉《零釋》云：“‘柬柬’，應讀爲‘簡簡’。《尚書，皋陶謨》：‘直而溫，簡而廉’，《禮記·中庸》云‘簡而文，溫而理’，‘簡’均指質樸、平易。”李天虹《集釋》云：“‘簡簡’於此似當訓爲誠信。《集韻· 韻》：‘簡，誠也。’《禮記·王制》：‘有旨無簡不聽。’鄭玄注：‘簡，誠也。’”比較簡文此兩句，與下文“有其爲人之柬柬女也，不有夫恆怡之志則縵”來看，“柬柬”似指質樸信實。上博簡注釋認爲“柬”可讀爲“堅”，指剛毅。

“采”，飾也。趙建偉認爲同“彩”，彩飾、浮華。劉昕嵐謂：“文過其實也。”《荀子·樂論》云：“亂世之徵：其服組，其容婦。其俗淫，其志利，其行雜，其聲樂險，其文章匿而采。”《韓非子·揚權》云：“故聖人執一以靜，使名自命，令事自定。不見其采，下故素正。”引文兩處“采”字，均有僞飾之義。

“又其爲人之柬柬女也，不又夫亙怡之志則縵”，“亙”字，郭店簡釋文讀爲“恆”。趙建偉認爲“恆”，即“極”，終也。

“怡”字，郭店簡《校讀記》讀爲“始”，廖名春認爲疑讀爲“殆”，指危險，云：“這是說爲人寬大，但如果沒有常危之志，沒有憂患意識，就會輕慢而不上心。”李天虹《集釋》認爲“怡”當讀作本字。“怡”字，上博簡作“忻”。“忻”，指啓發，《說文·心部》：“忻，闓也。”段玉裁注：“忻，謂心之開發。”《史記·周本紀》：“姜原出野，見巨人跡，心忻然說，欲踐之。”

“縵”，疑讀爲“漫”。《玉篇·水部》：“漫，散也。”《論語·爲政》云：“子曰：學而不思則罔，思而不學則殆。”“罔”，指“茫然而無所得”。

簡文此數句，似謂：〔但〕若是舉止檢束，而無質樸信實之心，則必矯情僞飾。〔但〕若是個性質樸信實，而無啓發的心志，則終必散漫而無所得。

人之攷(簡 45)言利訂者，不又夫詘詘之心則流。人之逸肰可與和安者，不又夫憺(簡 46)犿之青則悉。	人之(簡 37)□言利詞者，不又夫詘= 之心則澅。人之[illegible]肰可與和安者，不又夫裛犯之情則悉■。

【辨析】

“攷”，讀爲“巧”，上博簡缺字，原釋文補“攷（巧）”字。

“訂”，上博簡作“詞”。

“詘詘”，上博簡“詘”字下有重文符。

“流”，上博簡作“澅”。

“𧾷兑”，上博簡作“”，注釋云：“字待考，可讀爲‘悅’。”上博簡《校讀記》作“𡌶”，並云：“簡 38，‘𡌶’，字形待考，郭店本從辵從兑，疑讀‘悅’或‘脫’。”

“慉犻”，讀爲“奮作”，上博簡作“裛犯”注釋讀爲“奮猛”，上博簡《校讀記》讀爲“奮作”，並云：“‘奮作’，原書把上字隸定爲從衣從田，疑爲‘奮’字之省；把下字隸定爲從犬從亡，讀爲‘猛’。這兩個字，上字確爲楚文字常見的‘奮’字，但下字從犬從乍，參看郭店本的寫法，還是以讀‘作’更好。”

今讀作“人之巧言利辭者，不有夫詘詘之心則流。人之悅然可與和安者，不有夫奮作之情則侮。”。

【解義】

“人之攷言利訂者，不又夫詘詘之心則流”，“攷”，郭店簡釋文讀爲“巧”，“訂”字，讀爲“詞”。《史記·仲尼弟子列傳》云：“子貢利口巧辭，孔子常黜其辨。”“詘詘”，趙建偉認爲是古“屈”字，謂收聚、收斂。劉昕嵐云：“言語拙鈍貌；簡文此處‘詘詘’應爲樸拙無巧之義。”按上下文意，“詘詘”似有篤實之義。楚簡《老子》乙本：“大攷若倔”，“倔”字，假爲“拙”。“拙”指質樸無華。“流”，指虛浮。《說文通訓定聲·孚部》：“流，假借爲浮。”《荀子·致仕》：“凡流言、流說、流事、流謀、流譽、流愬，不官而衛至者，君子愼之。”楊倞注：“流者，無根源之謂。”

“人之𧾷兑肰可與和安者，不又夫慉犻之青則忞”，“𧾷兑”字，郭店簡《校讀記》作“悅”。“悅然可與安和”，似指能與人和悅而安處。《論語·陽貨》云：“子曰：鄉原，德之賊也。”“人之悅然可與和安者”，若無所追求，即與“鄉愿”近似。郭店簡裘案：“‘夫’下一字當釋‘慉（奮）’。”“慉犻”二字，郭店簡《校讀記》作“奮作”。“青”，郭店簡釋文讀爲“情”，指熱情。“奮作之情”，指奮力追求人存真義的熱情。

劉信芳云：“《性情論》38：‘人之絥肰（然）可與和安者，不有夫奮作之情則懋。’‘絥’字整理者未作隸定。按原簡字形從糸兆聲，所從之‘糸’可參信陽簡從‘糸’諸字，所從之‘兆’可參包簡265‘兆’字。由於信陽簡的年代早於郭店簡與包山簡，僅據此即可斷定《性情論》的抄寫年代早於郭店簡《性自命出》。‘絥’古讀與“陶”近，《荀子·榮辱》‘陶誕突盜’，注：‘或曰：陶當爲逃，隱匿其情也。’朱駿聲《說文通訓定聲》認爲‘陶’乃‘逃’之借，其說是也。《詩·王風·君子陽陽》‘君子陶陶’，毛詩：‘陶陶，和樂貌。’‘絥’字《性自命出》46作‘脫’（原簡字型從兌聲），《詩·召南·野有死》‘舒而脫脫兮’，毛傳：‘脫脫，舒遲也。’《淮南子·精神》‘脫然而喜矣’，注：‘舒也。’‘脫’、‘陶’意近，‘脫’古音在月部透紐，‘陶’古音在宵部定紐，讀音亦有關係。”

“忞”字，郭店簡《校讀記》作“侮”，指受辱。趙建偉云：“‘犿’當釋爲‘作’，‘忞’可能應釋爲‘侮’。《禮記·樂記》：‘粗厲猛起奮末廣賁之音作而民剛毅’，人無奮作剛毅之情而只知悅然安和則會受到傷損侵侮。”廖名春《校釋》云：“‘忞’讀爲‘侮’。今本《老子》第十七章：‘其次侮之。’‘侮’，楚簡《老子》丙本簡文1作‘柔’。”

簡文此數句，似謂：善於言辭便給的人，若無樸素篤實的心靈，就會淪於虛浮。人若是僅滿足於與人和悅而相處，不具有奮力追求大道的熱忱，則必然爲人所狎而受辱。

又其爲人之快女也，弗牧不可。又其爲人之哀女也，（簡47）弗校不足。	又丌爲人之慧女也，弗牧不可▪。又丌爲人之（簡38）□□也，弗校不足▪。

【辨析】

“快”，上博簡作“慧”。上博簡注釋：“‘慧’、‘快’兩字古通。”

“牧”，裘先生云：“‘其爲人也快如也，弗　不可。’《郭簡》釋‘弗’下一字爲‘牧’。上 38 相應之字爲‘羖’。劉信芳《關於上博簡藏楚簡的幾點討論意見》（發表於簡帛網站），釋其字爲‘養’，並說：‘養字元簡字型从攴羊聲，整理者隸定作牧，與字型不合。其字郭店簡《性字命出》47 作牧。就其文意分析，應以作養（从攴羊聲）爲正，郭店簡牧字與養意近……’劉文釋‘羖’爲‘養’，甚確（劉文舉出了郭店簡‘養’作‘羖’的三個例子，《說文》‘養’字古文亦作‘羖’）；但以‘牧’、‘養’義近溝通郭店簡與上博簡，恐不一定妥當。郭店簡被釋爲‘牧’的那個字，字型跟一般‘牧’字有明顯區別，疑即‘羖’之誤摹。”[1]

上博簡簡 39 簡首缺字，原釋文補“菓女（如）”。

“杸”，上博簡注釋云：“杸，讀爲‘敷’、‘補’、‘輔’等皆通。”

今讀作“有其為人之快如也，弗養不可。有其為人之菓如也，弗輔不足”。

【解義】

“又其爲人之快女也，弗牧不可”，兩“又”字，疑仍讀如本字，表示另舉出人行爲的兩種情態。“快如”，似指輕率而放縱。《戰國策·趙策二》云：“恭於教而不快。”高誘注：“快，謂縱逸。”“牧”，陳偉訓“養”。劉昕嵐云：“治理、管教。”“牧”，指修養約制。《廣雅·釋詁一》：“牧，養也。”《周易·謙卦》云：“謙謙君子，卑以自牧。”王弼注：“牧，養也。”“牧”也有治理之意。

劉信芳云：“《性情論》38：‘有其爲人之慧如也，弗養不可。’‘養’字原簡字形從攴羊聲，整理者隸作‘牧’，與字形不合。其字郭店簡《性自命出》47 作‘牧’。就其文意分析，應以作‘養’（從攴羊聲）爲正，

[1] 裘錫圭：〈談談上博簡和郭店簡中的錯別字〉。

郭店簡‘牧’字與‘養’義近，《易·謙》‘謙謙君子，卑以自牧也’，王注：‘牧，養也。’此陳偉先生已有說解，郭店簡《唐虞之道》11‘養性命之正’，《忠信之道》4‘不奪而足養者’，《六德》33‘求養親之志’，諸例‘養’字皆是從羊聲，與簡文‘養’字（從攴羊聲）同形。‘慧’字《性自命出》作‘快’。李零先生云：‘快，原作慧。’看來是主張讀‘慧’爲‘快’的。其實應以‘慧’自爲正，‘快’爲通假字。郭店簡《尊德義》35：‘快不足以知倫。’‘快’亦讀爲‘慧’，筆者已另有說解。智慧所以不足以知曉人倫者，蓋人之智慧乃天生資質，既可以燃燒，亦可以熄滅。簡文則強調有智慧之資質而不經馴養，則天生之智慧自生自滅，不足以成才矣。二者文義可以互證。郭店簡《語叢一》107：‘快與信，器也。’‘快’亦讀爲‘慧’，人所稟受的智慧有別，猶器之有大小。《論語·魏靈公》之‘小慧’即小聰明，《左傳》成公十八年：‘周子有兄而無慧。’無慧者，白痴是也，猶器之廢品。”

“㒸”字，趙建偉認爲可能爲“悹”之音假，指謹慎。陳偉以爲似當讀爲“願”，謹慎的意思。劉昕嵐《箋釋》云：“李零讀爲‘淵’。《廣雅·釋詁二》：‘淵，深也。’”“淵”有深沈靜默之義，《莊子·在宥》云：“淵默而雷動”。“淵如”與“快如”，正相對爲文。上博簡注釋云：“㒸，讀爲‘願’。《說文》：‘願，謹也。’”

“又其爲人之㒸女也，弗杈不足”，“杈”字，郭店簡《校讀記》讀爲“輔”，《廣雅·釋詁二》：“輔，助也。”此字，考慮與前“牧”字相對，並按上下文意，似有“啓之、發之”之義，如《論語·述而》云：“不憤不啓，不悱不發。”

簡文此數句，似謂：人若放肆縱意，不加以節制約束則不可行爲；人若淵默深沈，不加以開啓激發則不足以有成。

【申論】

簡文第九個“凡例”首先說明“用心”、“用智”、“用情”、“用身”、“用力”五種不同“用”的極端展現情況。郭店簡簡 9 云：“其甬(用)心各異，叴(教)叓(使)肰(然)也”(上博簡簡 4 同)。簡 32 云：“凡思之甬(用)心爲甚。”(上博簡簡 20 同)均單指“用心”之事，此處言及另外四種“用”。簡文此種編排，似延續前文“用心”之事來解說。強調“用心”的極致，唯有在表現在思索之時，就如同在慮患時，“用智”最爲深切；在哀樂時，“用情”最爲極致；在欣悅時，“用身”最爲急切；在謀思圖利時，“用力”最爲窮盡。這些極端的表現，也就像“目之好色”、“耳之樂聲”一樣，都是鬱積之氣的發作，人若是只知到追逐聲色的慾望，即不難爲之而死。因此，人之“用心各異”，唯有“人道”是可道。而“用心”之極致，即在於哲學之“思”。

簡文或許就人之行爲舉止，在極致狀況下有這些不同的表現，而接著對各種行爲的偏差，說明各自的校正方式。

<table>
<tr><td rowspan="7">其為人之</td><td>人的行為</td><td rowspan="5">不有夫</td><td>校正方式</td><td rowspan="5">則</td><td>放縱後果</td></tr>
<tr><td>節節如</td><td>柬柬之心</td><td>采</td></tr>
<tr><td>柬柬如</td><td>恆忻之志</td><td>縵</td></tr>
<tr><td>巧言利詞</td><td>詘詘之心</td><td>流</td></tr>
<tr><td>悅可與和安然</td><td>奮作之情</td><td>侮</td></tr>
<tr><td>快如</td><td rowspan="2">弗</td><td>牧不可</td><td rowspan="2"></td><td rowspan="2"></td></tr>
<tr><td>淵如</td><td>輔不足</td></tr>
</table>

簡文的前四句共同具有“其爲人之……，不有夫……則……”的語式，後兩句“不有夫……”作“弗……”，並省略“則……”。前段是指人行爲的偏失，“不有夫”或“弗”提出校正的說明，而“則……”是指放縱不禁的結果。此種語式的作用，與第十四個“凡例”之“……而……”相同，均具有調節校正的功能。這也是箴言性質的特殊形式。

上述的解釋是就“性情說”作爲思想完整的陳述來考慮。或許簡文這段文字的編排，原先並無如此嚴整的規劃。但若以“性情說”思想的內容來看，我們的說明也是一種闡釋方式的可能。

二十一

【郭店簡】

凡人憍爲可亞（惡）也。憍斯叜壴（矣），叜斯慮壴（矣），慮斯莫與之（簡四十八）結壴（矣）。訢（慎），悬（仁）之方也，肰（然）而其怎（過）不亞（惡）。速，母（謀）之方也，又（有）怎（過）則咎。人不訢（慎）斯又（有）怎（過），信壴（矣）（簡四十九）。

【上博簡】

凡人憍₌（僞爲）可亞（惡）也。憍（僞）斯㗊（吝）矣，（吝）斯慮矣，慮斯莫與之結▌。言，慮之方也，肰（然）而丌（其）怎（過）不亞（惡）。速（數），母（謀）之方也，又（有）怎（過）則咎■。人不言（簡39）□又（有）怎（過），信矣。乚（簡40）

凡人憍爲可亞也。憍斯叜壴，叜斯慮壴，慮斯莫與之（簡48）結壴。	凡人憍₌可亞也。憍斯㗊矣，斯慮矣，慮斯莫與之結▌。

【辨析】

“⿰忄爲爲”，上博簡作“⿱爲心=”，讀爲“僞爲”。

“⿱吅文”，上博簡作“⿱罒文”，釋文讀爲“文”。郭店簡、上博簡《校讀記》作“吝”。

“結壴”，上博簡無“壴”字。

今讀作“凡人⿰忄爲為可惡也。⿰忄爲斯吝矣，吝斯慮矣，慮斯莫與之結矣”。

【解義】

此段似回應前文“求其心有僞也，弗得之矣”。

“凡人⿰忄爲爲可亞也”，“⿰忄爲”字，郭店簡《校讀記》讀爲“僞”。裘先生云[1]：“‘⿰忄爲’與‘爲’連用，顯然不能讀作‘爲’。這個‘⿰忄爲’字似可讀爲‘僞’。”“亞”字，郭店簡釋文讀爲“惡”，《集韻・莫韻》：“惡，恥也。”《孟子・公孫丑》云：“無羞惡之心，非人也。”

“⿰忄爲斯⿱吅文壴”，郭店簡《校讀記》云：“‘吝’，原從雙口從文，這裏是羞恥之義。”“⿱吅文”字，上博簡作“⿱罒文”，注釋讀爲“文”，並云：“文，美、善。”恐與簡文“僞斯　”之文意不合。“吝”，有吝惜之義。《尚書・仲虺之誥》：“用人惟已，改過不吝。”孔穎達疏：“有過則改，無所吝惜。”簡文下文云：“有過則吝”。

裘先生云[2]：“‘⿱吅文’，似當讀作‘不自矜’（《老子》22章）之‘矜’。‘矜’字古本從‘令’聲。‘⿱吅文’字，中山王鼎與馬王堆帛書《老子》乙本皆用爲‘鄰’。已有學者指出，‘⿱吅文’所從之‘吅’並非二‘口’，而象相鄰的兩個地區，即‘鄰’字的古文。‘令’、‘粦’上古音部都屬來母真部，其音至近。《詩・齊風・盧令》：‘盧令令’，《說文》引作‘盧獜獜’。‘憐’字或體作‘怜’，古書中且有‘憐’‘矜’相通之例。所以‘⿱吅文’沒有問題可讀爲‘矜’。”

---

[1] 裘錫圭：〈糾正我在郭店《老子》簡釋中的一個錯誤〉，《郭店楚簡國際學術研討會論文集》，頁25-26。

[2] 同上引書。

“叜斯慮壴”，慮”，指圖謀。《說文·思部》：“慮，謀思也。”《古今韻會舉要·御韻》：“慮，思有所圖謀曰慮。”又，“慮”也有亂義。《呂氏春秋·長利》云：“夫子盍行乎，無慮吾農事。”高誘注：“慮，猶亂也。”

“慮斯莫與之結壴”，與下文“斯人信之”相對而言，似指無人能信服而與之交結。《荀子·富國》云：“事之以貨寶，則貨寶單而交不結。”

裘先生云[1]：“‘叜斯慮壴，慮斯莫與之結壴’，這兩句中的‘慮’，釋爲‘慮’文義難通，應釋爲從‘心’‘虘’之字。……釋爲‘怚’是合理的。《淮南子·繆稱》‘矜怚（今本作‘怛’，從王念孫校改）生於不足’，以‘矜’‘怚’連言，說明我們把‘叜斯慮矣’釋讀爲‘矜思怚矣’，也是合理的。簡文這兩句的意思是說，自矜就驕傲了，驕傲就沒有人跟他結交了。”

簡文此數句，似謂：人之作僞是可恥的，作僞矯情的人，則吝於改過自新。吝於改過，則將有爲非作亂之謀。如此，無人能信服於他而與之交結。

訢，息之方也，肰而其怹不亞。速，侮之方也，又怹則咎。人不訢斯又怹，信壴（簡49）。	言，慮之方也，肰而丌怹不亞。速，㥄之方也，又怹則咎▪。人不言（簡 39）□又怹，信矣。㇏（簡40）

【辨析】

“訢”，上博簡作“言”，讀爲“慎”。

“息之方”，上博簡作“慮之方也”。“慎”與“慮”的關係雖然在

---

1 同上引書。

文意上較密切，但“慎”與“仁”在哲學觀念上簡文表達重要意義，二者可能文本的記述不同。

“㑏”，上博簡作“恳”，原注釋云：“《集韻》：‘謀，或作恳。’”

上博簡簡 40 簡首缺字，原釋文補“斯”字。

今讀作“**慎，慮之方也，然而其過不惡。速，謀之方也，有過則咎。人不慎斯有過，信矣**”。

【解義】

“新，息之方也”，“新”字，郭店簡釋文讀爲“慎”。以“慎”作爲“仁之方”，也見於《禮記》。《禮記·祭義》云：“慎行其身，不遺父母惡名，可謂能終矣。仁者，仁此者也。”《禮記·儒行》云：“敬慎者，仁之地也。”上博簡作“言，慮之方也”。

“肰而其怂不亞”，郭店簡釋文讀爲“然而其過不惡”。“然而”，表示“詞之承上而轉下者也，猶言‘如是而’也”[1]。“其過不惡”，指有過失而不被嫌惡。

“速，㑏之方也，又怂則咎”，“㑏”字，郭店簡釋文讀爲“謀”。“慎，仁之方”與“速，謀之方”相對，形成此段說明的對應結構：

慎	速
仁之方	謀之方
其過不惡	有過則咎

“慎”與“速”是相互對立的，故“速”與“慎”相反，當指“非慎”，即急切而專斷。《論語·子路》云：“欲速則不達。”上博簡注釋：“速，讀爲‘數’，‘速’、‘數’古字通。……數，分辨、詳查，《詩·小雅·巧言》：‘往來行言，心焉數之。’《荀子·非相》：‘欲觀千歲，則數

[1] 王叔岷：《古籍虛字廣義》，頁 331，華正書局，1990 年，台北。

今日；欲知億萬，則審一二。”上博簡注釋，可備一說。

“仁”與“謀”的作用不同，“仁”著重人性的溝通與包容，而“謀”則針對事務的權宜利害。

劉昕嵐謂：“咎”於此可有“憎惡”或“責備”二義，並疏解此句文義爲：迅速（地下決斷），是謀慮的原則，然而一旦有了過失，就要招致別人的厭惡（或：別人就會責求其過失）。

簡文此數句，似謂：謹慎而行，這是溝通與包容的方式，如此，雖有過也不會被人們羞辱；急斷而行，這是處事權宜的方式，但一有過失，就受到別人的責難。人不謹慎就會造成真正的過失，事實就是如此。

上博簡“信矣”下有“乚”符號，並留有約可寫 40 餘字的空白。當爲本篇的結束符號。

附錄

一　楚簡性情說的資料問題

二十世紀的九〇年代，在湖北荊州地區先後出土了大量戰國竹簡思想文獻，經整理後分別出版了《郭店楚墓竹書》[1]與《上海博物館藏戰國楚竹書（一）》[2]。二書中各有一篇資料，內容幾乎完全相同，但分別命名爲《性自命出》，與《性情論》。這兩篇文字的來源，可能均抄寫於較早年代儒家所流傳的思想文獻，其中對“性”、“情”、“心”、“道”等哲學觀念，有著結構性的論述。鑑於已有不同的篇名，我們暫時就其思想內容，統稱“性情說”。

《郭店楚墓竹簡》（以下簡稱郭店簡）的釋文發表較先，我們先從此書中《性字命出》篇的簡文編排來分析。

《郭店楚墓竹簡》釋文於《性自命出》篇稱：“本組簡存六七枚。竹簡兩端修削成梯形，簡長三二・五釐米。編線兩道，編線間距爲一七・五釐米。原無篇題，今據簡文擬加。”郭店簡的整理者，將簡文分成兩個主要部份，第一部份又分成四個編連組[3]，第二部份也分成四個編連組。它們的情況是：

第一部份：簡 1 至簡 35

第一編連組：簡 1 至簡 7

第二編連組：簡 8 至簡 18

第三編連組：簡 19 至 28

第四編連組：簡 29 至 35

第二部份：簡 36 至簡 67

第一編連組：簡 36

---

1 《郭店楚墓竹簡》，文物出版社，1998 年五月。

2 《上海博物館藏戰國楚竹書（一）》，上海古籍出版社，2002 年 11 月。

3 爲說明方便，我們將原書簡文字句相連貫的部份，稱爲一個完整的編連組。

第二編連組：簡 37 至簡 49

第三編連組：簡 50 至 61

第四編連組：簡 62 至簡 67

由於竹簡出土時已散亂，整理者的編連，是從各方面的考慮來進行。此篇之所以被分爲前後兩篇，主要是因爲在簡 35 與簡 67 兩簡的簡末，均出現有可能是表示篇尾的鉤形符號“乚”。

關於第一部份的說明：

第一編連組與第二編連組之間，也就是簡 7 與簡 8 之間，《上海博物館藏戰國楚竹書（一）》（以下簡稱“上博簡”）缺，郭店簡《校讀記》[1]補“使然人”三字，這樣簡 7 的末三句與簡 8 的首句讀作“牛生而倀，雁生而戟，其眚〔使然，人〕而學或叓之也”。照這樣的補字，第一編連組與第二編連組可以銜接。

第二編連組與第三編連組之間，也就是簡 18 末句“豊□□青”與簡 19 首句“或[illegible]之也”之間，上博簡簡 10 與簡 11 是連寫的，讀作“豊（簡 10）□□青，或興之也■”，二者應當可以銜接。

第三編連組與第四編連組之間，也就是簡 28 末句“侶頣樂情”與簡 29 首句“凡至樂必悲”，上博簡簡 17 與簡 18 是連寫的，讀作“侶頣樂情。凡（簡 17）□□必悲”，二者應當可以銜接。

比照著上博簡竹簡的釋文[2]，郭店簡簡文的第一部份，是完全可以的拼合的，並與前者第一個橫粗條墨節之前的文字相對應，成爲完整的一種思想資料。上博簡全篇只有一個鉤形符號，並在最後一支簡末尾，因此，上博簡的原先抄寫時的編排，並不是把此部份文字當作是一篇。

---

[1] 李零：《上博楚簡三篇校讀記》，台灣萬卷樓出版有限公司，台北，20002 年。以下簡稱“上博簡《校讀記》”。此書附錄有“郭店楚簡校讀記：《性自命出》”一篇，以下簡稱“郭店簡《校讀記》”

[2] 上博簡竹簡較郭店簡爲長，完整的簡長均超過五十公分以上，其滿簡書寫的文字約有三十六字，而其中第一簡及第四十簡、第四十一簡每簡寫有約有四十六字，均較郭店簡滿簡所寫的二十三、四字爲多。因此，上博簡的句序可作爲郭店簡簡文編排的參照。

關於第二個部份的說明：

第一個編連組僅簡 36 一章，讀作“凡學者隶其心爲難，從其所爲，丘得之壴，不女以樂之速也”。第二編連組簡 37 前段文字讀作“唯能其事，不能其心，不貴。求其心又爲也，弗得之壴”。上博簡簡 31 末句與 32 前段讀作“凡孝者求丌（簡 31）心又僞也，弗得之矣。人之不能㠯憍也，可智也■”上博簡雖似有所脫漏，但可證明郭店簡的簡 36 與簡 37 是相連的，第一編連組與第二編連組應當可以銜接。

第二編連組與第三編連組之間，也就是簡 49 末句“信壴”與簡 50 首句“凡人青爲可兌也”之間，上博簡最後一支簡簡 40 讀作“信矣↳”，並有鉤形符號表示篇尾，而“凡人青爲可兌也”則寫於簡 21 中段。上博簡簡文似將郭店簡第二編連組與第三編連組視爲相對獨立的。但由於郭店簡第二編連組的最後一支簡簡文寫滿，實際上是可以與第三邊連組銜接的。

第三編連組與第四編連組之間，也就是簡 61“巳則勿復言也”與簡 62“凡悳患之事谷扗”，上博簡簡 31 是連寫的，讀作“巳，則勿退言也。凡悳患之事谷扗凡悳惓之事谷任”，二者應當可以銜接。

因此，照郭店簡釋文的編排，第二部份也可完全拼合，由於最後一支簡的簡尾也有鉤形符號表示篇尾，此一部份似也是完整的一篇資料。

以上說明的是竹簡的編連。但這些文字的內容非常豐富而複雜，其中是否也涉及分章的問題？其原始文本的編排型態，是否曾按某種方式來排定？竹簡上書寫的一些符號是否顯示出種特定標點、斷句、分篇的考慮？郭店簡與上博簡的編排是否有所差異？這些問題值得我們進一步思索。

我們發現郭店簡與上博簡的編排是不太相同的，特別是郭店簡簡文第二部份的排列。

上博簡中除了最後一支簡的鉤形符號外，另外還有方塊符號與粗橫的符號，前者上博簡注釋者稱之爲“墨釘”，後者爲“墨節”[1]。上博簡《性情論》全部簡文有六個墨節，分列於：第一，簡 21 中段“遊（孛）心也”句下；第二，

[1] 見《上海博物館藏戰國楚竹書（一）》，頁 219。

簡 24 與簡 25 之間，“斯人信之矣”句下[1]。第三，簡 31 中後段“樂事欲（谷）復（逷）”句下；第四，簡 35 前段“道爲可導（道）也”句下；第五，簡 39 前段，“弗校不足”句下；第六，同簡中段“慮斯莫與之結”句下。因此，上博簡按此符號可分爲七個部份：

第一部份包含簡 1 至簡 21 中段，約 697 字；

第二部份包含簡 21 後段至簡 24 後補殘簡二、三，約 144 字；

第三部份包含簡 25 至 31 中段，約 267-372 字；

第四部份包含簡 31 後段至簡 35 前段，約 123 字；

第五部份包含簡 35 後段至簡 39 前段，約 153 字；

第六部份包含簡 39 中段，約 21 字;

第七部份包含簡 39 後段與簡 41，約 28 字。

上博簡第一部份與郭店簡的第一篇相當，字數佔全篇一半，內容與思想結構均極爲完整。第二部份論述“人情”在各種行爲中的表現，與其在禮制中的關係。第三部份論述“交”的問題，說明不同型態的“交”各有其德行的本源，與一些類似箴言的輯略，說明人行爲舉止所必須遵循的法則。第四部份說明求心不能有僞，並論說“義”、“仁”、“情”、“性”的關係，提出唯有人道爲可道。第五部份說明“用心”、“用智”、“用情”、“用深”、“用力”等極致表現時的本源，並談及一些行爲的校正法則。第六部份僅一句“凡人僞爲可亞也。僞斯叏壴，叏斯慮壴，慮斯莫與之結壴”。第七部份說明謹慎的重要。

---

1 上博簡《校讀記》於原釋文簡 24 下據原書附錄殘簡二與殘簡三，補“〔也〕。不知己者不怨人，苟有其情，雖未之爲，斯人信之矣，▌未言〔而信也。聞道反上，上交者也〕。補 C〔聞道反下，下交〕者也。聞道反己，修身”，並云：“簡 24，下有脫簡，今補入補 C。‘不知己者不怨人，苟有其情，雖未之’（‘知’原作‘智’，‘己’原從己從口，‘怨’原作‘悁’，‘苟’原作‘句’），即附一的殘簡二和殘簡三（殘簡二爲其左半，殘簡三爲其右半），原書只釋‘智’、‘者’和第二個‘不’字，於所釋‘不’字下空六字。這兩枚殘簡，我見過原簡，編號爲 B69/2 和 C 殘 14-14，其‘雖未之’三字已看不清楚，但其他字均可辨認，共十四字。”其中在“斯人信之矣”句下有鉤型符號。

若將上博簡“墨節”視爲分章的符號，則其用意相當特別，不但所分章次的內容多寡差異極大，而且也不見其思想中表現出完整的結構。我們很難猜測當時爲何如此分章，或許只是對抄寫資料來源的一種區分。

我們說過，楚簡討論“性情說”的這兩批資料，就其所述的思想內容，應與早期儒家學派的傳承有關。早期儒家自孔子之後，“儒分爲八”，有“有子張之儒，有子思之儒，有顏氏之儒，有孟氏之儒，有漆雕氏之儒，有仲良氏之儒，有孫氏之儒，有樂正氏之儒。”[1]這些學派當各自有其思想文獻流傳，楚簡抄寫的兩篇文字，當原屬這種資料的傳本。楚簡兩篇資料包含各種內容，其原先的文本或非單一完整的作品，可能是儒家早期人物的一些思想摘要的抄錄。

就現有傳世文獻，我們發現在儒家傳承中，對其資料的記載方式或許是採取以下幾種方式：

記錄孔子或及門弟子之言

記錄孔子與及門弟子，或再傳弟子間的對談

不稱引孔子與及門弟子的言說摘錄

具有結構性論說的資料

系統性解經與釋經的傳、記、序、說

前二者當屬早期的原始資料，第三、四種情形可能爲三傳或四傳弟子的撰述與記錄，最後一種資料可能來自於孔子、及門弟子或再傳弟子對“經”的研究，先由口授，後寫於文字。自孔子中年講學起，至漢初經學重新被重視，經歷三百餘年。這在學派的發展上，是一個極長的時期，當留下相當數量此類的資料。但楚簡“性情說”的資料，卻使用“凡”字起首的句式，這是一種特殊的記錄方式。李零先生上博簡《校讀記》云：

> 在古書中有最括總計之義（如用於數位統計，表示‘總共’），因此常被誤認為是表示‘一般地說’，但在古書中，‘凡’字還有發凡起例，表示通則、條例和章法的含義，經常用於‘凡在什麼情況下則如何如何’

[1] 《韓非子·顯學》

這樣的條件結果句裏。例如《左傳》有所謂‘五十凡’，杜預《春秋序》說‘其發凡以言例，皆經國之常制，周公之垂法，史書之舊章，仲尼從而修之，以成一經之通體’，就是歸納史事，以成通則，體現‘微言大義’、‘春秋筆法’和禮數規定的東西（《周禮》、《儀禮》、《禮記》也多用‘凡’字）。這種‘凡例’既可用于法律文書或儀典、政典類的古書，也可用於專講技術守則的實用書籍（章學誠《校讎通義》稱為‘法度名數之書’）。……《孫子兵法》十三篇，它的各篇幾乎都是以‘凡用兵之法’開頭，《司馬法》、《六韜》、《吳子》、《尉繚子》，還有《墨子》城守各篇，出土銀雀山漢簡《孫臏兵法》等書，它們講軍法、軍令和戰術規則，也都經常是以‘凡’字發語。中國古代的數術、方技之書，書中多載處方、配方，它們也多以‘凡’字起方。這些‘凡例’，特點是條分縷析，自成片斷，隨時所作，即可筆之於劄，便於排列組合，重新彙編。這對瞭解古書的體例非常重要。在現存古書中，帶‘凡’字句型的篇章並不少見，但像此篇完全按‘凡’字整齊排列則相當罕見。它也像《緇衣》篇一樣，是由鬆散的單章拼合而成，因此在結構上有較大的調整餘地。郭店本和上博本的不同，正好反映了它們在結構上的不同。

郭店簡簡文，以“凡”字起首的段落，共有二十一段[1]。李零先生所提到這種“凡例”的特點，認爲是“條分縷析，自成片斷，隨時所作”是符合於楚簡“性情說”資料的編寫情況，同時也顯示出這種編排，原先已經對原始資料加以歸納、分類、整理，而形成一種精要論說匯集的文本，並稍具標準統一的型態。他又稱“即可筆之於劄，便於排列組合，重新彙編”，郭店簡本與上博簡本章序的不同，可能就是出於重新排列的組合。

見於郭店簡與上博簡的“凡例”，其章次的安排爲：

郭店簡	上博簡
1. 凡人雖又眚	1. 凡人唯又生
2. 凡眚爲宔，勿取之也	2. 凡眚爲宔，勿取之也

[1] 簡 19 至簡 20 作“凡𢝊思而句悲，□（簡 19）樂思而句忎”，後一“凡”字似衍，而簡 50“人青爲可兑也”句，上博簡句前有“凡”字，郭店簡恐脫。

3. 凡心又志也，亡与不□□	
4. 凡勿亡不異也者	
5. 凡眚或敳之	5. 凡眚，或敳之
6. 凡敳眚者，勿也	6. 凡敳眚者，勿也
7. 凡見者之謂勿	7. 凡見者之謂勿
8. 凡衍，心述爲宔	8. 凡道，心述〕爲宔
9. 凡聖其出於情也信	9. 〔凡〕聖，丌出於情也信
10. 凡古樂龍心，益樂龍指	10. 凡古樂龍心
11. 凡至樂必悲	11. 凡〔至樂〕必悲
12. 凡悥思而句悲	12. 凡悥思而句悲
凡樂思而句忻	〔凡〕樂思而句忻
凡思之甬心爲甚	凡思之甬心爲甚
13 凡學者隶其心爲難（A）	13. 凡人青爲可兌也（D）
14. 凡甬心之喿者，思爲甚（B）	14. 凡身谷青而毋遣
15. 凡人僞爲可亞也（C）	15. 凡悅人毋罿〔也〕（E）
16. 凡人青爲可兌也（D）	16. 凡交毋剌，必貞又末（F）
17. 凡兌人勿愋也（E）	17. 凡於道逄毋愄，毋蜀言（G）
18. 凡交毋剌，必貞又末（F）	18. 凡悥惓之事谷任（H）
19. 凡於这毋愄，毋蜀言（G）	19. 凡孥者求丌心又爲也（A）
20. 凡悥患之事谷𠍷（H）	20. 凡甬心之趮者，思爲甚（B）
	21. 凡人悹= 可亞也（C）

上博簡僅存“凡”字十八例，上述第 3、第 4、第 8 與第 9 段前均爲缺字，可據郭店簡補，並多割裂出“凡身谷青而毋遣”段。這種“凡例”可能是當時編輯此篇資料者的一種安排體例，精要記述關於“人道”的殊別事項。這二十或二十一組以“凡”起首的段落，內容各有詳略，均集中論述一種特殊的哲學論題，我們試它們各別主題的內容，整理如下：

〔《上》1《郭》1〕[1]：這一段說明整個“人道”體系的思辨觀念結構，其中包含“性”、“情”與“心”的主體因素，“物”的外在影響，“人道”的設定始源，與人文價值的兩極結構。提出以“性”，“物”作爲人之存在處境的相對因素，並以“心”作爲“物”對“性”影響下主體中的操持。說明“性”爲人之爲人之一物的本然質素，是來自“天”之自然的顯明，而作爲人之本質的“性”展現出人存實況是“情”。然後再提出所謂人文之規劃的“人道”是施加於“情”之上。這樣，一切人文價值的取擇，“好惡”、“善不善”均顯現在“性”與“物”間關係的處置上。

〔《上》2《郭》2〕：這一段標誌出“性”、“物”與“心”的關係，分兩層說明：第一層有四句，強調“性”爲人存在的本源，但“物”對它產生著影響，並舉以“金石之有聲，弗扣不鳴”之例爲證。從此例證中，也可看出，簡文認爲“性”與“物”間的關係是必然的，金石作爲樂器，在其本質上就具有發出聲響的性能，但只有當他們受到敲擊的演奏，才能實際產生樂聲。同樣，哲學探討的問題，應當回歸到“性”與“物”的交互關係上來思考。第二層，有兩句，云：“人之雖有性，心弗取不出”[2]。說明由“物”引發“性”的取向，而在“心”中形成了主導的作用

〔《郭》3〕這一段說明“心”與“志”的關係。“心”都具有指向的可能，也就是“志”，但無特意的舉動，“志”就不能發生。“心”本身是不能單獨發生作用，就像只靠著口動並不能表達論說一樣。人之所以有學，是來自加於“心”之上另種因素的結果。

〔《郭》4〕：這一段說明“用心”來自於人文的教化。因爲萬物的各別的本性都是本然而普遍的，人之會有不同的“用心”，是出於教化的外在原因。

〔《上》5《郭》5〕：這一段說明“性”所受到的影響方式。簡文列出“或是興動，或是迎受，或是應合，或是砥礪，或是收斂，或是教養，或是撫育”七種。

---

[1] 《上》指上博簡，《郭》指郭店簡。

[2] 郭店簡“雖”字前原釋文空二字，上博簡缺此兩句。郭店簡《校讀記》補“人之”二字，但此處也可以補“凡人”二字。就簡文前後體例，或許仍當保持“凡例”的句式。

〔《上》6《郭》6〕：這一段說明在上述方式下，這些影響因素的實質，相應的有："物"、"悅"、"故"、"義"、"勢"、"習"、"道"七種。

〔《上》7《郭》7〕：這一段對上述七種因素加以界定："物"是顯現於人的外在因素，"悅"是通達於己者的情狀；"勢"是外在事物所處的位列；"故"是有所施爲的制度設施；"義"是整合各種向善傾向的表徵，"習"是約束人之本性的調節，"道"是統攝因"物"而有一切事物的運作準則。

〔《上》8《郭》8〕：這一段的資料較爲複雜，首先提出"（人）道"是以"心術"爲主，認爲人道是簡文所未明指"四道"中唯一可以作爲遵行的道術。其次，說明構成人道規劃之"詩書禮樂"四者的始源性的考慮。再次，提出"禮作於情"的重要哲學命題，並說明以"義"作爲人道價值的指向意義。然後，舉出君子以"敬"遵循著禮樂的教化。最後，說及賓主之間的"拜禮"與聘問致送璧帛時遵循禮制所表現的意義，又比較禮樂教化使人產生喜悅之情不同，以能使人欣然發笑爲淺，以使人有德而樂爲深。這一段資料的內容雖具有相關的推衍性，但涉及的事項較多。

〔《上》9《郭》9〕：這一段是就"聲"說明"情"的表現。聆聽不同的樂聲與觀賞不同的樂舞，會引導出不同的反應。而音樂的正聲是以"德"爲主導。

〔《上》10《郭》10〕：這一段說明"古樂"與"益樂"雖然隱含的旨意不同，但均能激勵教化民心，舜、禹時的古樂表達著樸質實情的興發，能協合於人的本心，武王時的益樂表達積極進取的鴻志，能契合於人的志意。

〔《上》11《郭》11〕：這一段說明"情"的極致表現，不論是"至樂"與"哭"均導向於悲痛。並詳盡解析"哭之動心"與"樂之動心"的發展的過程均終於"悲慨"的憂思。

〔《上》12《郭》12〕：這一段說明"憂"、"樂"均以"思"作爲"用心"反省的操持，而以"戁"（敬畏慎懼之心）作爲"思"所呈現的本質。並提到"聲"的變化與心中之"情"的感發是相應的。此段郭店簡多出"喜斯慆……"一段，分別說明由"喜"、"慍"之情抒發的變化程序。

〔《上》13《郭》16〕：這一段資料也非常複雜，重點在強調"情"是人與人之間精神溝通的最大聯繫力量。首先說明人真實的情愫對行爲所產生的正面效應。其次，說明真實之情是使人民信服與認同的內在溝通。再次，提到人間交往的各種形式，而這些交往的準則是確立在“親情”與“事理”的內外別異上。

〔《上》14〕：這一段是對“禮樂”規範之實踐性的說明。就人各種主要行爲表現所涉及的多向因素，如“身”、“慮”、“行”、“貌”、“心”、“喜”、“樂”、“憂”、“怒”、“進”、“退”、“言”、“居”等，來論述人之操持的正當型態。同時，也舉出以君子的行爲舉止來作爲遵循禮樂的典範。

〔《上》15《郭》17〕：這一段僅兩句，說明“兌人”之道。謂勸說別人，不要猶疑不定，但也必須能身先行之，所說的要明確，不能有任何虛僞之處。此段與以下三段均說明特定行爲舉止的實踐，文句的形式，具有箴言或告誡的性質。

〔《上》16《郭》18〕：這一段僅兩句，說明“論交之道”，謂：與人交往，不能剛烈，一定要指望好的結局。

〔《上》17《郭》19〕：這一段說明“閒居之道”，謂：在群眾之中，不要顧自思慮，切莫專斷強言。在家中時，要因順父兄之樂事。即便有少數的冤屈，若不會造成重大的影響，則當承受包容，事情過後，就不需提及。

〔《上》18《郭》20〕：這一段僅兩句，說明“處憂患之道”與“與燕樂之道”，謂：凡是遇到國家憂患時，需要積極去承擔；而碰到燕樂之事時，則要自制而不去爭先。

〔《上》19《郭》14〕：這一段資料較爲複雜，綜論“學”與“情”之間“用心”之操持的問題。其中特別提出“義”、“敬”、“仁”、“忠”、“信”等人文價值性觀念復歸於“性”的指向。並從“愛”、“智”、“惡”、“道”多種不同型態的要求中，確立“性愛”、“義道”、“惡不仁”、“人道”四者的取擇。

〔《上》20《郭》15〕：這一段可視爲“心術”運作的說明，舉出不同操持極致時的表現，並詳列人之性格與行爲舉止的校正準則。如：耳目感官之喜好聲色，是來自於鬱積之氣的發作，人若是放縱於聲色，就很難不爲之而死。若有人舉止嚴格檢束，但無質樸信實之心，就必會矯情僞飾。若有人人個性質樸信實，但無啓發的心志，就終必散漫無所得。若有人善於言辭便給，但無樸素篤實之心，就必會淪於虛浮。人若是僅滿足於與人相處和悅，而不具有奮力追求大道的熱忱，就必然爲人所狎而受辱。人若是放肆縱意，而不加以節制約束，就不可有所行爲；人若是淵默深沈，而不加以開啓激發，就不足以功業有成。

〔《上》21《郭》16〕：這一段說明兩件事情，前一部份是針對“僞情”，意爲：人之作僞是可恥的，作僞矯情的人，必吝於改過自新，如此則產生爲非作亂之思謀。因而，無人能信服於他而與之交結。後一部份談到謹慎之道，意爲：謹慎而行，是溝通與包容的方式，如此，雖有過也不會被人們羞辱；急斷而行，這是處事權宜的方式，但一有過失，就受到別人的責難。人不謹慎就會造成真正的過失，事實就是如此。此部份文字之前，上博簡有粗橫條的符號，似當作獨立的一章。

從以上各段內容的分析來看，所謂“凡例”的表達並不整齊，有較爲複雜並涉及多種事物者，有簡略箴言精語輯錄者，有嚴謹觀念辨析者，有組合不同事項在同一段落者。因此，簡文以“凡例”來編輯，並非完全嚴格遵守思想內容的結構性分類。

既然“凡例”是一種暫定但也有某種固定型態的資料匯集，就這些資料從思想內容上加以分類或新編，或是賦予某種特定的篇題，也合於後世文獻整理的慣例。楚簡釋文公佈後，就有學者提出不同分類的看法。如李學勤先生認爲：

> 被稱為《性自命出》的六十七支簡，恐怕原來不是一篇，而是兩篇。從簡號一到三六為一篇，中心在於論樂；從簡號三七到六七乃另一篇，中心在論情。兩者思想相關，可能共屬一書，然而各為起訖，不是同一篇文字[1]。

[1] 李學勤：《郭店簡與〈樂記〉》，載《中國哲學的詮釋和發展——張岱年先生 90 壽慶紀年文集》，23-27 頁。

基於這種考慮，李先生建議將《性自命出》的前半部爲獨立的一篇，稱之爲“樂說”，而後半部則稱之爲“性情”。郭店簡文本確實記有兩個可能爲分篇的鉤型符號，可將資料分爲二個部份，而分別稱之爲“樂論”與“性情”，則是李先生對這些資料內容的特殊看法，認爲前一部份集中在論“樂”，後一部份專注在“性情”的論述。李先生的說法是著眼在哲學思想探索的方向，有其特殊闡釋的意義。另有學者認爲前一部份仍可稱之爲《性自命出》，而後一部份則著重在論情，在篇名上可有不同的稱呼。也有學者將《性自命出》與《六德》等篇文句重新加以篇排。郭店簡、上博簡《校讀記》則完全以“凡例”排定，認爲全篇當以“性”題篇，但順從一般學者對篇名考慮的傾向，郭店簡資料仍稱《性自命出》，並分上、下兩篇，而對上博簡的資料，則不分篇而稱之爲“性情”。

我們認爲，任何從思想探析角度分析簡文資料，都是一種創造性解說。實際上，不論郭店簡或上博簡，相當程度上均保留“凡例”安排的痕跡。可見，這兩種抄寫或編輯的原始文本，都是以這種形式流傳的。但因爲郭店簡與上博簡的文本又確實具有部份的差異，而這些差異除了前者文本有多於後者的增添文字外，它們章序安排不同，尤其上博簡以六個分章符號做區隔，更顯示二者具有不同用意的分類與編排。因此，這兩種文本抄寫的原資料，也就不能完全限制在“凡例”的形式上。我們或可設想，這些資料最原始的來源，應在“凡例”的篇編排之前。“凡例”本身就是一種有序的安排，可朝向定本形式發展。它或許是對前人哲學思想的語錄、精語、箴言等一種普篇性的綜合論述，並呈現觀念解析的思想結構。楚簡“性情說”的前幾個“凡例”就具有此類的形式。也可能只是就這些零星的摘錄，爲配合“性情說”的思想，保留原樣加以收集附記。前文所列“凡例”的第十五至第十八，就是這樣的情況。也有可能是就原始思想資料加以申述或闡發，如第八、第十三、第十九等“凡例”的段落。楚簡“性情說”資料似具有以下幾種可爲設想的情況存在：

第一，郭店簡與上博簡兩種文本，具有較大的相近性，其抄寫原始文本應早已流傳。而二者間的差異，也說明它們各自出於不同考慮的安排。一般認爲此批竹簡的入土年代早於紀元前 278 年白起拔郢時，因此，這種原始抄寫所據的文本，似乎在紀元前第四世紀即已廣爲流傳。

第二，郭店簡與上博簡二種文本，都保留“凡例”的情況，而以“凡例”記錄文字資料的形式，說明這些資料原先業已經過編輯的整理，因此，楚簡“性情說”資料中所表達的原始思想，應更早於這種文本形式安排之前。

第三，郭店簡與上博簡簡文，均記載對“詩、書、禮、樂”之所以作爲禮樂規劃的哲學考慮。就“六經”成爲儒家傳承研習經典的發展過程來看，這種對“詩、書、禮、樂”的說明，似乎是儒家早期哲學探討的重要課題。

第四，楚簡“性情論”思想，特別著重“性”、“情”、“心”的分辨，與“人道”或“禮制”形成的始源，這些問題，在儒家哲學爲重建人倫價值的導源與立基的探索中，具有極爲關鍵的地位。

因此，我們認爲楚簡“性情說”雖然包含複雜的資料內容，或不同的表達形式，但其原始思想似仍可溯源至儒家早期思想的傳承上。這些資料應視爲儒家早期思想史料之後世編定的抄本。同時這兩種抄本也具有一個中心的論題，它是“性情”與“人道”的辨析與關涉。“性”是人所具有的本然，而“情”是“性”所展現的實情，“人道”非來自於人之自然的本性，而是對“情”的處置，在這種處置中呈現著人義的價值。本著這種設想的考慮，我們也可按照上博簡的二十一個凡例，提出一種章次的分類[1]：

第一章，　包括“凡例”一

第二章，　包括“凡例”二至四

第三章，　包括“凡例”五至七

第四章，　包括“凡例”八

第五章，　包括凡例九至十二

第六章，　包括“凡例”十三

第七章，　包括凡例十四至十八

第八章，　包括“凡例”十九

第九章，　包括“凡例”二十

[1] 分章全文見附錄。

第十章，　　包括“凡例”二十一

第一章，此章的內容表達出“性情說”思想的完整觀念結構。它涉及“性”、“心”、“志”、“物”、“氣”、“命”、“天”、“情”、“道”、“義”、“好惡”、“善不善”等儒家重要哲學觀念的分辨。同時，也呈現出這些觀念在其哲學思想中的結構性關連。此章思想的內容，似乎是儒家早期傳承中有關“性情說”論述的理論綱領。

第二章，說明在“性”、“物”關連中，“用心”與“教化”之人文價值取擇的設定性質。它對上章綱領中“心”的作用，做進一步闡發。

第三章，說明影響“性”的各種方式與所涉及的因素。它是第一章“性”、“物”關係的進一步說明。

第四章，說明“（人）道”與“心術”的關連，與編輯“（人）道”教化之“詩、書、禮、樂”的哲學考慮，並提出“禮作於情”的“人道”始源。此章內容是第一章綱領中“情”與“道”關連的進一部闡釋，因此也推衍性地論及君子之德與人在禮制中的表現。

第五章，集中說明“樂”與“情”的關係，它原先資料來源可能與“樂論”類的資料相同性質。其中包含“聲”對“情”的影響，觀賞《賚》、《武》、《韶》、《夏》時不同的感受與不同的教化作用，喜樂之情抒發的程序演變與其在心中產生的變化等。

第六章，說明真實之“情”的效用，由此而深及內心精神世界所發揮的感召力量。並藉此種精神世界的返顧，確立“義”、“仁”與“道”三哲學觀念的始源作用。同時，本此對始源精神世界的領會，推衍出“論交之道”。

第七章，包含五個具有箴言性質的“凡例”段落，此章資料可視爲“性情說”引述的例證，強調遵循“人道”展現的典範。

第八章，說明“人道”規劃中，以“心”爲操持的重要作用。並回應第一章的觀念結構，從“用心”的角度，提出三向的導源程序，以“義”、“敬”作爲處置人倫事務的基礎，以“仁”作爲“人道”價值的肇端，以“忠信”作爲“情”展現的實質，並同歸於“性”的本源。

第九章，仍以“用心”爲主軸，說明內在精神世界的始源力量，並提出各種舉止校正的準則。

第十章，說明“情”之反向爲“僞”，“僞”則不能存身於人世之交往之中，而“情”之展現需本乎“慎”，“慎”爲“仁”的主導。

我們分成以上十章，是基於對簡文“凡例”的尊重，同時也就其思想內容的類別，以作爲區分的準據。這十章中，似乎存在著一個完整思辨的觀念結構，我們或可將其圖示如下：

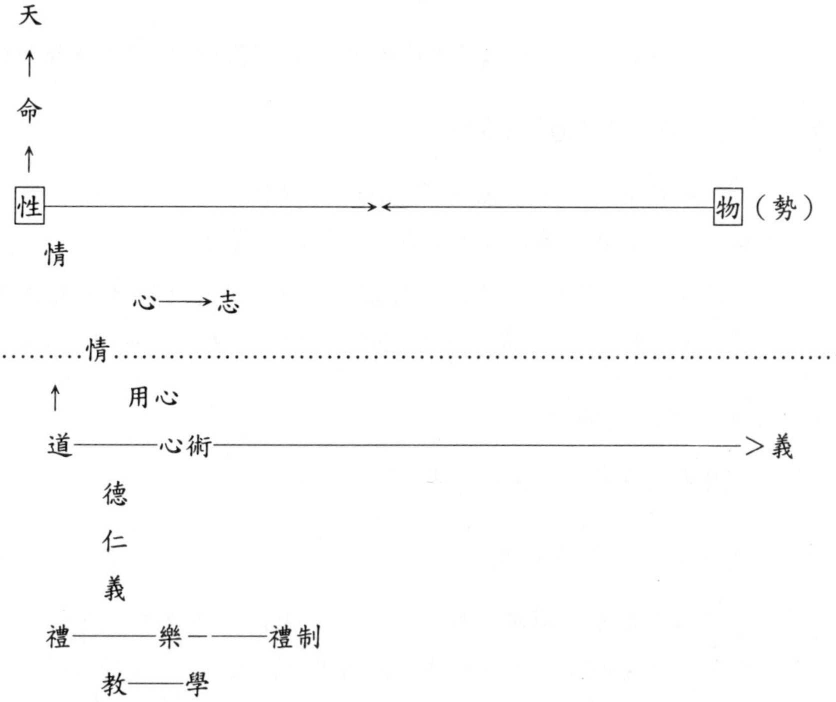

就以上圖示的觀念結構，我們或可將簡文的文字加以重新的歸類：

1. “天－命－性”的關連：

“性自命出，命自天降。”

2. “性－物”的關連：

“凡性為宔，物取之也。金石之有聲，弗扣不鳴。”

“好惡，性也；所好所惡，物也。善不善，性也；所善所不善，勢也。”

“凡性，或動之，或逆之，或交之，或厲之，或黜之，或養之，或長之。”

3. “性－物”與“情”的關連：

“喜怒哀悲之氣，性也。及其現於外，則物取之也。”

4. “性－物”與“心－志”的關連：

“凡人唯有性，心無正志，待物而後作，待悅而後行，待習而後定。”

5. “性－物”與“道”的關連：

“凡動性者，物也；逆性者，悅也；交性者，故也；厲性者，義也；黜性者，勢也；養性者，習也；長性者，道也。”

“凡現者之謂物，快於己者之謂悅，物之勢者之謂勢，有為也者之謂故。義也者，群善之蕝也。習也者，有以習其性也。道者，群物之道。”

6. “性－心”的關連：

“凡人雖有性，心弗取不出。”

7. “心－志－教”的關連：

“凡心有志也，無舉不可。心之不可獨行，猶口之不可獨言也。牛生而長，鴈生而伸，其性使然，人而學或使之也。”

“凡物無不異也者。剛之樹也，剛取之也。柔之約，柔取之也。四海之內，其性一也。其用心各異，孚使然也。”

8. “心－學”的關連：

“凡學者求其心為難，從其所為，近得之矣，不如以樂之速也。雖能其事，不能其心，不貴。求其心有偽也，弗得之矣。人之不能以偽也，可知也。不過十舉，其心必在焉。察其見者，情焉失哉。”

9. “心術－道”的關連：

“凡道，心術為主。道四術，唯人道為可道也。其三術者，導之而已。”

10. “心－情”的關連：

“凡用心之躁者，思為甚。用智之疾者，患為甚。用情之至者，哀樂為甚。用身之便者，悅為甚。用力之盡者，利為甚。目之好色，耳之樂聲，鬱陶之氣也，人不難為之死。有其為人之節節如也，不有夫柬柬之心則采。有其為人之柬柬如也，不有夫恆怡之志則縵。有其為人之快如也，弗牧不可。有其為人之葲如也，弗輔不足。”

11. “情－禮”的關連：

“禮作於情，或興之也。當事因方而制之，其先後之序則義道也，或序為之節，則文也，致容貌所以文節也。”

“君子美其情，貴其義，善其節，好其容，樂其道，悅其孥，是以敬焉。”

“拜，所以為服也，其諛文也。幣帛，所以為信與徵也，其貽義道也。笑，喜之薄澤也。樂，喜之深澤也。”

12. “情－樂”的關連：

“凡聲其出於情也信，然後其入撥人之心也夠。聞笑聲，則鮮如也斯喜。聞歌謠，則陶如也斯奮。聽琴瑟之聲，則悸如也斯戁。觀《賚》、《武》，則齊如也斯作；觀《韶》、《夏》，則勉如也斯斂。”

“永思而動心，喟如也。其蹲節也久，其反善復始也慎，其出納也順，主其德也。鄭衛之樂，則非其聲而縱之也。”

“凡古樂動心，益樂動指，皆教其人者也。《賚》、《武》樂取，《韶》、《夏》樂情。”

13. “情－哀－樂”的關連：

“凡至樂必悲，哭亦悲，皆至其情也。哀、樂，其性相近也，是故其心不遠𦤎哭之動心也，浸殺，其剌戀戀如也，戚然以終。樂之動心也，濬深鬱陶，其剌則㥦如也以悲，悠然以思。”

“凡憂思而後悲，凡樂思而後忻。凡思之用心為甚。歎，思之方也其聲變，則其心變。其心變，則其聲亦然。吟，遊哀也，譟，遊樂也，啾，遊聲也，謳，遊心也。喜斯慆，慆斯奮，奮斯咏，咏斯猶，猶斯舞，舞，喜之終也。慍斯憂，憂斯慼，慼斯歎，歎斯辟，辟斯踊。踊，慍之終也。”

14. “情－信”的關連：

“凡人情為可悅也。苟以其情，雖過不惡；不以其情，雖難不貴。苟有其情，雖未之為，斯人信之矣。”

“未言而信，有美情者也。未教而民恆，性善者也。未賞而勸，含富者也。未刑而民畏，有心畏者也。賤而民貴之，有德者也。貧而民聚焉，有道者也。獨處而樂，有內動者也。”

15. “情－偽”的關連：

“凡人僞為可惡也。僞斯吝矣，吝斯慮矣，慮斯莫與之結矣。慎，仁之方也，然而其過不惡。速，謀之方也，有過則咎。人不慎斯有過，信矣。”

16. “禮制－教”的關連：

“詩書禮樂，其始出皆生於人。詩，有為為之也。書，有為言之也。禮樂，有為舉之也。聖人比其類而侖會之，觀其先後而逆順之，體其宜而節文之，理其情而出納之，然後復以孥。孥，所以生德於中者也。”

17. “道－情－義”的關連：

“道始於情，情生於性。始者近情，終者近義。知情〔者能〕出之，知義者能納之。”

18. “道－仁－義”的關連：

“惡之而不可非者，達於義者也。非之而不可惡者，篤於仁者也。行之不過，知道者也。”

□，義之方也。義，敬之方也。敬，物之節也。篤，仁之方也。仁，性或生之。忠信者，情之方也。情出於性。愛類七，唯性愛為近仁。智類五，唯義道為近忠。惡類參，唯惡不仁為近義。所為道者四，唯人道為可道也。

19. “道－交”的關連：

“聞道反上，上交者也。聞道反下，下交者也。聞道反己，修身者也。上交近事君，下交得眾近從政，修身近至仁。同方而交，以道者也。不同方而交，以故者也。同悅而交，以德者也。不同悅而交，以猷者也。門內之治，欲其逸也。門外之治，欲其制也。”

20. “教－禮”的關連：

“凡身欲靜而勿訧，慮欲淵而毋僞，行欲勇而必至，貌欲壯而毋伐，心欲柔齊而泊。喜欲智而無末，樂欲懌而有志，憂欲斂而毋昏，怒欲盈而毋希，進欲遜而毋巧，退欲尋而毋輕，欲皆度而毋僞。

“君子執志必有夫廣廣之心，出言必有夫柬柬之信。賓客之禮必有夫齊齊之容，祭祀之禮必有夫濟濟之敬，居喪必有夫戀戀之哀。”

“凡悅人勿吝也，身必從之，言及則明舉之而毋僞。”

“凡交毋烈，必使有末。”

“凡於道路毋思，毋獨言。獨處，則習父兄之所樂。苟無大害，少枉納之可也。已則勿復言也。”

“凡憂患之事欲任，樂事欲後。”

從簡文思辨觀念的結構整體來看，其哲學思想應分爲兩層，我們在上述圖示中用“虛線點”做區分。

第一層是此線以上的觀念，包含“性”、“命”、“天”、“心”、“志”

與“物”，這些觀念都具有自然而本然的性質，也就是說明它們爲人存身所具的本質。這些觀念之間的結構，則是人存身所本有的情狀。“性”爲人之爲人的質素，“情”是“性”的自然展現實況，“物”爲顯現於人的外在因素，“心”是人可思索“人義”的操持因素，“志”是“心”表現於其內在指向的因素。

第二層是“人道”的禮樂規劃，它是人文所建構的領域，也可稱之爲“人之意義”的世界，與此相對，第一層可稱之爲“人之自然”的世界。在禮樂規劃中，形成“道”、“德”、“仁”、“義”、“禮”等觀念，並建立禮樂的教化制度與措施。人的行爲必須在“人道”準則下受到規範，並以此體現儒家人文建構中“人義”的價值。

在兩層之間，出現“人道”始源的辨析。這是楚簡“性情說”重要的哲學論述。楚簡以兩個命題作爲思索的中心，一是“道始於情”，一是“禮作於情”。“道”或“禮”是加於“情”之上的設定或規範。因此，“情”雖然是“性”的展現，但它卻成爲人文建構的根基而有著人義價值的轉向。“性”與“情”，“情”與“道”，這是楚簡“性情說”的關鍵問題。

“楚簡性情說”是我們使用一個較爲寬泛的名稱，來指稱郭店簡與上博簡中“性自命出”與“性情論”。我們將之視爲是圍繞著“人道”始源問題所編組成的一篇思想資料。這只是爲著我們探討儒家哲學而提出的一種設定，也是我們從事朝此方向來思索的指引。思想的原初表達是一回事，文字資料的編排與記載是一回事，而作爲哲學思索的資料並加以闡發又是另一回事。不同理解的方向，必然形成對資料不同的看法與取捨。但若是哲學的資料，其思想的內容，甚至文字的意含，也應當是哲學性的。可是作爲“哲學”的探索，不也深深沾染上了時代的性質與思索的特定模式？或許，對古典哲學研究的研究是一種對話，一種心靈之中哲學事情與哲學問題的溝通與對談。如此，資料之爲探索所依憑的“資料”，也就真正發揮了它爲思索溝通之“資料”的資料性。

二、楚簡“性情說”哲學語詞釋析

對楚簡“性情說”資料進行深入的思考，我們可發現其中有著極爲嚴謹的觀念結構，並表現出特殊的哲學考慮與安排。這在迄今仍流傳的儒家早期資料中，確實不爲多見。簡文資料的這種觀念結構，多見於論述人文之“道”始源的章節，如“凡例”第一、第二、第三、第四，與第十。而這些楚簡使用的觀念語詞，有五個特別具有哲學的重要意義與作用，它們分別爲“性”、“情”、“物”、“心”與“道”。以下試就這五個觀念語詞使用的情形，加以分析說明：

一、性

“性”字，郭店簡多寫作“眚”，上博簡多作“生”或“眚”，二者都不從“心”旁。這個差異，也許在文字學上可以用通假的關係來說明，認爲均讀作“性”，甚至也可以認爲這個不同的寫法並不需要從其他方面來考慮。但我們若是從“性”觀念在中國哲學思想發展的歷史來看，不論它是否形成了從心旁的“性”字，或二者間早已出現通假的習慣使用，“生”與“心”觀念的結合卻是極爲重大的問題。它顯示出在中國古典哲學觀念的探討中，不但發展出“性論”的論題，而且“生”已經納入“心”的哲學範疇，而成爲以“性”觀念爲標誌的人文價值。但簡文“性情說”的思想與此不同，它不但清楚分辨“性（生）”與“心”所各別展現的哲學作用，同時也強調“（人）道”與“性”間所呈現人文建構與自然本性的區隔。因此，若是從哲學思索的方向上，能正視此種關鍵問題的區分，則簡文的“性”字，就不但應當讀作“生”，而且也需從“生”的本義來領會。雖然，爲了資料流通與一般引述的關係，它可以寫作“性”。

楚簡“性情說”的“性”字，一共約使用 25 次，均表達著思辨哲學的觀念意含。在“性情說”中，“性”觀念不但居於整個結構的核心，同時也以“性”的問題，界限整個“性情”論說的範圍。就“性”在此觀念結構的使用情形來分析，它實際上具有四個方向的關連性：

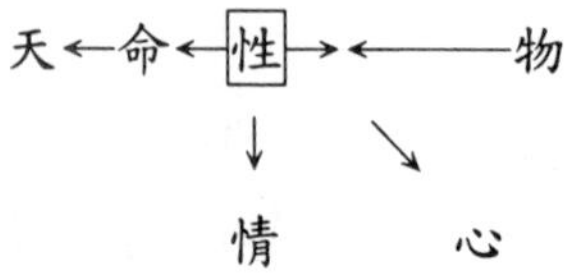

這四個關連的作用是：1.“性－命－天”是一種觀念返源；2.“性－物”是人存處境；3.“性－情”是“性”展現之情況；4.“性－心－志”是人所具有本質性操持。“性”觀念在此四種關連中，呈現出不同的意義與作用。

我們分成六組來說明：

1.“性”為萬物之本然：

> 凡人雖有性，心無正志，待物而後作，待悅而後行，待習而後定。
>
> 牛生而長，鴈生而伸，其性使然，人而學或使之也。
>
> 四海之內，其性一也。其用心各異，斈使然也。

“凡人均有性”、“四海之內，其性一也”，這是說人所具有的本性均是相同的。簡文的“性”字，是指人之作爲萬物之一的本質或本性，也就是以“性”來指涉人之爲人的質素或性向。引文舉“牛生而長，雁生而伸”的例子，解釋萬物均具有各自的本性，如同牛的本性是“長”，雁的本性是“伸”，人既然爲萬物之一，其本性亦當是如此。雖然簡文並未在文字上明顯表述出來，但從其說明的結構來看，卻隱含著此種意義。人的這種本性是在一切人文的規劃之前，但受到“學”與“教”的施加，就會產生不同“用心”的取擇，而形成非原始狀態的改變，此種改變卻非“性”的本然。

2.“性”為人之本然質素：

> 喜怒哀悲之氣，性也。
>
> 哀、樂，其性相近也，是故其心不遠。

從"性"之爲"人之爲人"的存在來說，它包括人本性的質素與本然的性向。人之性向的展現，簡文是以"情"來表述。上引文中"性"字的使用，就是從人之"情"的表現來說。相對於"喜"、"怒"、"哀"、"悲"等"情"的表現，這些得以表現爲"情"的質素（即"氣"），簡文稱之爲"性"。"哀、樂"也是"情"的展露，但這種展露的始源與內含，也均來自於人的"性"。簡文"性"字的這種使用，是強調人存在之"情"的自然本質，人之所以有這種"情"的表現，就因爲他具有這些表現的本質。

人之存在的實情是其本然質素展現的實況。若只是強調這種實情的展現，簡文特別使用"情"的觀念。相對於"情"的展現，若特別標顯人之根基的問題，簡文則以"性"來指稱人的本然質素。"性"與"情"是對人之存在問題說明的一體兩面。

3. "性"指自然的一種顯發：

性自命出，命自天降。

"性"是"人之爲人之一物"的本然，就其爲"物"來說，它來自於萬物自然的顯發，因此，"性"字的意含也就指表現於人的一種顯發。此種"顯發"本身，在原始宗教中有其宗教的性質，並將之訴諸於至上神祇的性徵。簡文以"命"、"天"這種字詞來表達"命"（名）、"天"（自然）的觀念，就仍隱含源自於宗教之至上神性。到了古典哲學的時代，此種原始宗教性"命"、"天"的意含，被"名"、"自然"等思辨的觀念所取代。對宗教神祇的頌揚與敬畏心態，轉換成對自然顯發本身的沈思與領會，並建立起超越之精神世界的嚮往與追尋。如此，"天"的意義與作用，就從宗教性的使用，轉變成指稱一切存在事物始源之思辨觀念的"自然"。但在"自然"一詞所具有之"非人爲"、"無限定"、"非界定"、"本然而它然"等等意含中，仍深具有如同宗教之"天"般神聖、莊嚴、肅穆的內涵。簡文"性"字的此一用法，說明"性"由"命"而出，"命"爲萬物之"顯發"與自然之"顯明"的"名"。"命"由"天"所降生，由自然之本然所發生。"性"字即指自然之顯發的狀態。

4. "性"指人文建構之始源：

道始於情，情生於性。

仁，性或生之。忠信者，情之方也。情出於性。

此二處簡文是說明在人道導源程序上，“性”具有人文建構之始源的意義與作用。“性”在人文建構之前，並爲自然之本然的情狀。這種始源的作用並非直接與人文世界相銜接，其中關涉著“自然”與“人文”兩個層向的辨析。第一段引文是透過“情”的作用，以作爲二者的中介，第二段引文則是使用“或”字的語式來作爲二者間的轉折。

上引簡文中，“道”字的意含，是指“人道”，也就是人文建構的方向與準則，簡文的“仁”字，是指人道的內含，是人之呈現爲“人”的意義與內容。“情”字指涉“性”的本然展現，因此，它本質上仍是屬於“性”。而“情”之所以爲“性”的展現，也並非只依循著“性”而有。因爲，“性”的存在是在“性”、“物”的關連中，它必然也涉及在此關連中所產生的人爲處置。“道”就是這種標顯人文價值規劃的處置，“情”與“道”必有其內在的聯繫。只是對“情”來說，“道”，或人文價值之“道”，或禮樂之“道”，或以“仁”爲主軸的儒家之“道”，均只是一種取擇的方向。簡文再以“忠信”的觀念，說明在“情”之中，一種真實的內在主體性質。“信”指真實的內含，而“忠”表示建立在內心的主體性。這樣，透過本諸“忠信”之“情”，“性”的自然本性就可因之而轉換爲“性論”價值體系的根基，成爲“性善論”或“性惡論”的理論依據。但簡文“性”觀念卻表現著這種發展之前的原始意含。假如對於“性”的論說，是儒家思想發展的一種需求，那麼簡文之“性”觀念的這種使用意含，應是早期所提出哲學上的重要辨析。它一方面標誌出“性”的自然本源，一方面也提醒在人文建構中導源回顧的必然。簡文此處引文中“性”的意義，就具有這兩種作用。

5. “性”指與“物”關連影響中的承受者：

好惡，性也；所好所惡，物也。善不善，性也；所善所不善，勢也。

喜怒哀悲之氣，性也。及其現於外，則物取之也。

凡性，或動之，或逆之，或交之，或厲之，或黜之，或養之，或長之。

凡動性者，物也；逆性者，悅也；交性者，故也；厲性者，義也；黜性者，勢也；養性者，習也；長性者，道也。

習也者，有以習其性也。

人不是一個邏輯性的設定之物，作爲人本質之“性”，是與“物”相關連，這是人存身的實際處境。因此，簡文上引文提到的“性”字，是在與“物”關係中所呈現的意含。這種意含涉及人文價值性的取擇，“好、惡”與“善、不善”。“性”與“物”在各別的層面，並不涉及這些人文的價值，雖然他們二者的獨立存在只是一種觀念辨析中的設想。“好、惡”，“善、不善”，是與“所好、所惡”，“所善、所不善”相互關連而提出的價值判定。在“性－物”的關連中，前二者是屬於“性”的因素，後二者則涉及“物”（“勢”[1]）的對象。換言之，“好、惡”，“善、不善”是在“性－物”關係中，由“性”之端所提出的，而“所好、所惡”，“所善、所不善”是在此關係中，對“物”之端所加予的。“性”與“物”之爲彼此相互關連的兩端，在此邊際之外則指向人文規劃之前的自然。就“性”之爲人存身的現實層面來說，它必然受到“物”的影響，“或動之”、“或逆之”“或交之”、“或厲之”、“或黜之”、“或養之”、“或長之”。“性”受到“物”的影響，產生“迎受之‘悅’（通達的欣悅）”，“應合之‘故’（人文的順應），”“砥礪之‘義’（義理的價值）”，“約制之‘勢’（名份的準則）”，“教養之‘習’（自我的調節）”，而人道則統御著“性”的一切展現。“好惡”“善不善”由之而形成。在此種“性－物”的結構中，“性”的意含是指由自然之本質朝向人文規劃過程中的承受者。

6.“性”指涉始源的本然性：

[1] 簡文的“物”、“勢”均指外在的因素，但二者呈現不同層面的意含。“物”、“勢”二字均見於《老子》第五十一，其文云：“道生之，德畜之，物形之，勢成之。”“勢”字，馬王堆帛書《老子》甲、乙本均作“器”。“器”表現個別物的殊異性，因此“勢”字似指個別殊異的處位。相對“勢”，“物”指形物構成的一般形式。簡文此處，以“物”作爲外在對象之整體，而以“勢”作爲外在個別的處勢的位列。因此，“物”可引發“性”的指向，而“勢”則具體確立此種指向而產生價值的判斷。

未教而民恆，性善者也。

愛類七，唯性愛為近仁。

這是簡文"性"字的特殊語法使用，它是作爲形容詞來修飾其後的事物，表達出"始源"的性徵。"性善"指"'始源'之善"，"性愛"指"'始源'之愛"。我們從上引兩段文字前後整個表達的文字，更能看出這種"形容"的使用情形。簡文云："未言而信，有美情者也。未教而民恆，性善者也。未賞而勸，含福者也。未刑而民畏，有心畏者也。""愛類七，唯性愛爲近仁。智類五，唯義道爲近忠。惡類參，唯惡不仁爲近義。所爲道者四，唯人道爲可道也。""美情"、"含福"、"心畏"均是以"美"、"含"、"心"來形容"情"、"福"、"畏"，因此，"性善"之"性"字也應當如此來使用。"義道"、"惡不仁"、"人道"，也是以"義"、"惡"、"人"來修飾"道"與"不仁"，在此種語式中，作爲表達的實體字是後者而非前者。因此，"性善"與"性愛"，是指就"性"之本然而發生的"善"或"愛"，而不是以"性善"與"性愛"的複合詞表達某種特定實質性的事物，如"善之性"或"愛之性"。簡文所稱"美情之'美'"、"性善之'性'"、"含福之'含'"、"心畏之'心'"，均共同指向人內在真實的本源，如同"性愛之'性'"，"義道之'義'"，"惡不仁之'惡'"，"人道之'人'"，也均指涉人文教化設定的指向。"性"字的使用，強調對事物之始源本然的返顧。

二、"情"

在楚簡"性情說"思想中，"情"是一個具有轉折作用的哲學觀念，居於結構中的關鍵地位。"情"字一般的意含，可指"情感"、"情緒"、"情欲"、"心情"、"情愫"、"本性"、"常情"、"實情"……等。其實這些都只是圍繞著一個中心事態而推衍出的意含。這個中心的事態是一種顯示，一種實情的顯發，一種按其實然而呈現的情狀，一種充實而保持其本然的運作。簡文之"性"是指人的本然與作爲始源的質素，而"情"就是按此本然之質素以顯示的實情。其中包含著"顯發"、"實然"與"展現"、"充實"等意含。它是一種發生，一種發生性的呈現，顯示著其存在的本然，並展延而續存。這種“情”的意義與作用，在“性情說”的思辨探討中，呈現出如下的一些關連：

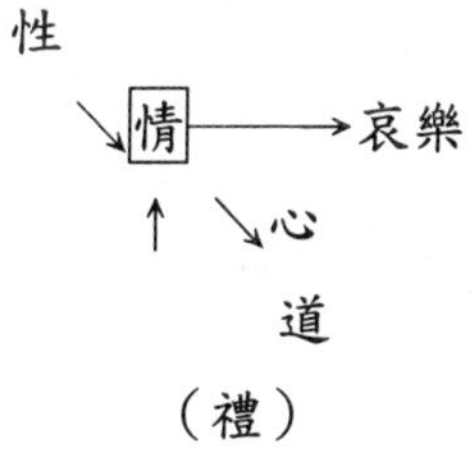

“情”意含的哲學指向可分為兩類，在思辨觀念的結構中，“情”指人本質之“性”的展現，同時也是“人道”與“禮制”的肇端。在人存身的行為中，它是人情感的本源，同時也指內心的真實。除了這四種哲學指向的意含外，“情”字的一般意含也使用在哲學問題的解說上。因此，我們就楚簡“性情說”“情”字出現十九次的情形，分以下六組來說明：

1. **“情”指事實的真實情況：**

> 不過十舉，其心必在焉。察其見者，情焉失哉。

這是本於“情”字的一般意義來使用，它指事實的真實情況。上引簡文意謂：能在眾多行為表現中不犯過錯，這就顯示出“用心”的嚴謹，因此，就人的表現來審查，事實的真實情況有怎能有所誤判？“情”就是指“事實的真實情況”。這種“情”字的一般意含，就其為事態的真實內容而言，卻是哲學思索的重要關注事項。

2. **“情”指事物的真實內容：**

> 詩書禮樂……聖人比其類而侖會之，觀其先後而逆順之，體其宜而節文之，理其情而出納之。

上引文中，“情”是指某一事情的真實內容。簡文意為：聖人編整“詩書禮樂”時，按〈風〉、〈雅〉、〈頌〉性質來排比整理《詩》的資料，並編次以會通。審察《書》資料的先後次序，編定其發展與演變。體會“禮”的真義，而施以節略量度。導理“樂”的實情而加以調節順次。其中“情”字的意含，是指在“樂”中所表現之人真實感受的內容。這種真實的感受，是“情”的基本意含之一。它產生於人存身內在的精神世界之中。

3. “情”指人情感的根源：

凡至樂必悲，哭亦悲，皆至其情也。

用情之至者，哀樂為甚。

以上兩段引文中，“情”是指人情感抒發中極限性的真實感觸，它是一切情緒表現中憾動人心的究極根源。簡文認爲在“哀”、“樂”之極致時，以生存之“樂”面臨死亡之“哀”，在此邊際的遭遇下，人情感的根源內含即充實激盪其中。這是人存的極限，也是對人存身的一種終極性的返顧。簡文以“情”來指稱這種情狀。同時，作爲人感觸之“情”的最終展露，也必呈現爲“哀”、“樂”的表現，以“樂”完滿存在之歡愉，以“哀”嘆息死亡之無奈。這種展現的程序，其發生的根源就在“情”之爲人存在真實的內涵上。

4. “情”指人存在的真情：

君子美其情。

凡聲其出於情也信，然後其入撥人之心也夠。

《賚》、《武》樂取，《韶》、《夏》樂情。

“情”指人之存在所蘊涵的真實質素，也是在其存身處世中所保持之質樸真實的本性。簡文認爲“情”是生於“性”，是“性”之作爲人之爲人的顯現。在“性”與“情”的這種關連中，以“性”爲人始源所具的本質，以“情”爲人展現的本然。但這種人之本然的真實情狀，若成爲人行爲的根基，並以之作爲始源的反省對象，則“情”就指涉人之存在主體中純樸而真實的質素。簡文稱君子是以此人性的真情爲美，任何樂聲的根源若能本源乎此，則必感人深入，而《韶》、《夏》的古樂，就充分表現出這種質樸而真實的情素。

5. “情”指內在心靈的真實：

凡人情為可兌（悅）也。茍以其情，雖過不惡；不以其情，雖難不貴。

茍有其情，雖未之為，斯人信之矣。

未言而信，有美情者也。

上引簡文中的"情"字，是指人與人之間內在心靈溝通的真實中介，也就是"可兌（悅）"之實質。簡文"兌"字是指在"交互溝通而通達的意義下所產生"悅"的作用。這是人群互信的根源，也是儒家禮樂制度的精神基礎。簡文舉以事例來說明，若以真情行事，即便有了過失，也不會受到別人的嫌惡而得到包容。若是非出於真情，即便能克服艱難而得到成功，也並不顯得珍貴。若是能體現出真情，就是尚未實際行動，別人也會心悅而信服。這種"真情"，也就是以"情"所指涉存在於人心中的真實溝通的中介作用。

6. "情"指"性"展現的實情：

道始於情，情生於性。始者近情，終者近義。知情〔者能〕出之，知義者能納之。

禮作於情，或興之也。

忠信者，情之方也。情出於性。

這是指人之本然質素展現的真實情狀。簡文"情"的這種意含，是以"性"作爲人的本質，而以"情"指涉人存在的自然情狀。人具有所以爲人的本"性"，同時也呈現人爲人之爲人的實"情"。人性的展現是人的自然情態，但人之爲"人"，也就不僅是一物之人。人必然面對著"人義"的問題，也就是人之爲"人"的意義與價值的問題。上引三段資料是楚簡"性情說"重要辨析的論題，它包含三個方向：1. "道始於情"，說明人道的始源在"情"，而非自然之"性"；2. "禮作於情，或興之也"，說明禮制的規劃是加於"情"之上的，而非來自於人的本然；3. "忠信者，情之方也"，說明作爲道德內涵的"忠信"是"情"展現的準則，"忠"指有所建立於內在者，"信"爲內在的真實內涵，由"情"推導出"忠信"的表現，即爲仁德的厚實。

三、“物”

楚簡“性情說”中“物”的意義，並非指獨立自存的實體。“物”是人存身所面對外在境域的事物，也就是在這種“面對”中，它呈現爲思辨哲學結構中一項重要的組成因素。“物”對“性”產生本質的影響，並由之引導出“心”對“情”的運作。這樣，在以“心”爲操持準據的人道規劃中，“物”也成爲“人道”處置所考慮的因素。從“性情說”整個思辨的結構來思索，“物”觀念具有如下的指向作用：

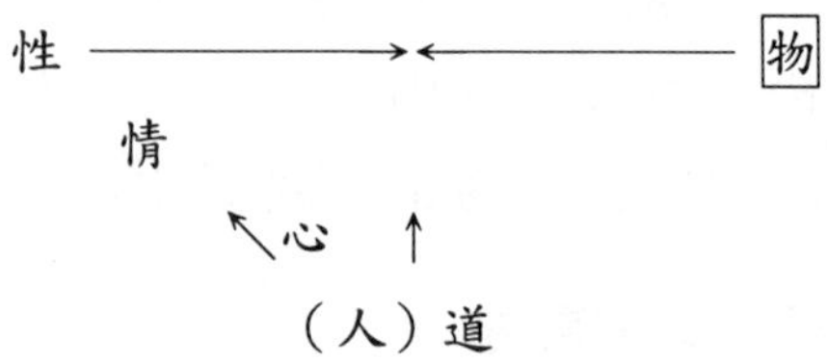

“物”是“性”、“物”關係的一端，在它的影響下，“性”所展現之“情”與“心”之自爲的操持能交互運作，而成爲“人道”規劃的整個範域。因此，“物”與“性”，同爲自然顯發的實情，但“物”之影響“性”，卻形成人需透過同樣爲人之本性潛在之“心”的因素，尋求“人義”探索的可能。這也說明，“物”對“性”的影響與“物”對萬物之物的影響是不同的。因爲，在“物”對“性”的影響中，人產生屬人方式的回應態度。我們可從簡文中“物”字的實際使用狀況，來彰顯上面圖示的關連。在簡文資料中，“物”字出現 10 次，它包含以下幾種含意：

1. “物”的定義性使用：

凡現者之謂物。

凡動性者，物也。

簡文以“見者”來定義“物”，“見”讀爲“現”，指顯現。“顯現”必定關連著“被顯現者”。這個被顯現的對象是人之“性”。在第一段引文中，簡文同時說明：“快於己者之謂悅，物之勢者之謂勢，有爲也者之謂故”，所謂“見（現）者”、“快於己者”、“物之勢者”、“有爲者”，都是指對人之“性”

的影響。因此，“凡見者之爲物”的定義，是將“物”界定爲顯現於人之物。“物”並不是指獨立自存的存在者，而是指對人之本性發生影響，並在此影響中被論及的外在因素。簡文更以“動性者”來指稱“物”的作用。“動性”之“動”，清楚表明“物”是在“動”之作用中，外在於“性”的其他因素。

2. “物”之為萬物各別的本性：

凡物無不異也者。剛之樹也，剛取之也。柔之約，柔取之也。

簡文以“性”作爲人之爲人的本質，這裡“人”的意義是指人之爲萬物之一物。就任合一物之爲此物來說，它具有萬物的本然實情，也就是萬物各有其本性，並以其爲此物之類別而各有其展現的性質。簡文稱這種情形爲“凡物無不異也”。其中“物”的意含即指萬物之爲“物”。簡文舉出例證說：堅硬的東西之所以容易折斷，是因爲它有強硬的本性。柔軟的東西之所以容易捲曲，是因爲它有柔軟的本性。如此來推衍，四海之內的人類，雖然殊異有別，但從其爲“人”的本質來看，他們的本性都是相同。因爲，人與任何之物一樣，均具有其爲萬物的各自本性。簡文的此項說明，是將“性－物”的關連視爲萬物並列的自然實情。也就是將人之“性－物”關係，在根源的訴求上，轉換爲“物－物”的關係。

3.“物”之為“性”的影響者：

喜怒哀悲之氣，性也。及其現於外，則物取之也。

好惡，性也；所好所惡，物也。善不善，性也；所善所不善，勢也。

凡性為宔，物取之也。金石之有聲，弗扣不鳴。

“物”對“性”產生影響，楚簡“性情說”中提出三種說明。1. 它使“性”有著不同情緒的反應。“喜怒哀悲”是人四種基本情緒，這些情緒的質素是屬於人的本性，但使它們抒發而展現的，卻是“物”所加予的影響。2. 它使人有著不同價值的取擇。人“性”本身並不涉及人文的價值，但在“性”與“物”的交接中，必然形成人文間際特殊的關係，對此關係的處置則形成不同價值要求的取捨。“好惡”、“善不善”與是在“物”對“性”的影響下以不同的方式被提出而形成制約的規範。3. 它使“性”所隱含的指向得以發展出來。簡文稱“性爲主”，也就是“性”爲哲學問題的始源，但“性”之爲人之“性”，又必爲“物”所“取”。這就說明，人之“性”中就隱含著被“物”所引發的性狀。簡文舉“金石”來解說。“金石”之爲樂器就含藏著有待被敲擊而發出樂聲的潛能。若不具此種潛能，它也就不能成爲“金石”。因此，人之“性”雖然有其自然的本質，但在本質中卻同時具有爲“物”所“取”的指向。人之所以能對人性加以規劃，就因爲這種指向是一種必然的展現。

4.“物”之為處置的對象：

道者，群物之道。

敬，物之節也。

“物”與“性”相關連形成人存身境域的基本形式，因此，在此關連中所形成的人道規劃，就不只是對“性”所展現之“情”的約制，同時也是對“物”影響下，一切事物的處置。簡文以“道”，即“人道”作爲“群物”的處置方式。“群”指會合而加以統攝，“群物”就是將一切受“物”因素影響的事物匯歸在人道的統御之中。簡文要求以“敬慎肅穆”的態度，來面對“物”的處置。

四、心

簡文“性情說”中“心”的作用，是對“情”施予約制的內在操持，它是人主動性的功能。“心”與“情”均爲人之爲人展現的實質因素；人之有“情”是因爲“情”爲“性”的展現實情；而人之有“心”，是因爲人之爲“人”，而不是其他之物。若從這種人的本然來說，“性”指人的自然本質，“情”指人的始源展現，而“心”則指人的自我操持。因此，“心”對“情”的約制，實際上也是對“性”展現方式的一種規範。“心”的作用是對人道規範的操持，它也就成爲人存身的主體因素，“心”變成人義探索的實體。又因爲它對“情”的約制是來自於人文的價值規劃，因此，它也是“人道”運作的推動者。對這些關連的結構，可圖示如下：

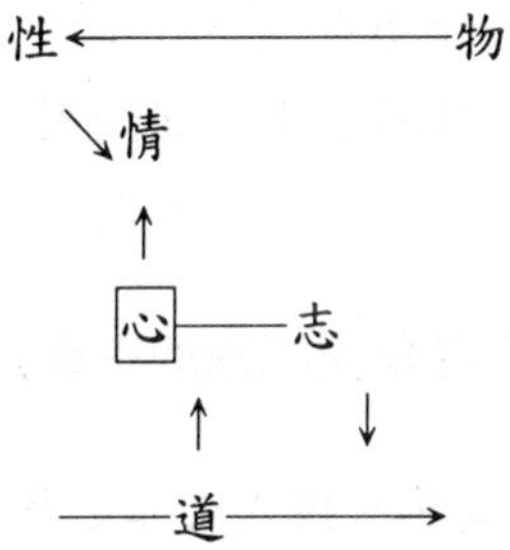

"心"有雙向的作用，它一方面接受"道"的指向以約制"情"，一方面推動"志"，以指向於人道的規劃。在簡文資料中，"心"字使用 25 次，而在它不同的關連中，出現以下五種使用的情形：

1. 以"心"表示相應於"性"的一種主導性操持：

人之雖有性，心弗取不出。

哀、樂，其性相近也，是故其心不遠。

"性"是人之爲人本然的質素，因此，也具有人之爲"人"的指向。前者是就人之爲人之物而言，後者是就人之爲人之義來說。人之所以爲人，而不是其他，就隱含著他必然展現爲"人"之意義與價值。而"心"是作爲這種引發之屬人的主導因素。中國古典哲學對人義的界定，原即承襲周文中以"心"爲"德"之本的傳統[1]。"心"是人義建構的根基，若不運用這種主導性的操持，則"性"只能呈現作爲人之爲人的本然質素，而失去人之爲"人"的本然指向。人不能呈現爲"人"，即無從展現人文世界，這與人類文明的發展是不相合的。人文的歷史，就是以"心"爲基礎所完成的人義展現過程。簡文稱"心弗取不出"，是以簡要的觀念形式，說明著人文世界建構的根源。上述引文第二段，則是從

---

[1] 對"人"的定義，中國哲學與西方哲學具有本質的差異。亞理斯多德將人定義爲：zoon logon echon，人是歸屬於 logos 的生物，此種定義近代則詮釋爲人是"rational animal"（理性的動物）。而周文禮制典範的"文王之德"，"德"字從"心"，以與殷商時代甲骨文之不從"心"之"德"字相區別，同時"文"字的原字型有寫有"心"之部份者。由周人開始，"心"被視爲人之爲"人"的本質。《老子》爲周文導源，不但提出作爲"德"之始源的自然之道，同時也強調"虛心"、"弱志"，這也證明是爲了消除重"人"價值的思想要求。

存身境遇的反思，顯示“心”的主導作用。“哀”、“樂”是人情的展現，而從其所處境遇的極致來說，它們本質上都反顧著相同的本性，也就是人之存在與死亡的際限。這種反顧，也就是“心”對人之存在事物的深切思索。

2. 以“心”表示人內在之接受與回應的主導因素：

凡聲其出於情也信，然後其入撥人之心也厚。

咏思而動心，曹女也。

凡古樂動心，益樂動指。

哭之動心也……樂之動心也……

嘔，由心也。

未刑而民畏，有心畏者也。

雖能其事，不能其心，不貴。求其心有僞也，弗得之矣。

……不過十舉，其心必在焉。

上引資料均表現出人之內在有一種接受激發並產生回應的主體，並由這個主體產生人在心靈中孕育與溝通的作用。簡文是以“心”來指涉這個主體。前五個引文，都涉及無形之聲音對“心”產生的影響，後二則引文提到人民在心靈中的溝通。因此，“心”的這種作用具有非形象之內在、深邃、默會、感通等的精神性質。由“心”開啓一層精神的真實世界，它屬於人內在建立的超越領域，並由之而形成人的哲學思索。

3. 以“心”表示處置人存問題的主導因素：

思之用心為甚。

用心之喿者，思為甚。

凡學者求其心為難。

其用心各異，教使然也。

哲學的思索是人之用心的極致表現，而用心達到激越的狀態，也表現在所思之事不得其解的時候。因此，學道者的艱難，就在用心的斟酌上。人之有不同的用心，產生於教化的導引。簡文這些資料中，“心”都是就“用心”來說。人的“用心”是發揮“心”的功能，這個功能是就“心”爲人義探索的根基所展現。因此，“心”字的作用是表示對人之存在問題思索的主導因素。

4. 以“心”表示主體運作的指向：

心無定志，待物而後作，待悅而後行，待習而後定。

凡心有志，無舉不可。

君子執志必有夫廣廣之心。

有其為人之節節如也，不有夫柬柬之心則采。有其為人之柬柬如也，不有夫恆始之志則縵。

“心”既然是一種操持，它必然有所指向。“心”的指向，中國古典哲學稱之爲“志”，“志”是心之所“之”。“心”與“志”在本質上是不可分的，但“志”卻有“定志”與“無定志”的區別。所謂“定志”，是“心”的特定指向。它需要等待外物的引發才能興作，等待心中通悅才能有所行動，等待內外的調節才能安定，“定志”需要教化的引導。同時，“志”來自於“心”，它受到“用心”之取擇的影響，因此，君子“執志”必需要有寬博的心靈，以作爲指向復歸的始源。“心”與“志”交互作用著，若是人持志嚴謹，舉止檢束，但無質樸信實之心，則必矯情僞飾。若是心性質樸信實，而無啓發的心志，則終必散漫而無所得。這些資料均說明，“心”具有人之主體運作的指向因素。

5. 以“心”表示“人義”建構的主體：

君子身以為主心。

凡道，心術為主。

簡文稱，君子的存身是以“心”爲主，而人道的規劃就是“心”運作的一種方式。相對“性”、“情”而言，“心”是介於“性”與“情”間的一種操持因素。不論“性”的興作，“情”的展示，內在感受的回應，“人道”的運作，或“人義”的建構，均本於“心”的操持。因此，“心”是簡文觀念哲學結構中屬於主體層向的核心。以“心”所關連的思辨觀念，也成爲“性”之爲自然本質與“道”之爲人文價值二者間轉折的關鍵。簡文特別強調“用心”與“求心”，這也顯示出這個關鍵的思索，就是人所面對存在之事的根本問題。

五、道

“道”是楚簡“性情說”人文規劃的基礎觀念，其中“道”字的意含多是指稱“人道”。“人道”有別於自然之道，簡文是以“情”作爲二者間的區隔。“道始於情，情生於性”，“性自命出，命自天降”，這是與“人道”相匹應的自然始源。而“道”既然表達人文建構的取擇方式，也就是人之所爲的價值指向與規劃的建構程序。簡文對“價值”的性質，是以“義”的觀念來說明，而其建構的程序則是“禮”所指涉的內涵。“道”的這種關連，可由如下的圖示來思索：

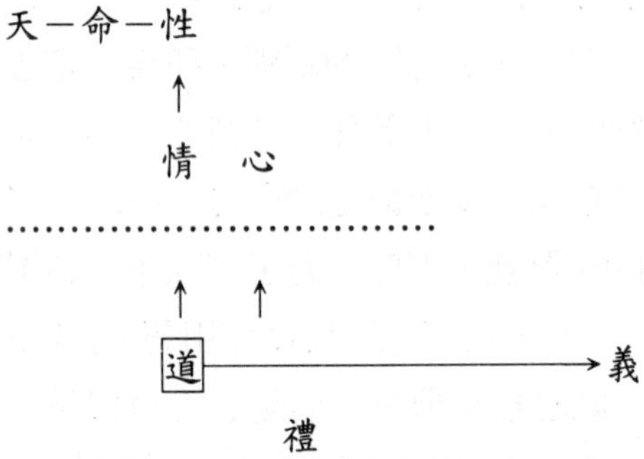

“道”的人文建構程序是“禮”，而其價值表現爲“義”。“道”是施與人性本然之上的規劃，因此，楚簡“性情說”清楚分辨“人道”的建構與自然之運作的兩個層次。人文價值的世界與自然本性的世界是相勾連的，但並非合一的。以下就“性情說”中“道”字具體使用的狀況，來解析其所包含的意義與作用。全篇資料，“道”字出現約 22 次，可分爲以下五組使用的情形：

1. **“道”指一般的路：**

凡於道路毋思[1]，毋獨言。

郭店簡上引文作“凡於迲毋愄”，上博簡作“凡於道洛毋愄”，“迲”當爲“道洛”之誤，“道洛”即“道路”。“道”與“路”連言，“道”是在一般的意含下使用，原指道路。道路延伸天下各地，因此，它也引申爲鄉里之地，或田野之眾人。《左傳·定公四年》云：“衛侯使祝佗私於萇弘曰：‘聞諸道路，不知信否？’”“道路”就指民間。簡文所稱的道路，是本於此種意含使用。意謂：在人群之中，不要顧自思慮，也切莫專斷強言。

2. “道”之為“人文規劃”之設定：

道始於情。

楚簡“性情說”清楚分辨“道”的設定性質，這是儒家早期思想的重要哲學工作。作爲一種中國古典時代原創的哲學探討，儒家所強調的禮樂教化必根基於其哲學探索的發生始源上。只因爲儒家學派後續的發展，多著重在人文價值的辯護，並凸顯孟學與荀學義理的解析，此種根源問題的解說，變得隱晦而不爲人所重視。同時後世學者將對自然本性反顧的探索，全歸於道家一派，以與儒家相對立。這並非真正哲學事物處置中，問題發生與探索的實際狀況。楚簡“性情說”並非導源於道家，亦非受楚地影響的儒家思想。這種解說的方向，實際上已落入漢人分家分派的理論限制。從這批資料中，我們發現早期儒家對始源問題的重要的辨析與解說。“道”，也就是“人道”，是肇始於對“情”的處置，而非順應“性”的本然。因此，它在對哲學問題解析的要求方向上，與《中庸》“天命之謂性，率性之謂道”的論述，是迥然不同的。

3. “道”之人文設定的基礎：

凡道，心術為主。道四術，唯人道為可道也。

智類五，唯義道為近忠。惡類參，唯惡不仁為近義。所為道者四，唯人

[1] “思”字，郭店簡、上博簡原釋文均作“愄”，讀爲“畏”。上博簡《校讀記》認爲“畏”當讀爲“思”字之誤。

道為可道也

上引文中，有“人道”、“義道”“道四術”、“心術”等提法。《說文·行部》：“術，邑中道也。”“術”只都邑中的道路，或街道，這也許是“術”原始的意含，從哲學觀念的解析上，可以引申解作“方式”、“方法”。“道術”指“道”的指向或呈現的方式。在“道”各種不同的方式中，簡文以“人道”爲“可道”，認爲是可取法而遵循者。“人道”就是以“人”爲基準之“道”的指向。“人”是人之爲人的意義，它的意含是指“人義”。“人義”是人之爲“人”的價值，所以，“人道”也可稱之爲“義道”。從人之爲人的本然之“性”，到“人道”之爲人之爲“人”的“義道”，對這個轉折的說明，就是簡文以“道”作爲人文設定基礎的使用意含。

4. “道”之為人文規劃的準則：

長性者，道也

道者，群物之道

行之不過，知道者也。

聞道反上，上交者也。聞道反下，下交者也。聞道反己，修身者也。上交近事君，下交得眾近從政，修身近至仁。同方而交，以道者也。

貧而民聚焉，有道者也。

“道”說明“人道”的指向，在此種指向的作用中，它也就成爲人文規劃的準則。能使“性”得到撫育者，是“道”的功用，並且也是透過“道”，不但對“性”有撫育之功[1]，同時也統攝一切因“物”而有的事物。行爲舉止之所以能無過失，是因爲知曉“人道”的準則，“聞道”而能反思，可作用人群交往的依據，處身貧窮而人民能夠歸從信服，也是因爲體現出“人道”的意義。這些資料中，均將“道”字作爲儒家人文價值規劃的準據來使用。

5. “道”之為人文建構程序的價值：

[1] “長性者，道也”，並不是以“長性者”定義“道”，而是說明“道”的功用。這與《中庸》以“率性之謂道”的定義是不同的。

> 禮作於情，或興之也。當事因方而制之，其先後之序則義道也，
> 君子美其情，貴其義，善其節，好其容，樂其道，悅其孚，是以敬焉。
> 拜，所以為服也，其諛文也。幣帛，所以為信與徵也，其貽義道也。

儒家人文建構的程序是禮樂制度的實施，表達這種程序的哲學觀念是“禮”。中國古典哲學以“禮”作爲禮樂人文的觀念性基礎，似乎是隨著以思辨作爲哲學探索型態而肇始的，《老子》第三十八章云：“失道而後德，失德而後仁，失人而後義，失義而後禮”，這種結構就是以思辨性的觀念指涉人文建構中“自然（道）”“始源（德）”、“根基（仁）”、“價值（義）”與“規範（禮）”五個發生與推展的程序。簡文提出“禮”作於“情”，這是以“情”涵蓋著《老子》之“義”、“仁”與“德”三個過程。“禮作於情”，而非生於“性”，而但“情”是生於“性”的，因此“情”與“禮”之間就存在著“或興之”的關係。“或”字說明一種規劃的使然，而“興之”之動力來自於假直的取捨，簡文稱之爲“義道”。君子的哲學涵養在於“美其情”、“貴其義”，掌握“人道”始源之發生，同時保持“人道”價值之規劃。因此，一切禮制所展現的制度，在其根基上，都是這種義道價值的表現。

三、楚簡“性情說”資料對照

分章整理	上博簡釋文	郭店簡釋文
1 ●凡人雖有性，心無正志，待物而後作，待悅而後行，待習而後定。 喜怒哀悲之氣，性也。及其現於外，則物取之也。 性自命出，命自天降。道始於情，情生於性。始者近情，終者近義。知情者能出之，知義者能納之。 好惡，性也；所好所惡，物也。善不善，性也；所善所不善，勢也。	凡人唯（雖）又（有）性（生），心亡正志■，寺（待）勿（物）而句（後）作（乍），寺（待）兌（悅）而句（後）行■，寺（待）習而句（後）奠■。憙（喜）惹（怒）哀悲之気（氣），眚（性）也■。及丌（其）見於外，則勿（物）取之（1）□。□自命出，命自天降■。道司（始）於情₌生於眚（性）■。司（始）者近情，畬（終）者近義■。智（知）情者能出之，智（知）義者能內□。□（2）□，□□。□好、亞（惡），勿（物）也。善不善，眚（性）也。所善所不善，埶（勢）也。	凡人唯（雖）又（有）眚（性），心亡奠志，寺（待）勿（物）而句（後）复（作），寺（待）兌（悅）而句（後）行，寺（待）習而句（後）（一）奠。憙（喜）惹（怒）忞（哀）悲之昃（氣），眚（性）也。及其見於外，則勿（物）取之也。眚（性）自命出，命（二）自天降。衍（道）司（始）於青（情），青（情）生於眚（性）。司（始）者近青（情），終者近義。智□□□（三）出之，智（知）宜（義）者能內（納）之。好亞（惡），眚（性）也。所好所亞（惡），勿（物）也。善不□□□，所善所不善，埶（勢）也。
2 ●凡性爲宔，物取之也。金石之有聲，弗扣不鳴。	凡眚（性）爲宔（主），勿（物）取之也■。金石之又（有）聖（聲）也，弗鉤（扣）	凡眚（性）爲宔（主），勿（物）取之也。金石之又（有）聖（聲），□□□（五）

●凡人雖有性，心弗取不出。	不鳴(3)	□□□唯(雖)又(有)眚(性)心弗取不出。
●凡心有志也，無舉不可。心之不可獨行，猶口之不可獨言也。牛生而長，鴈生而伸，其性使然，人而學或使之也。		凡心又(有)志也，亡与不□□□□□(六)蜀(獨)行，猷(猶)口之不可蜀(獨)言也。牛生而倀(長)，鴈生而戟(伸)，其眚(性)……(七)而學或叓(使)之也。
●凡物無不異也者。剛之樹也，剛取之也。柔之約，柔取之也。四海之內，其性一也。其用心各異，孝使然也。	□內丌(其)眚(性)一也。丌(其)甬(用)心各異▪，孝叓(使)肰(然)也。	凡勿(物)亡不異也者。剛之梪也，剛取之也。柔之(八)約，柔取之也。四海(海)之內其眚(性)弌(一)也。其甬(用)心各異，孴(教)叓(使)肰(然)也。
3 ●凡性，或動之，或逆之，或交之，或厲之，或黜之，或養之，或長之。	凡眚(性)，或敳(動)之▪，或逆之▪，或交(悆)之，或蕙(厲)之，或出□，□□(4)之，或長之▪。	凡眚(性)(九)或敳(動)之，或逩(逢?)之，或交之，或萬(厲)之，或出之，或羕(養)之，或長之。
●凡動性者，物也；逆性者，悅也；交性者，故也；厲性者，義也；黜性者，勢也；養性者，習也；長性者，道也。	凡敳(動)眚(性)者，勿(物)也▪；逆眚(性)者兌(悅)也；悆(交)眚(性)者，古(故)也；蕙(厲)眚(性)者，義也；出眚(性)者，埶(勢)也(5)；羕(養)	凡敳(動)眚(性)(十)者，勿(物)也；逩(逢?)眚(性)者，兌(悅)也；交眚(性)者，古(故)也；萬(厲)眚(性)者，宜(義)也；出眚(性)者，埶(勢)

	眚（性）者，習也▪；長眚（性）者，道也▪。	也；羕（養）眚（性）（十一）者，習也；長眚（性）者，衍（道）也。
●凡現者之謂物，快於己者之謂悅，物之勢者之謂勢，有爲也者之謂故。義也者，群善之蕝也。習也者，有以習其性也。道者，群物之道。	凡見者之胃（謂）勿（物）▪，怎（囿）於其者之胃（謂）兌（悅）▪，勿（物）之埶（勢）者之胃（謂）埶（勢）▪，有爲也(6)□之胃（謂）古（故）▪。宜（義）也者，群善之蕝（蕝）也。習也者，又（有）吕（以）習丌（其）眚（性）也▪。道也□，□□□□。	凡見者之胃（謂）勿（物），快於吕（己）者之胃（謂）兌（悅），勿（物）（十二）之埶（勢）者之胃（謂）埶（勢），又（有）爲也者之胃（謂）古（故）。義也者，群善之蕝（蕝）也。習也（十三）者，又（有）以習其眚（性）也。衍（道）者，群勿（物）之衍（道）。
4 ●凡道，心術爲主。道四術，唯人道爲可道也。其三術者，道之而已。 詩書禮樂，其始出皆生於人。詩，有爲爲之也。書，有爲言之也。禮樂，有爲舉之也。聖人比其類而侖會之，觀其先後而逆順之，體其宜而節文之，理其情而出納之，然後復以㚔。㚔，所以生德於中者也。	□□，□□(7)爲宔（主）▪。道四述（術）也，唯（雖）人道爲可道也。丌（其）三述（術）者，道之而已▪。旹（詩）、箸（書）、豊（禮）、樂，丌（其）司（始）出也，並生於(8)□。□，又（有）爲= 之也。箸（書），又（有）爲言之也。豊（禮）、樂，又（有）爲𦥯（舉）之也▪。聖（聲）人比丌（其）頪（類）而侖（論）會之，雚（觀）丌（其）先遂（後）而(9)逆	凡衍（道），心述（術）爲宔（主）。衍（道）四述（術），唯（十四）人衍（道）爲可衍（道）也。其參（三）述（術）者，衍（道）之而已。時（詩）、箸（書）、豊（禮）樂，其司（始）出皆生（十五）於人。時（詩），又（有）爲爲之也。箸（書），又（有）爲言之也。豊（禮）、樂，又（有）爲𦥯（舉）之也。聖人比其（十六）頪（類）而侖（倫）會之，雚（觀）

禮作於情，或興之也。當事因方而制之，其先後之序則義道也，或序爲之節，則文也，致容貌所以文節也。 君子美其情，貴其義，善其節，好其容，樂其道，悅其𢽱，是以敬焉。 拜，所以爲服也，其諛文也。幣帛，所以爲信與徵也，其貽義道也。笑，喜之薄澤也。樂，喜之深澤也。	訓（順）之，體（體）丌（其）宜（義）而即（節）度（取）之，里（理）丌（其）情而出內（入）之，肰（然）句（後）復（復）㠯（以）𢽱＝所㠯（以）生悳（德）於中（宙）者也。豊（禮）（10）□□青，或興之也▪，當（堂）事因方而剬（制）之▪。丌（其）先遂（後）之畬（捨）則宜（義）道也▪。或捨（畬）爲之即（節）則度（取）也。（11）□□宙（貌），所㠯（以）度（取）節也。𡈼＝兂（美）丌（其）情，貴丌（其）宜（義），善丌（其）節，好丌（其）頌（容），樂丌（其）道，兑（悅）丌（其）𢽱，是㠯（以）敬安（焉）▪。拜（12），□□□□□，丌（其）[illegible]（遣？）度（取）也。釆（幣）帛，所㠯（以）爲信與登（徵）也，丌（其）訂（治）宜（義）道也。芺（笑），喜（憙）之淺（薄）睪（澤）也。樂，喜（憙）之（13）□□□。	其之逘而逆訓之，體其宜（義）而即度之，里（理）（十七）其青（情）而出內（入）之，肰（然）句（後）復以𦥯（教）。𦥯（教），所以生悳（德）於宙（中）者也。豊（禮）乍（作）於青（情）（十八），豊乍於青，或　之也，堂（當）事因方而折（制）之。其先後之舍則宜（義）道也。或舍爲（十九）之即則度也。至頌宙（廟），所以度即也。君子娧（美）其青（情），□□□（二十），善其即，好其頌，樂其衍（道），兑（悅）其𦥯（教），是以敬安（焉）。拜，所以□□□（二十一）其[illegible]度也。幣帛，所以爲信與詿（證）也，其訂（詞）宜（義）道也。芺（笑），僼（禮）之澕＝也（二十二）。樂，僼（禮）之深澤也。

5 ●凡聲其出於情也信，然後其入撥人之心也夠。聞笑聲，則鮮如也斯喜。聞歌謠，則陶如也斯奮。聽琴瑟之聲，則悸如也斯戁。觀《賚》、《武》，則齊如也斯作；觀《韶》、《夏》，則勉如也斯斂。	□聖（聲），丌（其）出於情也信，肰（然）句（後）丌（其）內喿（拔）人之心也皦■。䎽（聞）芖（笑）聖（聲），則羴（馨）女也斯喜（憙）。昏（聞）訶（歌）要（謠）(14)，□□□□□□聲（聽）琴（琴）瑟（瑟）之聖（聲），則悸女（如）也斯難。雚（觀）賚（賚）武，則憭（懠）女（如）也斯乍（作）。雚（觀）〔卲（紹）顕（夏），則免（勉）女（如）也〕(15)□□。羕（養）思而敼（動）心，莫女（如）也。丌（其）居節也舊，丌（其）反善逯（復）司（始）也訢（慎）■，丌（其）出內（入）也訓（順），紿（治）丌（其）悳（德）□。□□□(16)□，□□□聖（聲）而㞢（從）之也■。	凡聖（聲），其出於情也信，肰（然）句（後）其內（入）拔人之心也皦（二十三）。䎽（聞）芖（笑）聖（聲），則羴（鮮）女（如）也斯憙（喜）。昏（聞）訶（歌）謠（謠），則舀女（如）也斯奮。聖（聽）琴（琴）瑟（瑟）之聖（聲）（二十四），則誘女（如）也斯戁（難）。雚（觀）賚（賚）武，則齊女（如）也斯乍（作）。雚（觀）卲（韶）顕（夏），則免（勉）女（如）也（二十五）斯僉（儉）。羕思而勭（動）心，胄女（如）也。其居即（次）也舊，其反善復訂（始）也新（慎）（二十六），其出內（入）也訓（順），司其悳（德）也。奠（鄭）衛（衛）之樂，則非其聖（聽）而從之也（二十七）。
永思而動心，喟如也。其蹲節也久，其反善復始也慎，其出納也順，主其德也。鄭衛之樂，則非其聲而縱之也。		
●凡古樂動心，益樂動指，皆教其人者也。《賚》、《武》樂取，《韶》、《夏》樂情。	凡古（故）樂龍（隆）心，益（溢）樂龍（隆）□，□□□人者也。賚（賚）武樂取，卲（紹）顕（夏）樂情■。	凡古樂龍心，益樂龍指，皆𡥈（教）其人者也。賚（賚）武樂取，佋（韶）顕（夏）樂情（二十八）。

●凡至樂必悲，哭亦悲，皆至其情也。哀、樂，其性相近也，是故其心不遠。哭之動心也，浸殺，其剌戀戀如也，戚然以終。樂之動心也，濬深鬱陶，其剌則憀如也以悲，悠然以思。	凡（17）□□必悲，哭亦悲，皆至丌（其）情也▪。哀、樂，丌（其）眚（性）相近也▪，是古（故）丌（其）心不遠▪。哭之歕（動）心也，▪浸焊▪，丌（其）（18）□累累䜌＝女（如）也，慼（戚）肰（然）吕（以）冬（終）。樂之歕（動）心也，濬深𩰪（鬱）慆，丌（其）杲（拔）瀗（流）女（如）也吕（以）悲，攸肰（然）吕（以）思。	凡至樂必悲，哭亦悲，皆至其情也。依（哀）、樂，其眚（性）相近也，是古（故）其心（二十九）不遠。哭之歕（動）心也，瀸（浸）溦，其㓨（？）䜌䜌女（如）也，慼（戚）肰（然）以終。樂之歕（動）心也（三十），濬深臧舀，其㓨（？）則流女（如）也以悲，條肰（然）以思。
●凡憂思而後悲，凡樂思而後忻。凡思之用心爲甚。難，思之方也。其聲變，則其心變。其心變，則其聲亦然。吟，遊哀也，譟，遊樂也，啾，遊聲也，謳，遊心也。喜斯慆，慆斯奮，奮斯咏，咏斯猷，猷斯舞，舞，喜之終也。慍斯憂，憂斯慼，慼斯難，難斯辟，辟斯踊。踊，慍之終也。	凡惪（憂）思而句（後）悲，□（19）樂思而句（後）忻（忻）。凡思之甬（用）心爲甚。𪈢（難），思之方也。丌（其）聖（聲）㝅（變）則心𠱾（從）之矣。丌（其）心㝅（變），則丌（其）聖（聲）亦肰（然）。（20）□，□□□；喿（燥），斿（遊）樂也；諔，斿（遊）聖（聲）也；𢿌，斿（遊）心也▌。	凡惪（憂）思而句（後）悲（三十一），凡樂思而句（後）忻。凡思之甬（用）心爲甚。𪈢（難），思之方也。其聖（聲）㝅則□□□（三十二），其心㝅則其聖（聲）亦肰（然）。譣遊依（哀）也，喿遊樂也，諔遊聖（聲），𧫷遊心也（三十三）。憙（喜）斯慆，慆斯奮，奮斯羕（咏），羕（咏）斯猷，猷斯迮。迮，憙（喜）之終也。恩（慍）斯惪（憂），惪（憂）斯戁，戁（三十四斯

		戁，戁斯奈，奈斯通。通，恩（慍）之終也（三十五）。
6 ●凡人情爲可悅也。苟以其情，雖過不惡；不以其情，雖難不貴。苟有其情，雖未之爲，斯人信之矣。 未言而信，有美情者也。未教而民恆，性善者也。未賞而勸，含福者也。未刑而民畏，有心畏者也。賤而民貴之，有德者也。貧而民聚焉，有道者也。獨處而樂，有內動者也。 惡之而不可非者，達於義者也。非之而不可惡者，篤於仁者也。行之不過，知道者也。 聞道反上，上交者	凡人青爲可兌（悅）也。句（苟）㠯（以）亓（其）情，唯（雖）怂（過）不亞（惡）；不㠯（以）(21)□情，唯（雖）難不貴。未言而信，又（有）㞷（美）情者也。未孝而民恆，眚（性）善者也。□□□□□，□□□□。(22)□□而民愄（畏），又（有）心愄（畏）者也。戔（賤）而民貴之，又（有）悳（德）者也。貧而民聚安（焉），又（有）道者也▪。蜀（獨）居而樂，又（有）內敼（動）(23)者也。亞（惡）之而不可非者，胃（謂）於義者也。非之而不可亞（惡）者，篙（篤）於悬（仁）者也▪。行之不怂（過），智（知）道者(24)	凡人青（情）爲可兌（悅）也。句（苟）以其青（情），唯（雖）怂（過）不亞（惡）；不以其青（情），唯（雖）難不貴（五十）。句（苟）又（有）其青（情），唯（雖）未之爲，斯人信之壴（矣）。未言而信，又（有）娧（美）青（情）者也。未畬（教）（五十一）而民亙（恆），眚（性）善者也。未賞而民懽（勸），含福者也。未型（刑）而民愄（畏），又（有）（五十二）心愄（畏）者也。戔（賤）而民貴之，又（有）悳（德）者也。貧而民聚安（焉），又（有）衍（道）者也（五十三）。蜀（獨）処而樂，又（有）內豊者也。亞（惡）之而不可非者，達（？）於義者也。非之（五十四）而不可亞（惡）者，篙（篤）於悬（仁）者也。行之不怂（過），智（知）道者也。昏（聞）道反上，上交者也（五十五）。昏（聞）

也。聞道反下，下交者也。聞道反己，修身者也。上交近事君，下交得眾近從政，修身近至仁。同方而交，以道者也。不同方而交，以故者也。同悅而交，以德者也。不同悅而交，以猷者也。門內之治，欲其逸也。門外之治，欲其制也。	□。□□□□，□□者也。昏（聞）道反己，攸身者也▪。上交近事君，下交得（㝵）眔近从（從）正▪，攸（修）身近至𢚩（仁）。同方而（25）交，㠯（以）道者也。不同方而交，㠯（以）古（故）者也。□□而交，㠯（以）悳（德）者也。不同兌（悅）而交，㠯（以）猷（猷）者也。門內之紿（治），谷（欲）丌（其）[illegible]也。（26）□□之紿（治），谷（欲）丌（其）折也。	衍（道）反下，下交者也。昏（聞）道反㠯（己），攸（修）身者也。上交近事君，下交得（五十六）眔近從正（政），攸（修）身近至𢚩（仁）。同方而交，以道者也。不同方而□□□□（五十七）。同兌（悅）而交，以悳（德）者也。不同兌（悅）而交，以猷者也。門內之紿，谷（欲）其（五十八）𧖴也。門外之紿，谷（欲）其折（制）也。
7 ●凡身欲靜而勿訬，慮欲淵而毋僞，行欲勇而必至，貌欲壯而毋伐，心欲柔齊而泊。喜欲智而無末，樂欲懌而有志，憂欲斂而毋昏，怒欲盈而毋希，進欲遜而毋巧，退欲尋而毋輕，欲皆度而毋僞。 君子執志必有夫廣廣之心，出言必有夫柬柬之信。賓客之禮必有夫齊齊之容，祭祀之禮必	凡身谷（欲）靑（靜）而毋動（<u></u>違），甬（用）心谷（欲）德（悳）而毋苟，慮谷（欲）𠘧而毋異▪，退谷（欲）緊而毋𨍏（輕）（27）□欲（欲）□而又（有）豊（禮），言欲（欲）植（直）而毋㴋（流），居仉（處）欲（欲）𣁋（逸）而𦶜毋曼▪䰜＝埶（執）志必有夫桂＝（注注）之心▪，出言必有夫柬＝（28）□□，賓客之豊（禮）必又（有）夫齊＝之頌▪。祭祀之豊	身谷（欲）靑（靜）而毋訬，慮谷（欲）𠘧（淵）而毋僞（六十二），行谷（欲）恿（勇）而必至，宙谷（欲）壯而毋杲（拔），谷（欲）柔齊而泊，憙（喜）谷（欲）智而亡末（六十三），樂谷（欲）罿而又有志，惪（憂）谷（欲）僉（儉）而毋惛，惹（怒）谷（欲）浧（盈）而毋[illegible]，進谷（欲）孫（遜）而毋攷（巧）（六十四），退谷（欲）[illegible]而毋巠（輕），谷（欲）皆度

有夫濟濟之敬，居喪必有夫戀戀之哀。	（禮）必又（有）夫臍〓之敬▪。居喪必又（有）夫䜌〓（纍纍）之哀。	而毋憍。君子執志必又（有）夫坒坒之心，出言必又（有）（六十五）夫柬柬之信。賓客之豊（禮）必又（有）夫齊齊之頌（容），祭祀之豊（禮）必又（有）夫齊齊之敬（六十六），居喪必又（有）夫䜌（戀）䜌（戀）之悽（哀）。君子身以爲宔（主）心乚（六十七）。
●凡悅人勿吝也，身必從之，言及則明舉之而毋僞。	凡悅人毋𡍮（吝）（29）□，身必㚐（從）之，言及則明，𦥑（舉）之而毋㥏（僞）。	凡兌人勿㦤也，身必從之，言及則（五十九）明𨑓（舉）之而毋憍。
●凡交毋烈，必使有末。	凡交毋剌（拔），必㕜（使）又（有）末▪。	凡交毋𠜾（？），必㕜（使）又（有）末。
●凡於道路毋思，毋獨言。獨處，則習父兄之所樂。苟無大害，少枉納之可也。已則勿復言也。	凡於道洛（路）愄，毋蜀（獨）言▪。蜀（獨）居則習（30）□兄之所樂。句（苟）毋大害，少枉內（納）之可也，已，則勿（物）遉（復）言也。	凡於迖毋愄（畏），毋蜀（獨）言。蜀（獨）（六十）処則習父兄之所樂。句（苟）毋（無）大害，少枉內（入）之可也，已則勿復言也（六十一）。……
●凡憂患之事欲任，樂事欲後。	凡𢝊（憂）惓（倦）之事谷（欲）任，樂事谷（欲）遉（復）▌。	凡𢝊（憂）患之事谷（欲）妊（任），樂事谷（欲）後。……（六十二）

8 ●凡學者求其心爲難，從其所爲，近得之矣，不如以樂之速也。雖能其事，不能其心，不貴。求其心有僞也，弗得之矣。人之不能以僞也，可知也。不過十舉，其心必在焉。察其見者，情焉失哉。 □，義之方也。義，敬之方也。敬，物之節也。篤，仁之方也。仁，性或生之。忠信者，情之方也。情出於性。 愛類七，唯性愛爲近仁。智類五，唯義道爲近忠。惡類參，唯惡不仁爲近義。所爲道者四，唯人道爲可道也。	凡孥者求丌（其）（31）心又（有）偽（爲）也，弗得之矣。人之不能㠯（以）悬（僞）也，可智也■。不怹（過）直嬖（舉），□□□□□，□□□□，□□□□？（32）詘，宜（義）之方也■。宜（義），敬之方也■。敬，勿（物）之即也。篙（篤），急（仁）之方也。急（仁），眚（性）之方也。眚（性）或生之。□，□□□□。□，□□□（33）□。情出於眚（性）■。忎（愛）頪（類）七，唯（雖）眚（性）忎（愛）爲近息（仁）■。智頪（類）五，唯（雖）宜（義）道爲近忠。亞（惡）頪（類）參，唯（雖）亞（惡）不急（仁）爲□□。□（34）□□□□，□□道爲可導（道）也▌　。	凡學者隶（求）其心爲難，從其所爲，㐤（近）得之壴（矣），不女（如）以樂之速也（三十六）。唯（雖）能其事，不能其心，不貴。求其心又（有）爲也，弗得之壴（矣）。人之不能以爲也（三十七），可智（知）也。□怹（過）十㝵（舉），其心必才（在）安（焉），戕其見者，青（情）安遊（失）才（哉）？，宜（義）之方也（三十八）。宜（義），敬之方也。敬，勿（物）之即也。筥（篤），急（仁）之方也。急（仁），眚（性）之方也。急（仁），眚（性）或生之。忠，信之方也（三十九）。信，青（情）之方也。青（情）出於眚（性）。忎（愛）頪（類）七，唯眚（性）忎（愛）爲近急（仁）。智頪（類）五，唯（四十）宜（義）衍（道）爲忻（近）忠。亞（惡）頪（類）參，唯亞（惡）不急（仁）爲忻（近）宜（義）。所爲衍（道）者四，唯人衍（道）爲可（四十一）衍（道）也。

9 ●凡用心之躁者，思爲甚。用智之疾者，患爲甚。用情之至者，哀樂爲甚。用身之便者，悅爲甚。用力之盡者，利爲甚。 目之好色，耳之樂聲，鬱陶之氣也，人不難爲之死。 有其爲人之節節如也，不有夫柬柬之心則采。有其爲人之柬柬如也，不有夫恆怡之志則縵。有其爲人之快如也，弗牧不可。有其爲人之葲如也，弗輔不足。	凡甬（用）心之趮（燥）者，思爲甚■。甬（用）智之疾者，惓（倦）爲甚。甬（用）情之至（35）□，□樂爲甚■。甬（用）身之叀（弁）者，悅爲甚■。甬（用）力之聿者，利爲甚。目之好色，耳之樂聖（聲），　俎之𣌭（氣）也，不（36）□爲之死。又（有）丌（其）爲人之㥄=女也，不又（有）夫柬=之心則悉。又（有）丌（其）爲人之柬=女也，不又（有）夫恆怎（怟）之志則曼■。人之（37）□言利詞（訂）者，不又（有）夫詘=之心則澮（流）。人之　肰（然）可與和安者，不又（有）夫㝷（奮）𤞞（猛）之情則悉（侮）■。又（有）丌（其）爲人之慧女（如）也，弗牧不可■。又（有）丌（其）爲人之（38）□□也，弗校不足▌　。	凡甬（用）心之喿（躁）者，思爲甚。甬（用）智之疾者，患爲甚。甬（用）青（情）之（四十二）至者，怵（哀）樂爲甚。甬（用）身之皃（弁）者，兌（悅）爲甚。甬（用）力之𦘔（盡）者，利爲甚。目之好（四十三）色，耳之樂聖（聲），䐢舀之𣌭（氣）也，人不難爲之死。又（有）其爲人之迴迴女（如）也（四十四），不又（有）夫柬柬之心則采。又（有）其爲人之柬柬女（如）也，不又（有）夫亙（恆）怡之志則縵。人之攷（巧）（四十五）言利訂（詞）者，不又（有）夫詘詘之心則流。人之逸肰（然）可與和安者，不又（有）夫奮（奮）（四十六）㸸之青（情）則悉。又（有）其爲人之快女（如）也，弗牧不可。又（有）其爲人之葲女（如）也，（四十七）弗校不足。

10 ●凡人僞爲可惡也。僞斯吝矣，吝斯慮矣，慮斯莫與之結矣。 慎，仁之方也，然而其過不惡。速，謀之方也，有過則咎。人不慎斯有過，信矣。	凡人[爲/心]=（僞爲）可亞（惡）也。[爲/心]（僞）斯[罒/文/土]（吝）矣，[罒/文/土]（吝）斯慮矣，慮斯莫與之結▌。[丨/言]，慮之方也，肰（然）而亓（其）[化/心]（過）不亞（惡）。速（數），[母/心]（謀）之方也，又（有）[化/心]（過）則咎▪。人不[丨/言]（39）□又（有）[化/心]（過），信矣。乚（40）	凡人僞爲可亞（惡）也。僞斯[罒/文]壴（矣），[罒/文]斯慮壴（矣），慮斯莫與之（四十八）結壴（矣）。訢（慎），[身/心]（仁）之方也，肰（然）而其[化/心]（過）不亞（惡）。速，[亻母]（謀）之方也，又（有）[化/心]（過）則咎。人不訢（慎）斯又（有）[化/心]（過），信壴（矣）（四十九）。

參考書目

(一)專書

1. 郭店楚墓竹簡／文物出版社／1998 年 5 月
2. 上海博物館藏戰國楚竹書（一）／2001 年 11 月
3. 郭店楚簡研究（中國哲學第二十輯）／遼寧教育出版社／1999 年 1 月
4. 道家文化研究（郭店楚簡專號）第十七輯／1999 年 8 月
5. 郭店簡與儒家研究（中國哲學第二十一輯）／遼寧教育出版社／2000 年 1 月
6. 《郭店楚簡研究》第一卷《文字編》／張光裕主編·袁國華合編／臺北：藝文印書館，1999 年 1 月。
7. 《郭店楚墓竹簡思想研究》／丁四新／北京東方出版社，2000 年 10 月。
8. 《上博楚簡三篇校讀記》／台灣萬卷樓圖書有限公司／2002 年 3 月
9. 《郭店楚簡國際學術研討會論文彙編》第一、二冊／武漢大學中國文化研究院等，1999 年 10 月。
10. 《郭店楚簡國際學術研討會論文集》／武漢大學中國文化研究院編／湖北人民出版社，2000 年 5 月。
11. 《新出楚簡與儒家思想國際學術研討會論文集》／北京清華大學／2002 年 4 月
12. 《郭店楚簡文字編》／張守中、張小滄、郝建文／文物出版社，2000 年 5 月。
13. 《竹帛五行篇校注及研究》／龐樸／台灣萬卷樓出版社／2000 年 6 月
14. 《郭店竹簡〈老子〉釋析與研究》／丁原植／臺北：萬卷樓圖書有限公司，1998 年 9 月。
15. 《郭店楚簡儒家佚籍四種釋析》／丁原植／台灣古籍出版有限公司，

2000年12月

16.《清華簡帛研究》第1輯／廖名春編／清華大學思想文化研究所，2000年8月。

17.《郭店竹簡〈性自命出〉研究》／李天虹／中國社會科學院博士後工作報告，2000年8月。

18.《郭店竹簡與先秦學術思想》／郭沂／上海教育出版社，2001年2月。

19.《新出楚簡試論》／廖名春／臺灣古籍出版有限公司，2001年5月。

20.《十三經注疏》（標點本）／北京大學出版社／1999年12月

21.《論語集釋》／程樹德／中華書局／1990年8月

22.《孟子正義》／焦循／中華書局／1987年10月

23.《禮記集解》／孫希旦／中華書局／1989年2月

24.〈老子新證〉／于省吾／收入《諸子新證》／樂天書局台景版／1970年9月

25.《性命古訓辨證》／傅斯年／傅斯年全集第二冊／聯經出版社／台北1980年。

26.《性命古訓》／阮元／《揅經室集》／中華書局

（二）論文

1. 李學勤：《荊門郭店楚簡中的〈子思子〉》，《文物天地》1998年第2期，28-30；《郭店楚簡研究》（《中國哲學》第 20 輯），75-80，遼寧教育出版社，1999年1月。

2. 王博：《荊門郭店楚簡與先秦儒家經學》，《中國傳統哲學新論——朱伯崑教授75壽辰紀念文集》，九洲出版社，1999年3月。

3. 劉信芳：《郭店竹簡文字考釋拾遺》，紀念徐中舒先生誕辰100周年暨國際漢語古文字學研討會論文，1998年成都四川大學；《江漢考古》，2000年1期，42-46。

4. 李學勤：《先秦儒家著作的重大發現》，《人民政協報》1998 年 6 月 8 日；《郭店楚簡研究》（《中國哲學》第 20 輯），13-17，遼寧教育出版社，1999 年 1 月。

5. 陳來：《郭店簡可稱“荊門禮記”》，《人民政協報》1998 年 8 月 3 日。

6. 廖名春：《楚文字釋讀三篇》，《漢字與文化國際學術研討會論文集》，1998 年 8 月。

7. 躍進：《振奮人心的考古發現——略說郭店楚簡的學術史意義》，《文史知識》1998 年 8 期。

8. 陳來：《郭店楚簡之〈性自命出〉篇初探》，《孔子研究》1998 年第 3 期；《郭店楚簡研究》（《中國哲學》第 20 輯），293-314，遼寧教育出版社，1999 年 1 月。

9. 廖名春：《郭店楚簡儒家著作考》，《孔子研究》1998 年第 3 期；中國人民大學報刊複印資料《中國哲學史》1999 年第 1 期。

10. 姜廣輝：《郭店楚簡與〈子思子〉》，《哲學研究》1998 年第 7 期；《郭店楚簡研究》（《中國哲學》第 20 輯），81-92，遼寧教育出版社，1999 年 1 月。

11. 龐樸：《孔孟之間——郭店楚簡的思想史地位》，《中國社會科學》1998 年第 5 期；《郭店楚簡研究》（《中國哲學》第 20 輯），22-35，遼寧教育出版社，1999 年 1 月。

12. 龐樸：《古墓新知——漫談郭店楚簡》，《讀書》1998 年第 9 期；《郭店楚簡研究》（《中國哲學》第 20 輯），7-12，遼寧教育出版社，1999 年 1 月。

13. 龐樸：《初讀郭店楚簡》，《歷史研究》1998 年第 4 期。

14. 龐樸：《孔孟之間——郭店楚簡的思想史地位》，《中國社會科學》1998 年 5 期。

15. 李澤厚：《初讀郭店竹簡印象紀要》，《世紀新夢》，合肥：安徽文藝出版社，1998 年 10 月；《道家文化研究》第 17 輯（“郭店楚簡”專號），412-422，三聯書店，1999 年 8 月；《郭店簡與儒學研究》（《中國哲學》第 21 輯），1-12，遼寧教育出版社，2000 年 1 月。

16.李學勤：《郭店簡與〈禮記〉》，《中國哲學史》1998 年第 4 期，29-32。

17.陳寧：《〈郭店楚墓竹簡〉中的儒家人性言論初探》，《中國哲學史》1998 年第 4 期。

18.邢文：《郭店楚簡與國際漢學》，《書品》1998 年 4 期。

19.陳偉：《郭店楚簡別釋》，《江漢考古》1998 年第 4 期。

20.張立文：《論郭店楚竹簡的篇題和天人有分思想》，《傳統文化與現代化》1998 年 6 期。

21.廖名春：《楚文字考釋三則》，《吉林大學古籍整理研究所建所十五周年紀念論文集》，吉林大學出版社，1998 年 12 月。

22.黃德寬、徐在國：《郭店楚簡文字考釋》，《吉林大學古籍整理研究所建所十五周年紀念論文集》，吉林大學出版社，1998 年 12 月。

23.饒宗頤：《從新資料追蹤先代耆老的“重言”——儒道學脈試論》，1998 年 12 月香港中文大學“中國文化與二十一世紀”國際學術研討會論文；《中原文物》1999 年 4 期，60-62。

24.袁國華：《郭店楚簡文字考釋十一則》，臺灣《中國文字》新 24 期，1998 年 12 月。

25.杜維明：《郭店楚簡與先秦儒道思想的重新定位》，《郭店楚簡研究》（《中國哲學》第 20 輯），1-6，遼寧教育出版社，1999 年 1 月。

26.李學勤：《郭店楚簡與儒家經籍》，《郭店楚簡研究》（《中國哲學》第 20 輯），18-21，遼寧教育出版社，1999 年 1 月。

27.廖名春：《荊門郭店楚簡與先秦儒學》，《郭店楚簡研究》（《中國哲學》第 20 輯），36-74，遼寧教育出版社，1999 年 1 月。

28.李存山：《從郭店楚簡看早期道儒關係》，《郭店楚簡研究》（《中國哲學》第 20 輯），187-203，遼寧教育出版社，1999 年 1 月；《道家文化研究》第 17 輯（“郭店楚簡”專號），423-439，三聯書店，1999 年 8 月。

29.彭林：《郭店楚簡〈性自命出〉補釋》，《郭店楚簡研究》（《中國哲學》第 20 輯），315-320，遼寧教育出版社，1999 年 1 月。

30.張立文：《〈郭店楚墓竹簡〉的篇題》，《郭店楚簡研究》（《中國哲學》第 20 輯），331-334，遼寧教育出版社，1999 年 1 月。

31.李家浩：《讀〈郭店楚墓竹簡〉瑣議》，《郭店楚簡研究》（《中國哲學》第 20 輯），339-358，遼寧教育出版社，1999 年 1 月。

32.劉樂賢：《讀郭店楚簡劄記三則》，《郭店楚簡研究》（《中國哲學》第 20 輯），359-364，遼寧教育出版社，1999 年 1 月。

33.龐樸：《撫心曰辟》，《郭店楚簡研究》（《中國哲學》第 20 輯），365，遼寧教育出版社，1999 年 1 月。

34.顏世鉉：《郭店楚簡淺釋》，《張以仁先生七秩壽慶論文集》，379-396 臺北：學生書局，1999 年 1 月。

35.劉昕嵐：《郭店楚簡〈性自命出〉篇箋釋（上）》，《北京大學研究生學志》1999 年第 1 期。

36.張立文：《略論郭店楚簡的“仁義”思想》，《孔子研究》1999 年第 1 期。

37.向世陵：《郭店竹簡“性”“情”說》，《孔子研究》1999 年第 1 期。

38.姜廣輝：《郭店楚簡與原典儒學——國內學術界關於郭店楚簡的研究（一）》，《書品》1999 年第 1 期；《郭店簡與儒學研究》（《中國哲學》第 21 輯），263—273，遼寧教育出版社，2000 年 1 月。

39.李學勤：《天人之分》，《中國傳統哲學新論——朱伯崑教授 75 壽辰紀念文集》，九洲出版社，1999 年 3 月。

40.張光裕：《〈郭店楚簡研究〉第一卷〈文字編〉緒說》，《中國出土資料研究》第3號，1999年3月31日。

41.顏世鉉：《郭店楚墓竹簡儒家典籍文字考釋》，《經學研究論叢》第6輯171～188頁，臺灣學生書局，1999年3月。

42.郭沂：《從郭店竹簡看先秦哲學發展脈絡》，《光明日報》1999年4月23日。

43.郭齊勇：《郭店儒家簡的意義與價值》，《湖北大學學報》1999年第2期。

44.劉澤亮：《從郭店楚簡看先秦儒道關係的演變》，《湖北大學學報》1999年第2期。

45.李學勤：《郭店簡與〈樂記〉》，《中國哲學的詮釋和發展——張岱年先生90壽慶紀念文集》，23-28，北京大學出版社，1999年5月。

46.趙建偉：《郭店竹簡〈忠信之道〉、〈性自命出〉校釋》，《中國哲學史》1999年2期。

47.黃德寬、徐在國：《郭店楚簡文字續考》，《江漢考古》1999年2期75-77。

48.劉釗：《讀郭店楚簡字詞雜記（一）》，中國語言學會第10屆學術會暨國際中國語文研討會論文，1999年7月。

49.陳來：《〈性自命出〉：沈睡了兩千餘年的文獻》，《文史知識》1999年9期。

50.郭齊勇：《郭店儒家簡與孟子心性論》，《武漢大學學報》（哲社版）1999年5期。

51.丁四新：《〈性自命出〉與公孫尼子的關係》，《武漢大學學報》（哲社版）1999年5期。

52.龔建平：《郭店簡與禮記二題》，《武漢大學學報》（哲社版）1999年5期。

53.廖名春：《六經次序探源》，《紀念孔子誕辰2550周年國際學術討論會論文》1064-1076，1999 年 10 月北京。

54. 劉釗：《讀郭店楚簡字詞劄記》，《郭店楚簡國際學術研討會論文彙編》第一冊，12-18，1999 年 10 月武漢大學。

55. 李天虹：《郭店楚簡文字雜釋》，武漢大學中國文化研究院編：《郭店楚簡國際學術研討會論文集》，94-99，湖北人民出版社，2000 年 5 月。

56. 顏世鉉：《郭店楚簡散記（一）》，武漢大學中國文化研究院編：《郭店楚簡國際學術研討會論文集》，100-107，湖北人民出版社，2000 年 5 月。

57. 劉昕嵐：《郭店楚簡〈性自命出〉篇箋釋》，武漢大學中國文化研究院編：《郭店楚簡國際學術研討會論文集》，330-354，湖北人民出版社，2000 年 5 月。

58. 李維武：《〈性自命出〉的哲學意蘊初探》，武漢大學中國文化研究院編：《郭店楚簡國際學術研討會論文集》，310-313，湖北人民出版社，2000 年 5 月。

59. 高華平：《論述〈郭店楚墓竹簡·性自命出〉的道家思想》，武漢大學中國文化研究院編：《郭店楚簡國際學術研討會論文集》，371-374，湖北人民出版社，2000 年 5 月。

60. 丁四新：《郭店簡書的天人之辯》，武漢大學中國文化研究院編：《郭店楚簡國際學術研討會論文集》，582-588，湖北人民出版社，2000 年 5 月。

61. 胡治洪：《試論郭店楚簡的文化史意義》，《郭店楚簡國際學術研討會論文彙編》第一冊，317-322，1999 年 10 月武漢大學。

62. 饒宗頤：《從郭店楚簡談古代樂教》，武漢大學中國文化研究院編：《郭店楚簡國際學術研討會論文集》，3-7，湖北人民出版社，2000 年 5 月。

63. 劉釗：《讀郭店楚簡字詞劄記（二）》，《郭店楚簡國際學術研討會論文彙編》第二冊，7-13，1999 年 10 月武漢大學。

64.東方朔：《〈性自命出〉篇的心性觀念初探》，武漢大學中國文化研究院編：《郭店楚簡國際學術研討會論文集》，322-329，湖北人民出版社，2000年5月。

65.歐陽楨人：《在摩蕩中弘揚主體——郭店楚簡〈性自命出〉的認識論檢析》，武漢大學中國文化研究院編：《郭店楚簡國際學術研討會論文集》，362-370，湖北人民出版社，2000年5月。

66.王葆玹：《郭店楚簡的時代及其與子思學派的關係》，《國際儒學研究》第10輯，340-349，北京：國際文化出版公司，2000年6月。

67.龔建平：《郭店楚簡中的儒家禮樂思想述略》，武漢大學中國文化研究院編：《郭店楚簡國際學術研討會論文集》，149-154，湖北人民出版社，2000年5月。

68.蕭漢明：《論莊生的性命說與道性二重觀》，武漢大學中國文化研究院編：《郭店楚簡國際學術研討會論文集》，445-456，湖北人民出版社，2000年5月。

69.彭林：《論郭店楚簡中的禮容》，武漢大學中國文化研究院編：《郭店楚簡國際學術研討會論文集》，134-142，湖北人民出版社，2000年5月。

70.劉釗：《讀郭店楚簡字詞劄記（三）》，郭店楚簡國際學術研討會論文，1-7，1999年10月武漢大學；《古文字研究》第22輯，北京：中華書局，2000年7月。

71.楊儒賓：《郭店出土儒家竹簡與思孟學派》，郭店楚簡國際學術研討會論文，1-12，1999年10月武漢大學；《子思學派試探》，武漢大學中國文化研究院編：《郭店楚簡國際學術研討會論文集》，606-624，湖北人民出版社，2000年5月。

72.任繼愈：《郭店竹簡與楚文化》，《郭店楚簡國際學術研討會論文集》，1-2，湖北人民出版社，2000年5月。

73.陳昭瑛：《性情中人——試從楚文化論〈郭店楚簡・性情篇〉》，郭店楚簡國際學術研討會論文，1-7，1999 年 10 月武漢大學；武漢大學中國文化研究院編：《郭店楚簡國際學術研討會論文集》，314-321，湖北人民出版社，2000 年 5 月。

74. 翁賀凱：《兩漢〈禮記〉源流新考——從〈郭店簡與禮記〉談起》，《北京大學研究生學志》1999 年 3 期，63-70；《福建論壇》文史哲版 1999 年 5 期，1999，10

75. 周鳳五：《楚簡文字瑣記（三則）》，臺灣中國文化大學史學系主辦第一屆簡帛學術討論會論文，1-9，1999 年 12 月。

76. 姜廣輝：《郭店楚簡與道統攸繫——儒學傳統重新詮釋論綱》，《郭店簡與儒學研究》（《中國哲學》第 21 輯），13-40，遼寧教育出版社，2000 年 1 月。

77. 彭林：《郭店楚簡與《禮記》的年代》，《郭店簡與儒學研究》，《中國哲學》21 輯，41-59，遼寧教育出版社，2000 年 1 月。

78. 陳來：《郭店竹簡與儒家記說續探》，《郭店簡與儒學研究》（《中國哲學》第 21 輯），60-91，遼寧教育出版社，2000 年 1 月。

79. 鍾肇鵬：《郭店楚簡略說》，《郭店簡與儒學研究》（《中國哲學》第 21 輯），227—236，遼寧教育出版社，2000 年 1 月。

80. 王博：《關於郭店楚墓竹簡分篇與連綴的幾點想法》，《郭店簡與儒學研究》（《中國哲學》第 21 輯），247—262，遼寧教育出版社，2000 年 1 月。

81. 李若暉：《郭店楚簡“衍”字略考》，《中國哲學史》2000 年 1 期，35-40。

82. 陳鼓應：《先秦道家之禮觀》，《中國文化研究》2000 年第 2 期。

83. 劉樂賢：《〈性自命出〉與〈淮南子·謬稱〉論“情”》，《中國哲學史》2000 年 4 期，22-27.

84. 李天虹：《從〈性自命出〉談孔子與詩書禮樂》，《中國哲學史》2000 年 4 期，41-43.

85.李天虹：《〈性自命出〉的編聯及分篇》，清華大學簡帛講讀班 2000 年 3 月 11 日；《清華簡帛研究》第 1 輯，196-199，清華大學思想文化研究所，2000 年 8 月。

86.張茂澤：《〈性自命出〉篇心性論大不同於〈中庸〉說》，《人文雜誌》2000 年第 3 期。

87.歐陽禎人：《論〈性自命出〉對儒家人學思想的轉進》，《孔子研究》2000 年第 3 期。

88.郭齊勇：《郭店楚簡〈性自命出〉的心術觀》，2000 年 4 月；《安徽大學學報》（哲學社會科學版），2000 年 5 期，48-53。

89.廖名春：《郭店楚簡〈性自命出〉下篇校釋劄記》，清華大學簡帛講讀班 2000 年 4 月 8 日。

90.王美鳳：《郭店楚簡看中國先秦的德治思想》，《西北大學學報》（哲社版）2000 年第 2 期。

91.杜維明：《郭店楚簡的人文精神》，武漢大學中國文化研究院編：《郭店楚簡國際學術研討會論文集》，12-16，湖北人民出版社，2000 年 5 月。

92.劉釗：《讀郭店楚簡字詞劄記》，武漢大學中國文化研究院編：《郭店楚簡國際學術研討會論文集》，75-93，湖北人民出版社，2000 年 5 月。

93.羅熾：《郭店楚墓竹簡的援儒特徵及斷代問題》，武漢大學中國文化研究院編：《郭店楚簡國際學術研討會論文集》，650-656，湖北人民出版社，2000 年 5 月。

94.胡治洪：《學脈探源儒道合，人文成化古今諧——“郭店楚簡國際學術研討會”綜述》，武漢大學中國文化研究院編：《郭店楚簡國際學術研討會論文集》，681-688，湖北人民出版社，2000 年 5 月；《中國社會科學》2000 年 2 期。

95.梁立勇：《郭店楚簡〈性自命出〉篇研究》，清華大學碩士學位論文，2000 年 5 月。

96.蔡仲德：《郭店楚簡儒家樂論試探》，《孔子研究》2000年第3期。

97.廖名春：《郭店楚簡〈性自命出〉篇校釋》，《清華簡帛研究》第1輯，28-67，清華大學思想文化研究所，2000年8月。

98.錢遜：《〈性自命出〉（前半部分）劄記》，《清華簡帛研究》第1輯，147-150，清華大學思想文化研究所，2000年8月。

99.陳偉：《郭店簡書〈人雖有性〉校釋》，《中國哲學史》2000年4期，3-13。

100.廖名春：《郭店簡〈性自命出〉的編連和分合問題》，《中國哲學史》2000年4期，14-21。

101.丁四新：《論郭店楚簡與思孟學派的關係》，《中國哲學史》2000年4期，28-35。

102.連劭名：《論郭店楚簡〈性自命出〉中的"道"》，《中國哲學史》2000年4期，36-40。

103.丁爲祥：《從〈性自命出〉看儒家性善論的形成理路》，《孔子研究》2001年第3期28-37。

104.李天虹：《〈性自命出〉與傳世先秦文獻"情"字解詁》，《中國哲學史》2001年第3期55-63。

105.白於藍：《郭店楚墓竹簡考釋（四篇）》，中國社會科學院簡帛研究中心：《簡帛研究二〇〇一》（上），第192-198頁，廣西師範大學出版社，2001年9月。

106.何琳儀：《郭店竹簡選釋》，中國社會科學院簡帛研究中心：《簡帛研究二〇〇一》（上），第159-167頁，廣西師範大學出版社，2001年9月。

圖版

郭店簡《性自命出》放大圖版

《性自命出》簡二／簡一

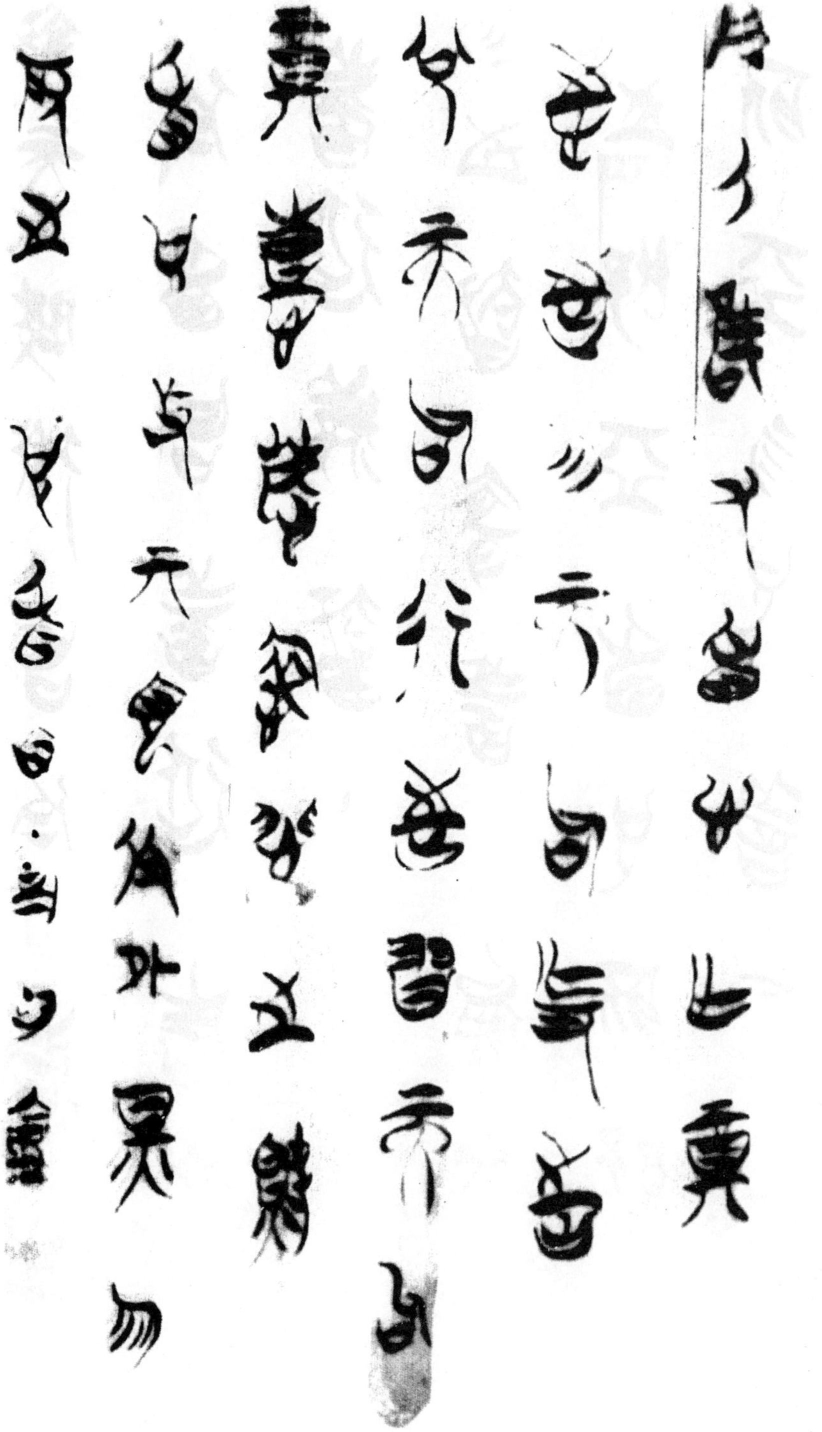

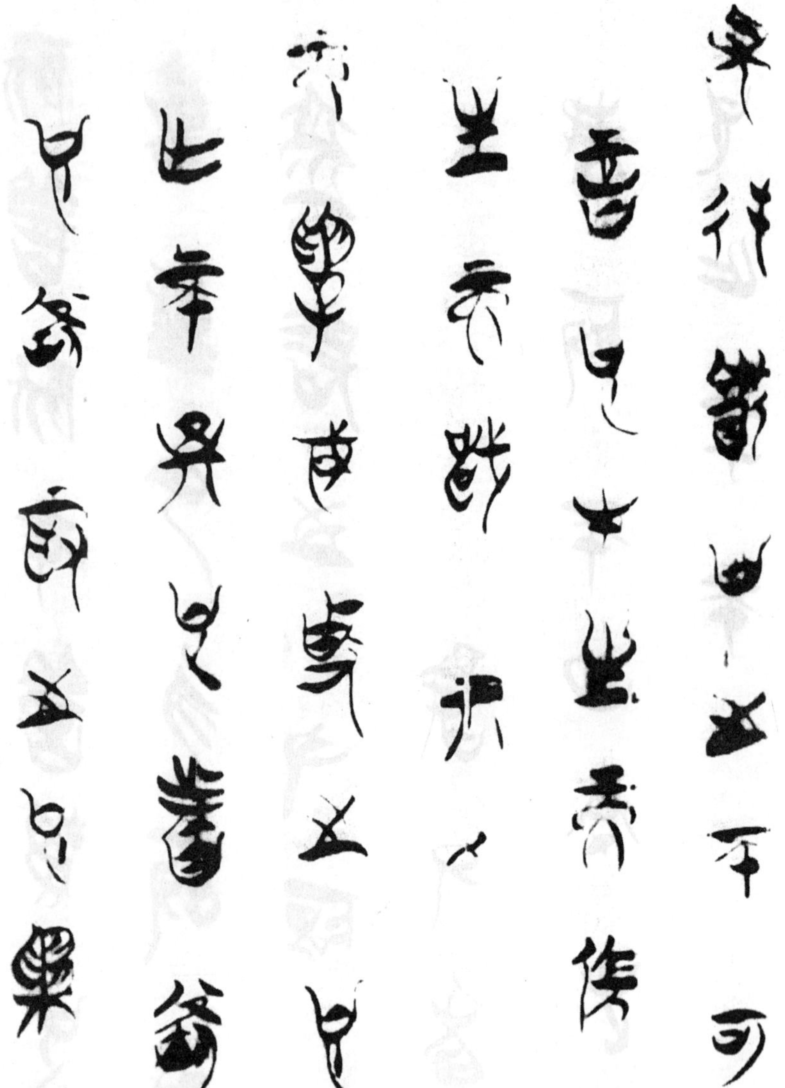

《性自命出》簡十／簡九

《性自命出》簡十二／簡十一

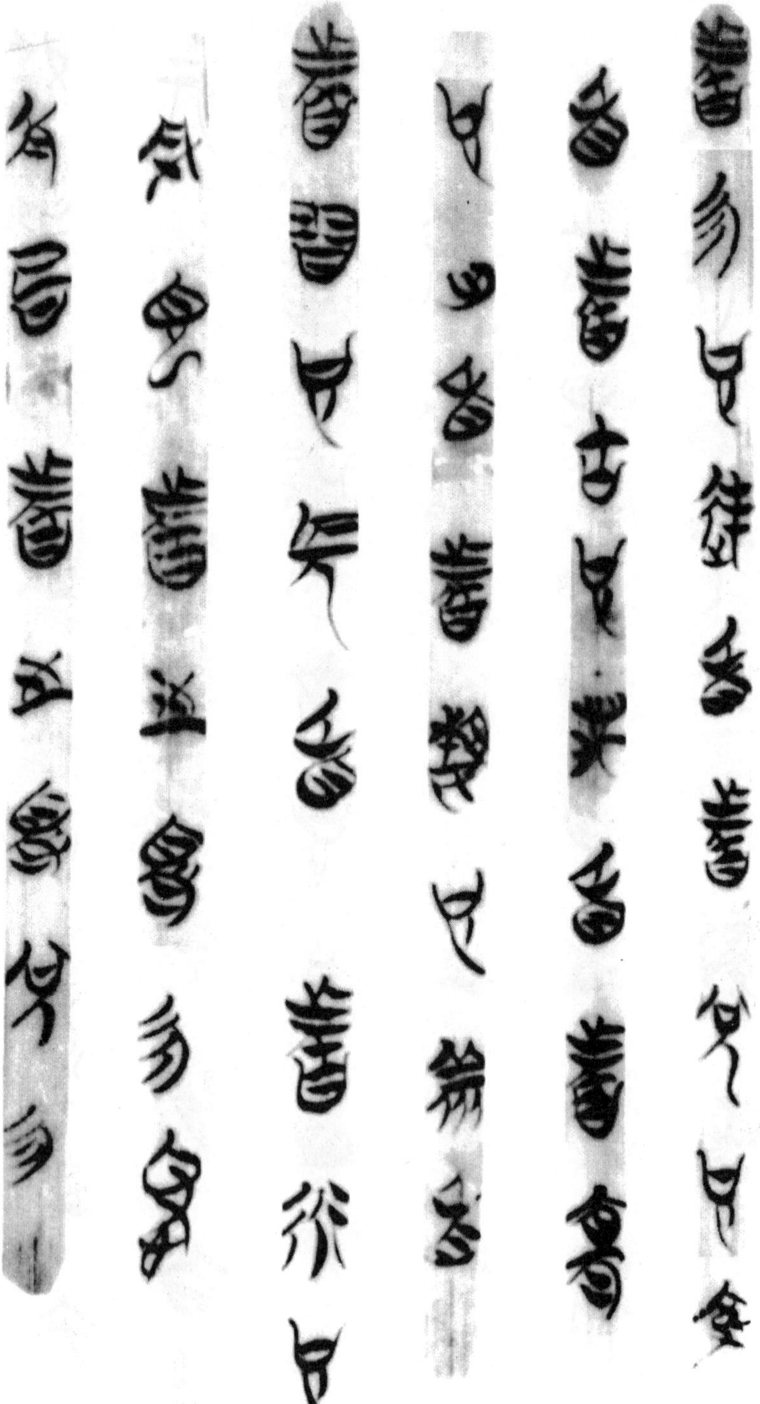

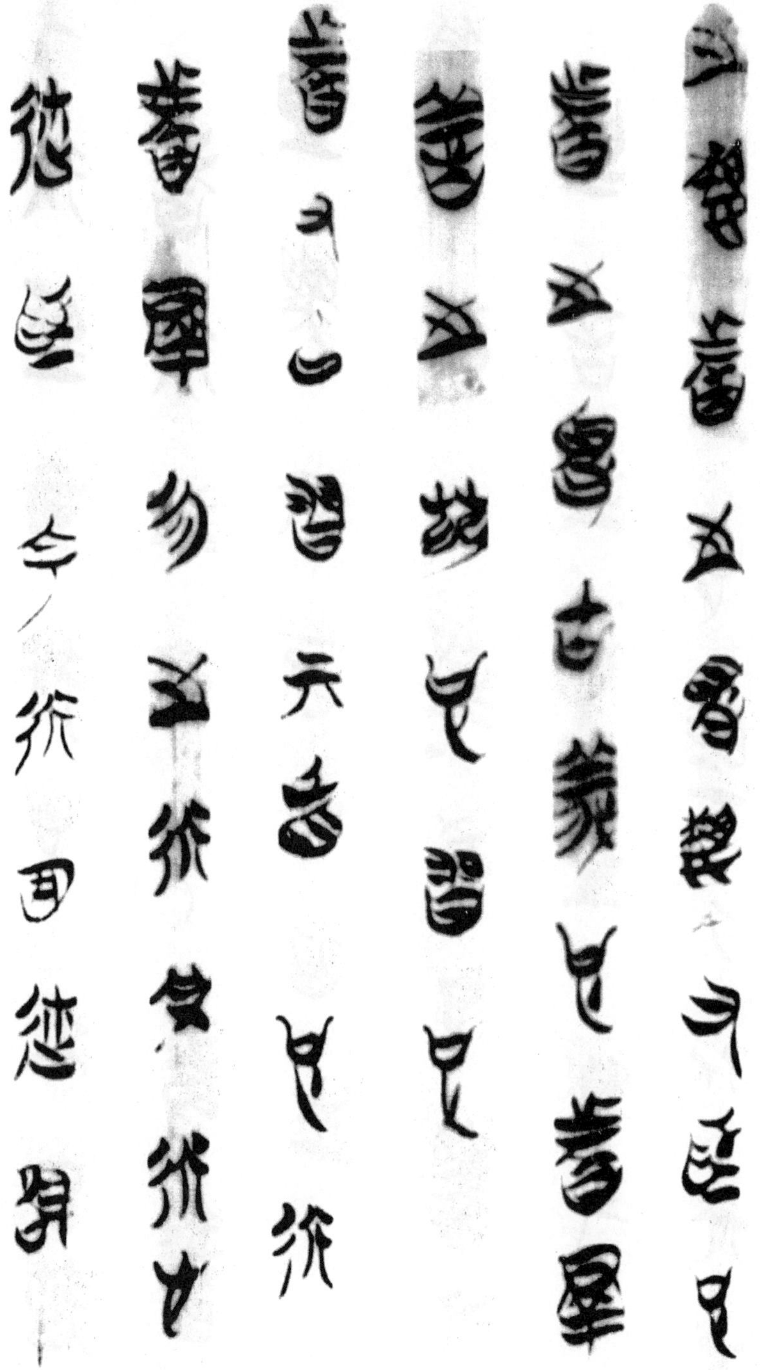

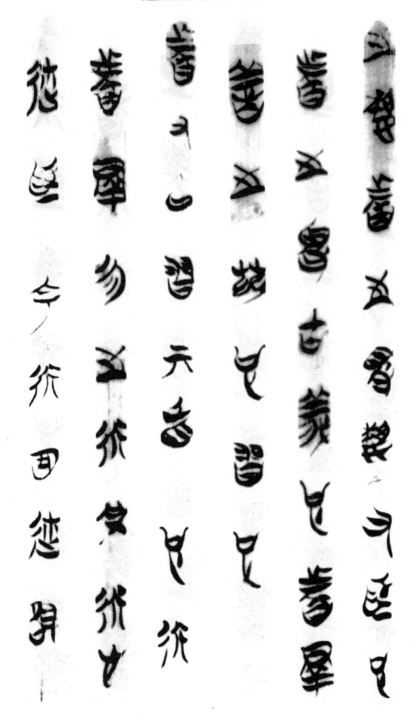

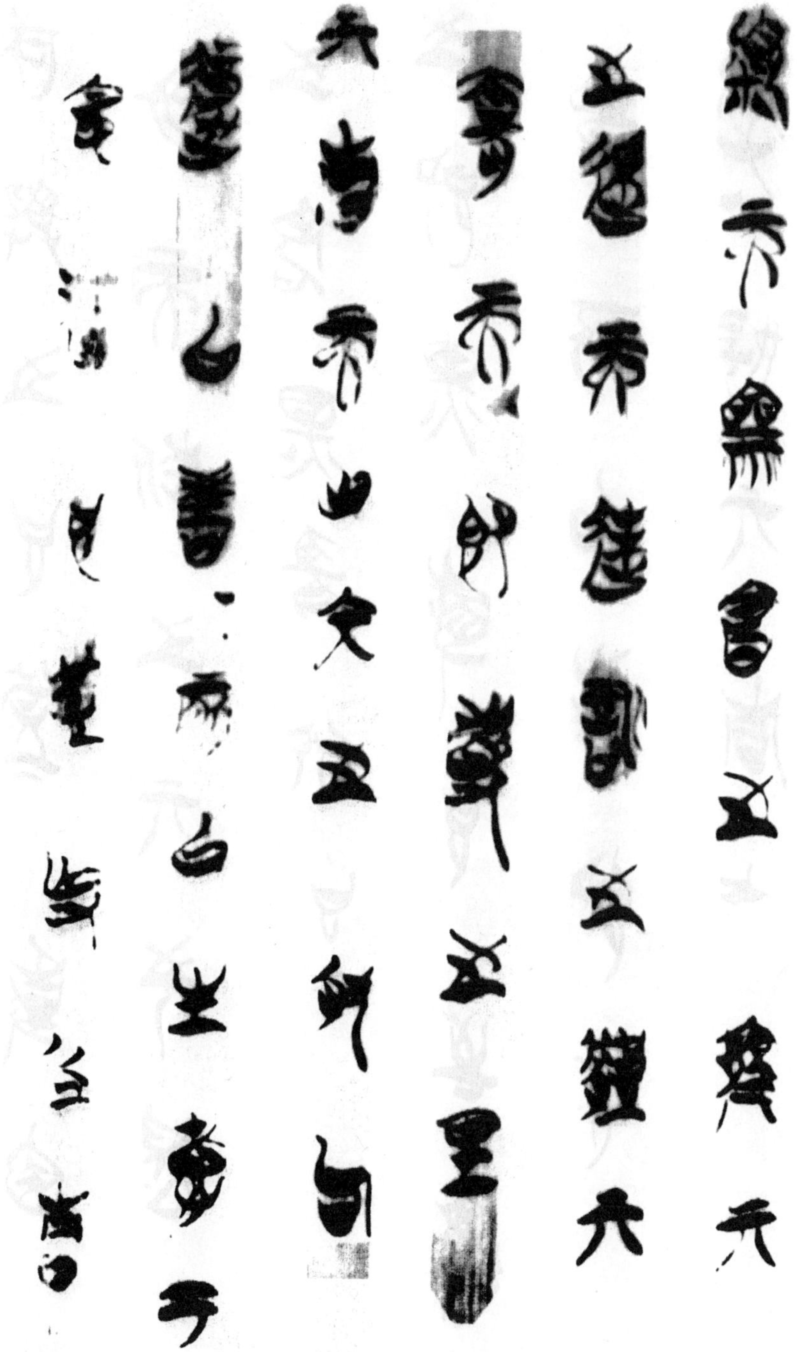

《性自命出》簡二六／簡二五

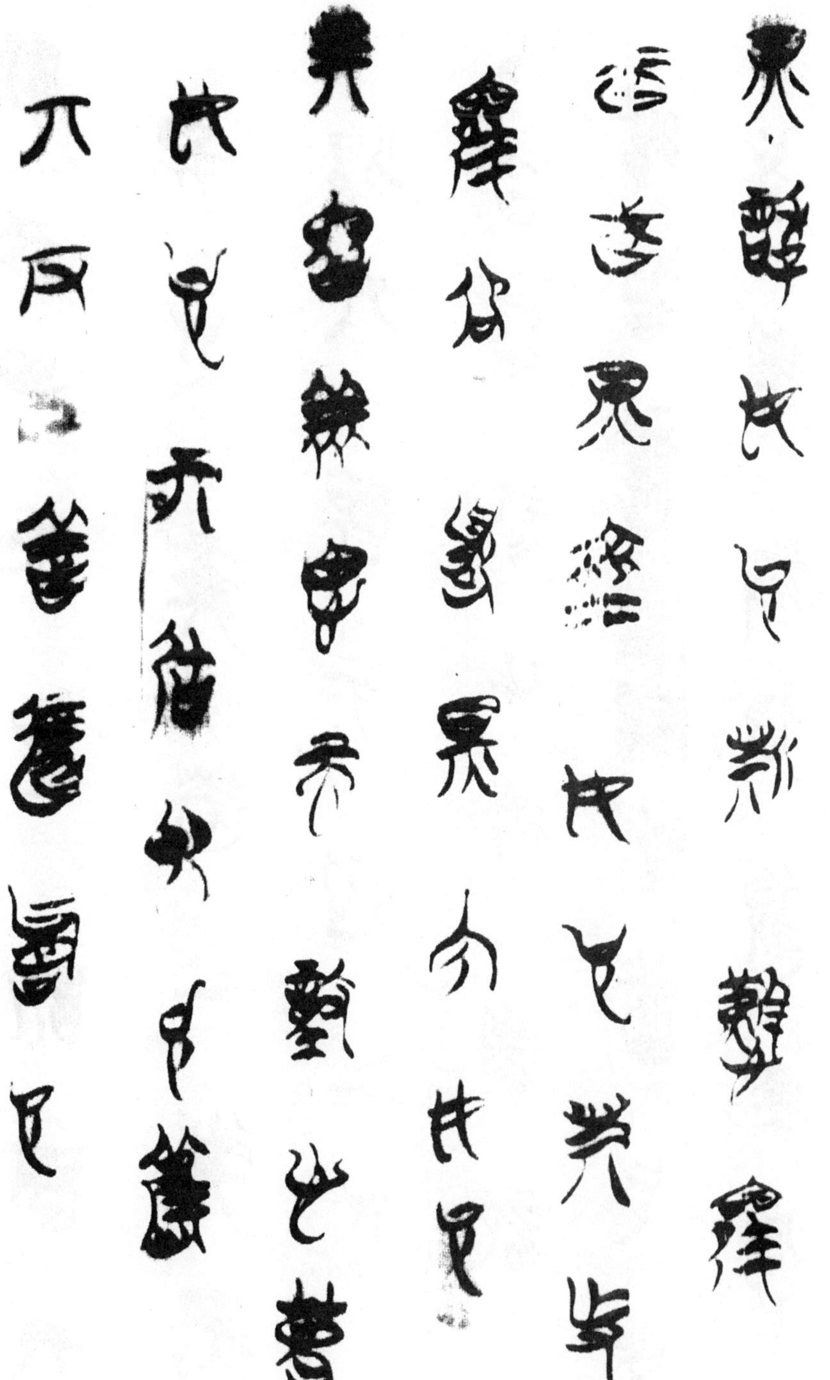

《性自命出》簡三十／簡二九

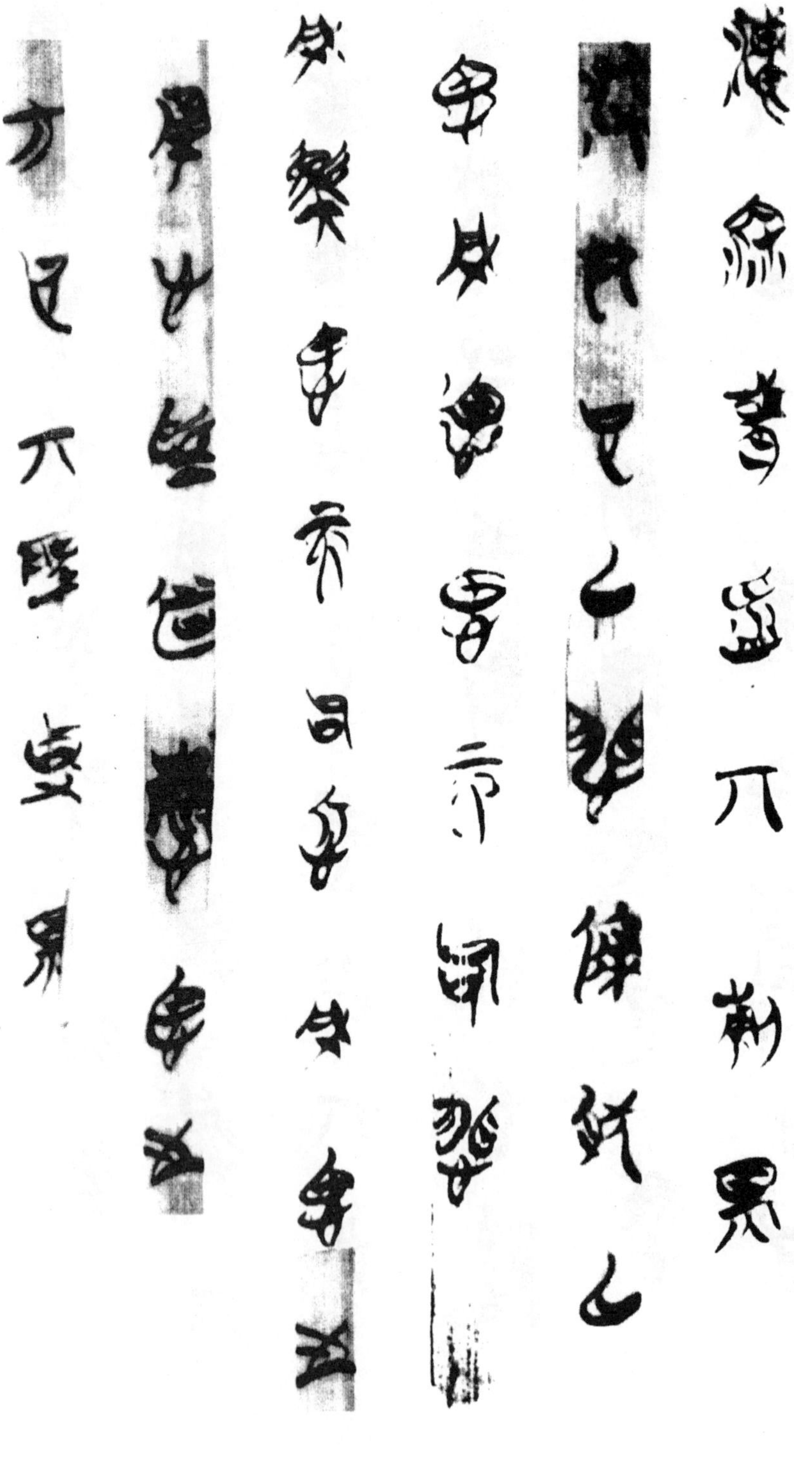

《性自命出》簡四二／簡四一

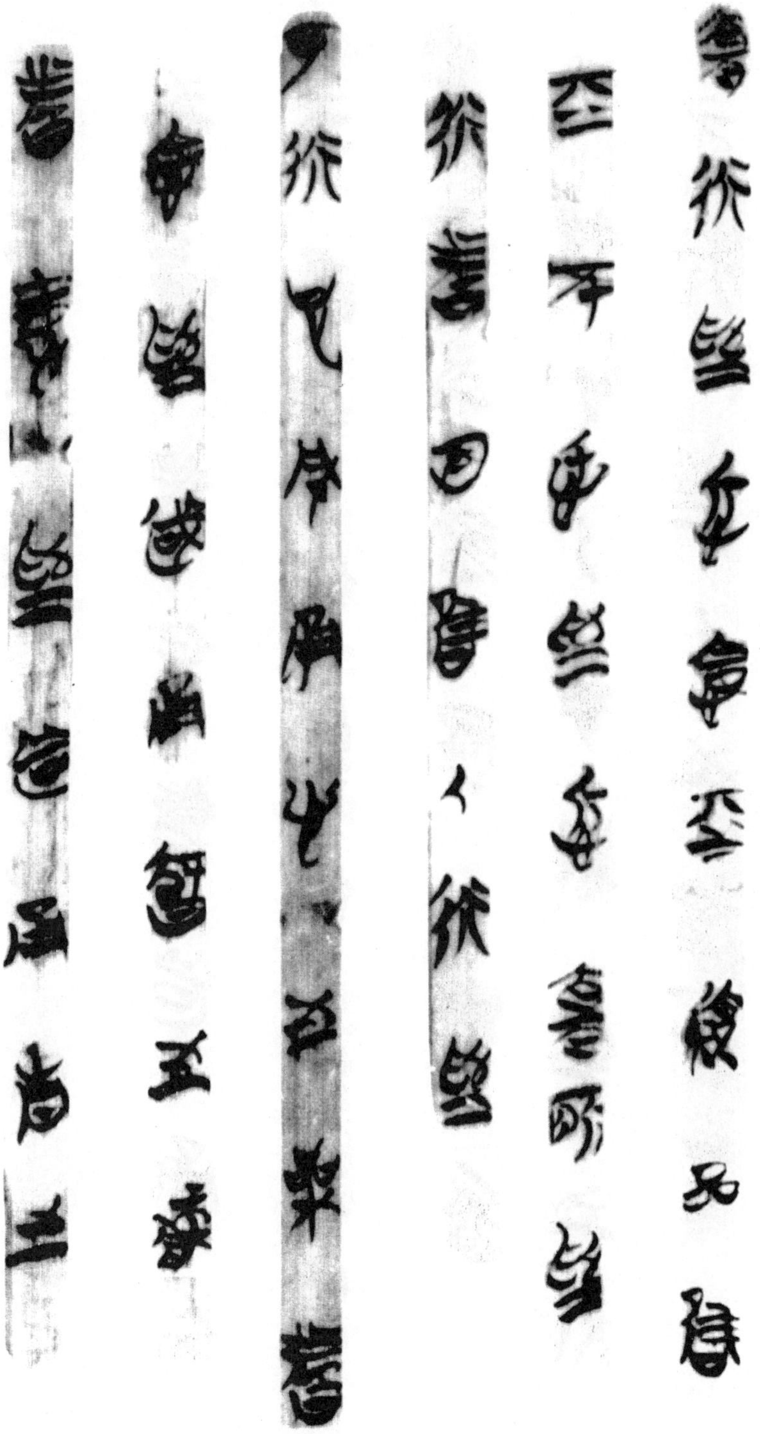

《性自命出》簡四四／簡四三

《性自命出》簡四六／簡四五

《性自命出》簡四八／簡四七

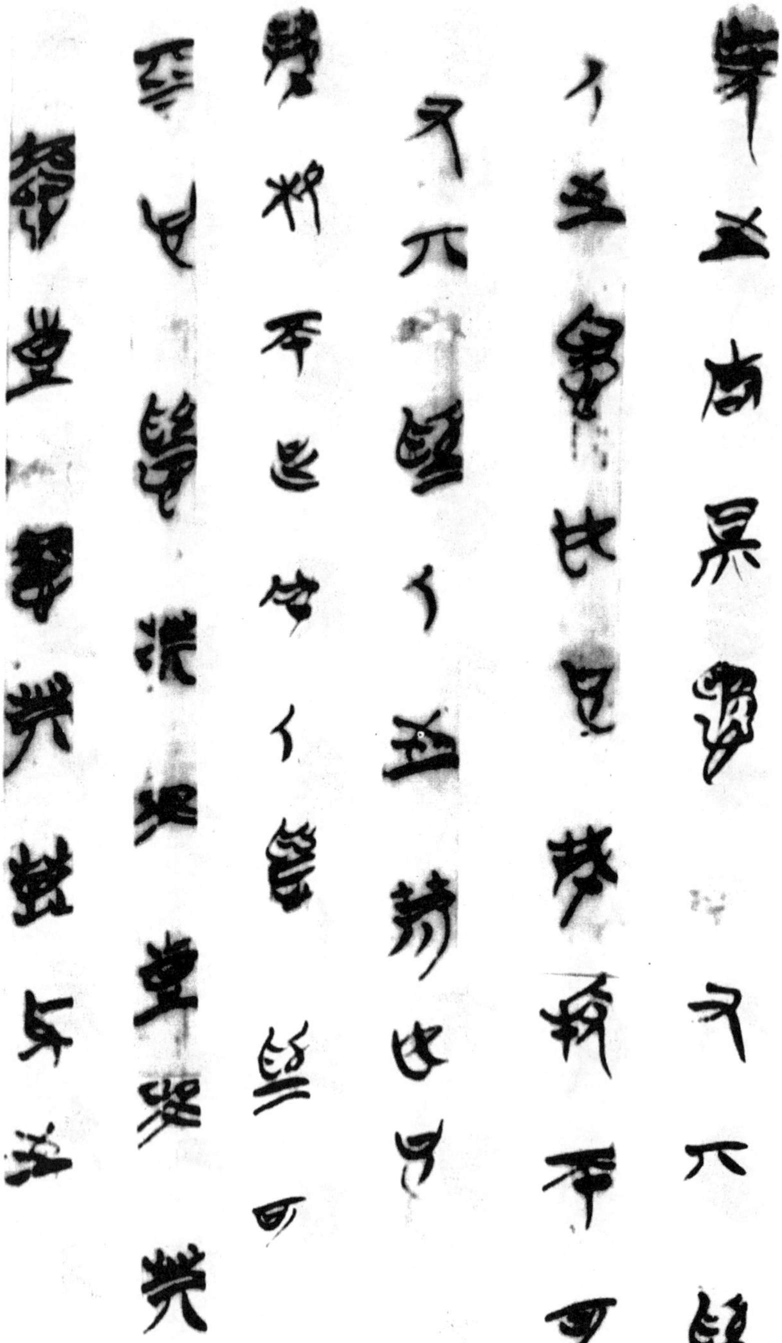

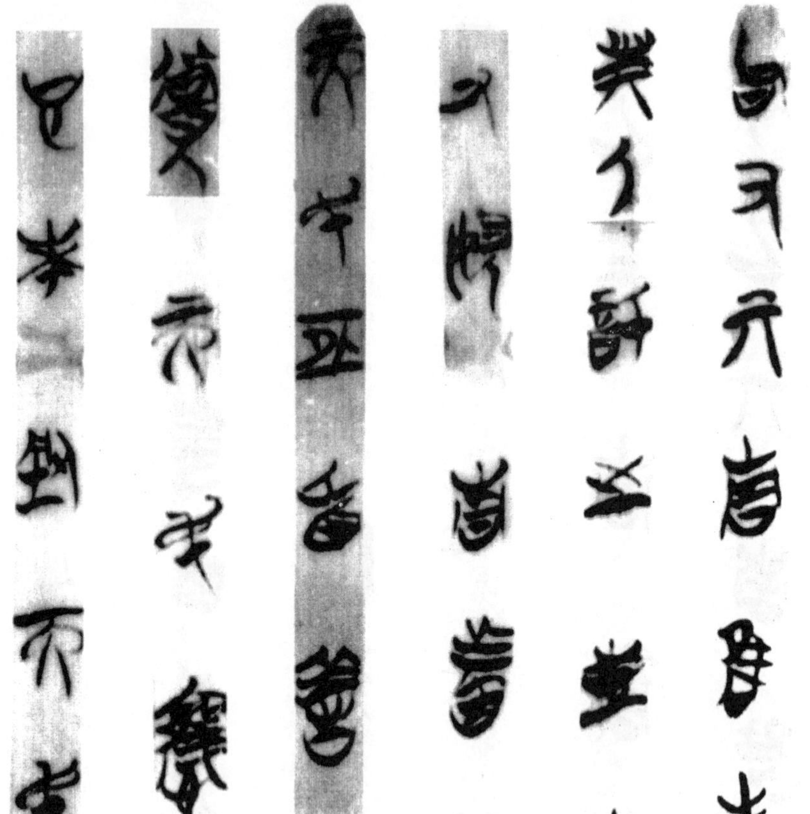

《性自命出》簡五四／簡五三

《性自命出》簡五六／簡五五

《性自命出》簡五八／簡五七

《性自命出》簡六十／簡五九

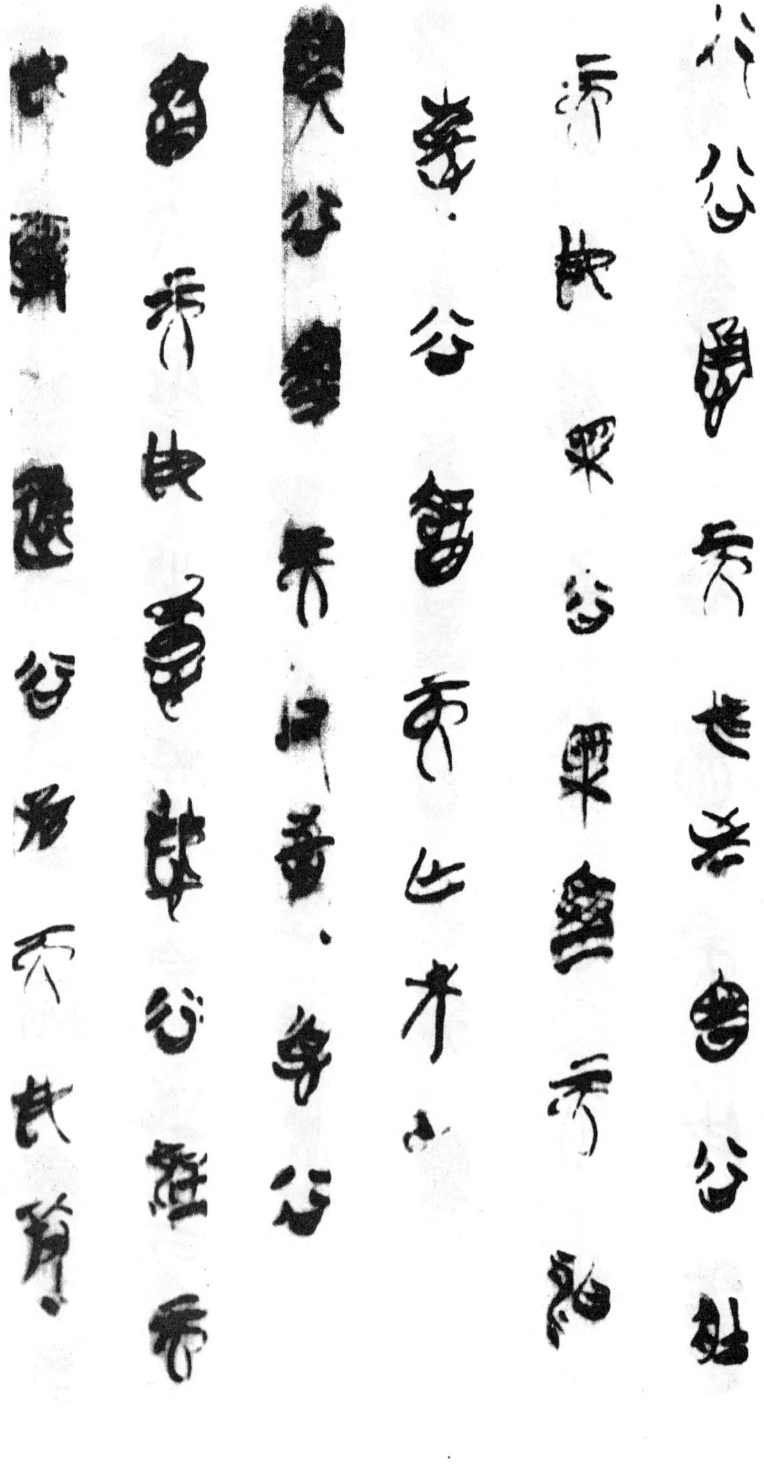

《性自命出》簡六六／簡六五

《性自命出》簡六七

國家圖書館出版品預行編目資料

楚簡儒家性情說研究　／丁原植著. --
初版-- 臺北市：萬卷樓, 民 91
面；　　公分
參考書目：面

ISBN 957 - 739 - 393 - 4 (平裝)
1.簡牘—研究與考訂 2.儒家

796.8　　　　91008888

楚簡儒家性情說研究

著　　者：丁原植
發 行 人：許錟輝
出 版 者：萬卷樓圖書有限公司
臺北市羅斯福路二段 41 號 6 樓之 3
電話(02)23216565・23952992
FAX(02)23944113
劃撥帳號 15624015
出版登記證：新聞局局版臺業字第 5655 號
網站網址：http://www.wanjuan.com.tw
E-mail：wanjuan@tpts5.seed.net.tw
經銷代理：紅螞蟻圖書有限公司
臺北市內湖區舊宗路二段 121 巷 28 號 4F
電話(02)27953656(代表號)　FAX(02)27954100
E-mail：red0511@ms51.hinet.net
承印廠商：晟齊實業有限公司
定　　價：520 元
出版日期：民國 91 年 5 月初版

ISBN 957 - 739 - 393 - 4